Andreas Mohr

# Handbuch der Kinderstimmbildung

SCHOTT

Mainz · London · Madrid · New York · Paris · Tokyo · Toronto

Studienbuch Musik

Bestellnummer: ED 8704

© 1997 Schott Musik International, Mainz
Printed in Germany · BSS 48 653
ISBN 3-7957-8704-1

# Handbuch der Kinderstimmbildung

# Inhalt

# Vorwort

Dieses Buch wendet sich an alle, die mit Kindern singen. Sie stehen in einer großen Verantwortung, denn kaum ein Organsystem im menschlichen Körper ist so bereitwillig der Beeinflussung geöffnet wie die menschliche Stimme. Dies gilt in besonderem Maße für die Kinderstimme, da Kinder ja bedenkenlos alles imitieren, was ihnen vorgemacht wird.

Der methodische Teil des vorliegenden Buches richtet sich in erster Linie an Stimmbildner*, Sänger und Chorleiter sowie Studierende, aber auch an Schulmusiker, Kirchenmusiker und Lehrer für Elementare Musikpädagogik (musikalische Früherziehung und Grundausbildung).

Der Übungsteil zeigt Möglichkeiten auf, wie die methodischen Überlegungen in praktische Stimmbildungsarbeit mit Kindern umgesetzt werden können. Dem Stimmbildner werden Beispiele vorgestellt, die er kritisch hinterfragen und seinem Repertoire hinzufügen oder als Anregungen zu eigener Erfindung verwenden kann. Dem nebenberuflichen Chorleiter, dem Erzieher und allen, die nicht über die entsprechende Ausbildung verfügen, ist die Übungssammlung eine Hilfe für das richtige Umgehen mit der Kinderstimme.

Kein Buch kann die praktische Unterweisung ersetzen. So sei an dieser Stelle mit besonderem Nachdruck auf die Möglichkeit, ja Notwendigkeit zur beruflichen Fortbildung und außerberuflichen Weiterbildung hingewiesen. Kurse, Workshops und Vorträge werden von verschiedenen Trägern veranstaltet. Diese Angebote zu nutzen sollte selbstverständlich sein für alle, die Verantwortung für die Kinderstimme übernommen haben.

In dieses Buch sind Ergebnisse aus vielen Jahren stimmbildnerischer Tätigkeit bei Kinder- und Jugendchören eingeflossen, aber auch Anregungen aus einer Fülle von Gesprächen und Diskussionen mit Kollegen und Studenten, die ich namentlich hier nicht alle nennen kann. Ihnen gebührt mein aufrichtiger Dank. Besonders danken aber möchte ich meinem Kollegen Christoph Schwartz, der durch seine fachliche Beratung bei den Überlegungen zur Notation von Stimmbildungsübungen und seine freundliche Anteilnahme und Bereitschaft zum klärenden Gespräch erheblich zum Gelingen beigetragen hat. Danken möchte ich auch meiner ehemaligen Studentin Elisabeth Weber, die einige ihrer Stimm-

---

* Begriffe wie »Stimmbildner«, »Sänger«, »Chorleiter« etc. sind im gesamten Buch geschlechtsneutral verwendet.

bildungslieder zu diesem Buch beigesteuert hat. Nicht zuletzt gebührt mein Dank meiner Frau Gertrude Wohlrab, nicht nur für ihre fachliche Hilfe bei Texten, Übungen und Liedern, sondern vor allem für ihren freundlichen Zuspruch und die stets gewährte Anerkennung.

Rottenburg, im Juni 1996
Andreas Mohr

# Teil I: Methodik der Kinderstimmbildung

# 1.  Physiologie der Kinderstimme

Die Kinderstimme weist grundsätzlich dieselben anatomischen und physiologischen Merkmale auf wie die Erwachsenenstimme. Im ersten Teil dieses Kapitels möchte ich insbesondere die für das Verständnis der Eigenarten der Kinderstimme notwendigen stimmphysiologischen Zusammenhänge in aller Knappheit darstellen, um für die folgenden Kapitel eine einheitliche Terminologie gewährleistet zu wissen. Wer über die allgemeine Anatomie und Physiologie der Singstimme weiterführende Informationen erhalten möchte, sei auf die im Literaturverzeichnis genannten Abhandlungen verwiesen.

## 1.1  Überblick über die Physiologie der Singstimme

Die Singstimme – das Gesanginstrument – besteht aus einer Vielzahl von anatomisch-physiologischen Einzelkomponenten, die zu einem höchst komplizierten Funktionsablauf verbunden sind; dieser ist durch eine Fülle von Wechselwirkungen gekennzeichnet. Zur besseren Darstellbarkeit soll diese Einheit hier in drei anatomisch-physiologische Aufbausysteme zerlegt werden: das Atemsystem, das Tonerzeugungssystem und das Tonverstärkungssystem.

### 1.1.1  Das Atemsystem

Die Lunge[1] stellt einen Behälter für die Atemluft dar, umschlossen vom Brustkorb und mit Hilfe der Atemwege an die Außenluft angeschlossen. Verschiedene Muskulaturen können das Volumen des Brustkorbs vergrößern und verringern. Da das Lungengewebe den Brustkorbbewegungen beständig folgt, nimmt so auch die Luftmenge in den Lungen zu oder ab. Völliges Ausatmen ist physiologisch unmöglich; ca. ein Drittel der eingeatmeten Luft bleibt immer in den Lungen, um ein Zusammenkleben der Lungenbläschen (Alveolen) zu verhindern.

---

[1]  Eigentlich handelt es sich um zwei Organe: zwei Lungenflügel, einen linken und einen rechten, die jeweils unabhängig voneinander funktionieren, aber zu einer Einheit gekoppelt sind.

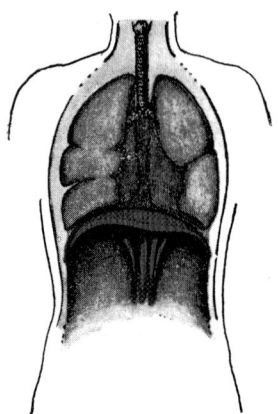 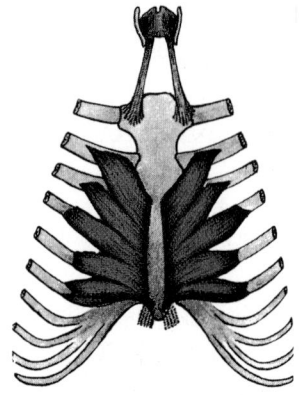 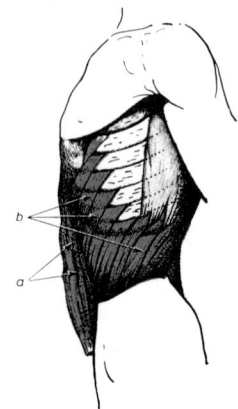

Lungen und Zwerchfell
von vorne; Zwerchfell
durchschnitten

Innere Zwischenrippen-
muskulatur

Bauchmuskulatur
a) »gerader« Bauchmuskel
b) äußerer »schiefer«
Bauchmuskel

Abb. aus: Frederick Husler/Yvonne Rodd-Marling, *Singen*, Mainz [2]1978, S. 56, 61

Einatmung

Die Zwerchfellmuskulatur[2] spannt sich an, verkürzt sich dadurch und senkt die im
entspannten Zustand nach oben gewölbte Zwerchfellkuppe. Die Erweiterung des
Lungenraumes erfolgt bei dieser Bewegung des Zwerchfells besonders in den unteren Regionen des Brustkorbs. Durch den wegen der Raumerweiterung in den
Lungen entstandenen Unterdruck strömt Luft in die Lungen ein.

Die äußere Zwischenrippenmuskulatur spannt sich an und bewegt die Rippen
voneinander weg. Gleichzeitig spannen sich die Brustmuskeln an und heben das
Brustbein. Dadurch kommt es zu einer Brustkorberweiterung besonders im oberen Bereich. Das Lungengewebe wird gedehnt und so der Lungenhohlraum ver-
größert. Wieder bedingt durch den oben erwähnten Unterdruck, kann Luft durch
die Atemwege in die Lungen einströmen.

Die hier getrennt beschriebenen Vorgänge bilden eine physiologische Einheit,
die den Gesamtvorgang der Einatmung ausmacht (Kostal-Abdominal-Atmung). Sie
kann vielfältig gestört sein und bedarf für das Singen einer sorgfältigen Pflege.

---

[2]  Wenn im folgenden von »Zwerchfell« oder »Zwerchfellmuskulatur« die Rede ist, so sind stets die das
Zwerchfell abwärts bewegenden Muskulaturen gemeint.

Ausatmung

Die zum Zweck der Einatmung produzierte Kontraktion der Zwerchfellmuskulatur löst sich. Dadurch kommt es zu einer Rückführung der Zwerchfellkuppel nach
oben, weil das gedehnte Lungengewebe seinem Drang »zusammenzuschnurren«
nachgeben kann. Diese Kraft des Lungengewebes nennt man den »Retraktions-
zug« der Lunge. Es handelt sich hierbei nicht um eine Muskelanspannung, sondern
lediglich um die Auswirkung der Gewebeelastizität. Aus dem kleiner werdenden
Lungenhohlraum wird die Luft ausgepreßt. Die Auspreßbewegung kann durch die
Bauchmuskulatur noch verstärkt werden, indem sie sich zusammenzieht, Magen
und Eingeweide zurückdrängt und dadurch das Zwerchfell nach oben schiebt.

Nach dem Erschlaffen der beim Einatmungsvorgang gespannten äußeren
Zwischenrippenmuskulatur kann durch die Eigenelastizität der Lunge im oberen Bereich des Brustkorbs eine Volumenverringerung erreicht werden. Auch
die Schwerkraft, die den aufgerichteten Brustkorb wieder zusammenfallen läßt,
übt einen Druck auf die Lungen aus. Beim Anspannen der inneren Zwischenrippenmuskulatur werden die Rippen aneinandergeführt. Dies bewirkt ebenfalls
eine Verkleinerung des Lungenhohlraums, so daß der Atem ausströmen kann.

Natürlich stellen die einzeln beschriebenen Bewegungsvorgänge bei der Ausatmung ebenfalls eine physiologische Einheit dar. Dabei ist festzustellen, daß in
der Ruheatmung, besonders im Liegen, die muskuläre Arbeit im Sinne des
Energieeinsatzes bei der Einatmung ungleich größer ist als bei der Ausatmung, die
weitgehend passiv (entspannend) verläuft. Um Ausatmungsbewegungen beim
Singen sinnvoll einzusetzen, ist es häufig nötig, diese Vorgänge zu aktivieren und
zu sensibilisieren. Die wichtigste zu erlernende Fähigkeit ist dabei die Bereitschaft,
Einatmungsmuskulaturen während des Singens gespannt zu halten, um übermäßi-
ges Luftausströmen zu vermeiden.

## 1.1.2  Das Tonerzeugungssystem

Die Tonerzeugung der menschlichen Stimme findet im Kehlkopf statt. Hier befinden sich die zwei Stimmfalten, die beim Tonerzeugungsvorgang in Schwingung
versetzt werden.

Der Kehlkopf

Als Kehlkopf bezeichnet man die beiden obersten, speziell geformten Knorpel-
ringe der Luftröhre. In Verbindung mit Muskeln und weiteren Knorpeln, Sehnen

und Knochen besitzt der Kehlkopf die Funktion einer Weiche zwischen Luft- und Speiseröhre, die beim Schlucken betätigt wird.

Schild- und Ringknorpel
Der obere Kehlkopfknorpel heißt Schildknorpel. Er ist nach oben vorne wie ein Schild gewölbt und zu einem Dreieck ausgeformt (Adamsapfel). Unter dem Schildknorpel befindet sich der Ringknorpel. Beide Knorpel sind durch eine Art Scharnier miteinander verbunden, so daß der Schildknorpel sich gegen den Ringknorpel kippen läßt.

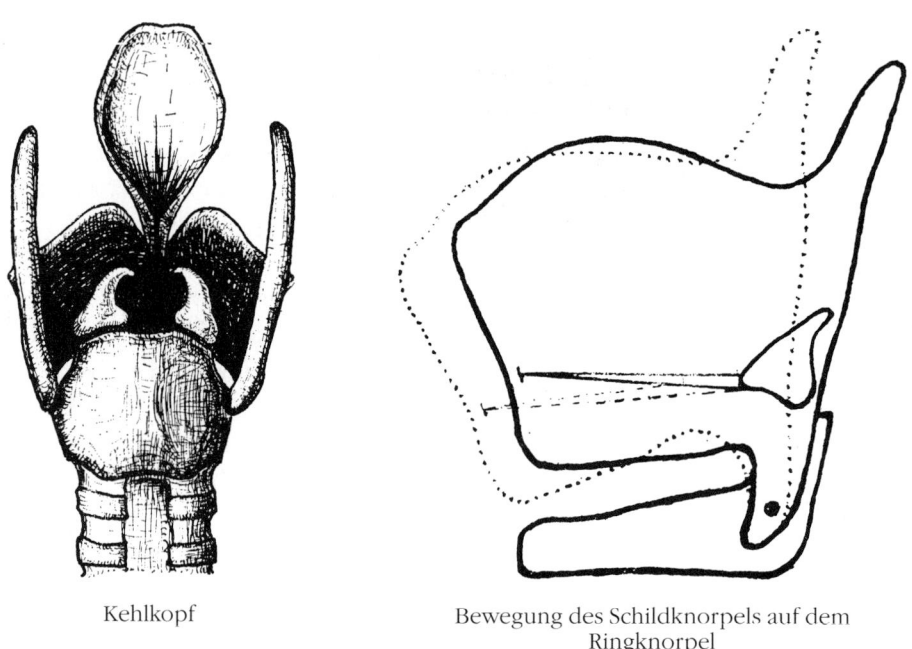

Kehlkopf
Bewegung des Schildknorpels auf dem Ringknorpel

Abb. aus: Husler/Rodd-Marling, a.a.O., S. 33

Kehldeckel und Zungenbein
Am oberen Rand des Schildknorpels ist das Zungenbein angewachsen; hier entspringt der Zungenmuskel. Ebenfalls am Schildknorpel ist der Kehldeckel angebracht. Er senkt sich beim Schluckvorgang und verschließt die Luftröhre.

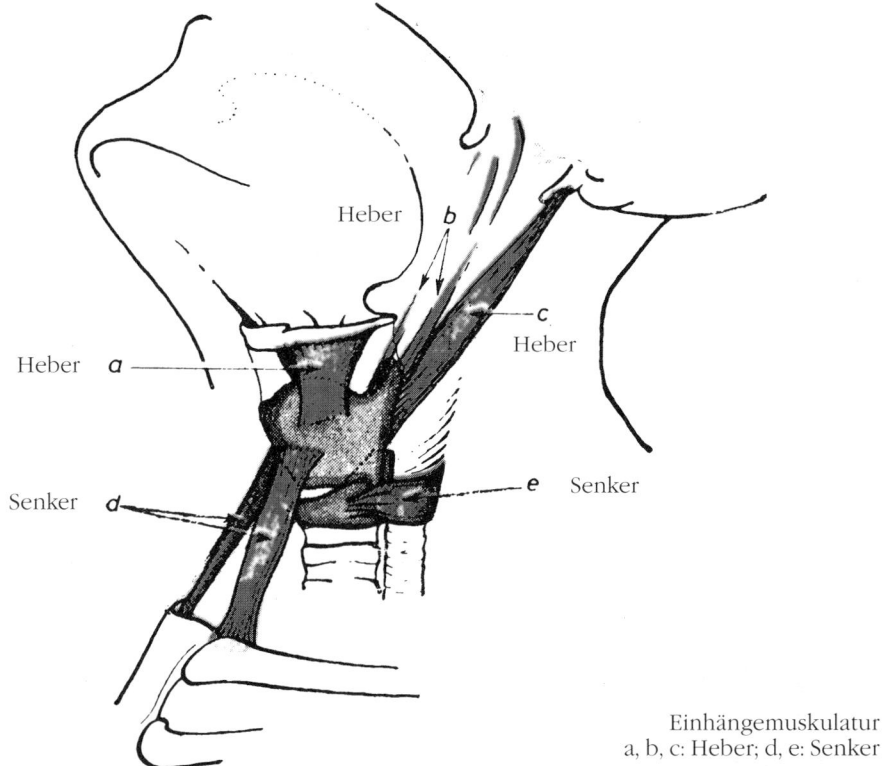

Heber

*b*

Heber *a*

*c*

Heber

Senker *d*

*e* Senker

Einhängemuskulatur
a, b, c: Heber; d, e: Senker

Abb. aus: Husler/Rodd-Marling, a.a.O., S. 50

Einhängemuskulatur
Der Kehlkopf ist mit zahlreichen Muskeln im Hals eingehängt. Kehlsenkende und kehlhebende sowie den Kehlkopf nach hinten elastisch fixierende Kräfte halten sich dabei die Waage. Durch Senken wird der Kehlkopf geweitet (Gähnmuskulatur), durch Heben verengt.

Schleimhaut
Alle Knochen, Knorpel, Sehnen und Muskeln im Halsbereich sind mit Schleimhäuten überzogen, die ständig feucht gehalten werden. Störungen in der Befeuchtung der Schleimhäute nimmt man häufig als Stimmbeeinträchtigungen wahr (Heiserkeit, Trockenheit im Hals etc.).

15

Die Stimmfalten

Zwei kräftige Muskelsysteme sind jeweils seitlich unten am Ringknorpel angewachsen und ragen rechts und links vom Rand her wulstig bis in die Mitte. Es sind
die Stimmfalten. Vorne sind sie am Schildknorpel angewachsen, hinten mit Hilfe
von Stellknorpeln (siehe unten) am Ringknorpel befestigt.

Stimmfaltenmuskulatur (Stimmlippen)

Die Stimmfalten bestehen aus jeweils zwei Muskelpaaren, die voneinander unabhängig und gemeinsam aktiviert werden und so den Muskelwulst eine massi-
gere oder schlankere Form annehmen lassen können. Diese Muskelpaare nennt
man Stimmlippen.

Stellknorpel

Die Stellknorpel können die Stimmfalten zueinander hin- und voneinander wegbewegen. Beim Wegbewegen entsteht eine waagerechte dreieckige Öffnung, beim
Hinbewegen werden die Stimmfalten so einander angenähert, daß sie in der Mitte
aneinanderliegen. Es entsteht die Stimmritze.

Stimmfaltenränder (Stimmbänder)

An der Stimmritze sind die Stimmfalten zu einer sehnigen Kante ausgeformt, den
Stimmbändern. Diese sehnigen Ränder sind frei verschiebbar an den Muskelkör-
pern befestigt und können unabhängig von diesen in Bewegung geraten.

Der Schwingungsvorgang (aerodynamisch-muskuläre Tonerzeugungstheorie)

Der Vorgang der Tonerzeugung ist bis heute Gegenstand von Hypothesen, deren
momentan gängige Variante ein Zusammenspiel von Stimmfaltenspannungen
und dem Ausatmungsdruck annimmt. Nach dieser Theorie werden die anein-
anderliegenden Stimmfalten auseinandergedrängt, wenn sie dem von unten
anblasenden Ausatmungsstrom keinen unüberwindlichen Widerstand entge-
gensetzen. Dadurch verringert sich der Luftdruck unter den Stimmfalten (subglot-
tischer Druck) sofort wieder soweit, daß die Stimmfalten kraft ihrer Eigenelastizität
zusammenschlagen. Sodann kann beim Nachfließen der Atemluft der subglot-
tische Druck erneut zunehmen, so daß der Stimmfaltenverschluß wiederum aufgesprengt wird. Dieses Wechselspiel von Aufsprengen und Zuschlagen der Stimmritze wiederholt sich beim gesungenen Ton streng periodisch mit der Schwin-
gungszahl der eingestellten Tonhöhe. Es entstehen also periodische Luftverdich-

linke Hälfte der Schildknorpelwand
aufgebrochen; Lage der Stimmfalten,
schematisch.

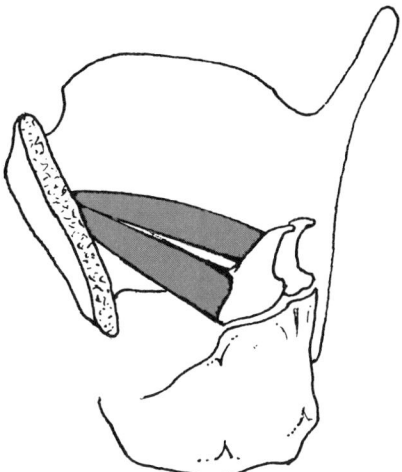

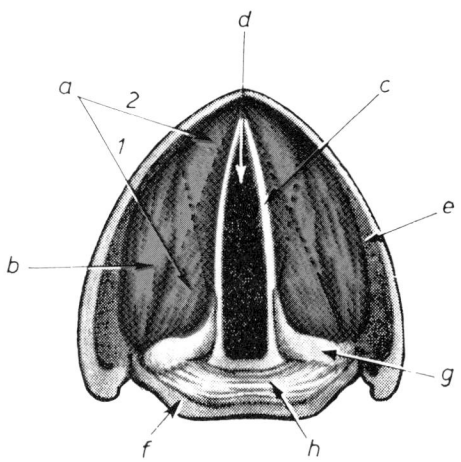

Stimmfalten, halbschematisch. Die gebrochenen Linien zeigen die sich kreuzenden
Muskelbündel der Stimmlippe.
  a) Stimmlippe
  b) äußere Muskelbündel der Stimmfalten
  c) Stimmband
  d) Stimmritze
  e) Schildknorpel
  f) Ringknorpel
  g) Stellknorpel
  h) Schließmuskel

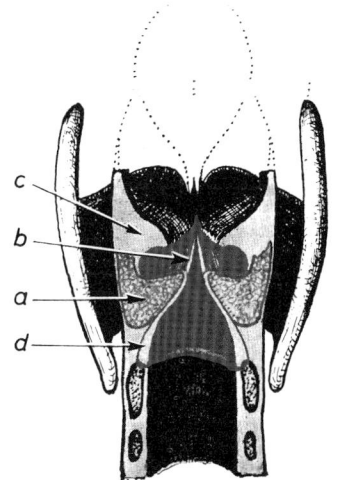

Frontalschnitt durch die Stimmfalten; von
rückwärts gesehen, halbschematisch.
  a) Stimmlippe
  b) Stimmband
  c) Taschenband
     (»falsches Stimmband«)
  d) Conus elasticus

Abb. aus: Husler/Rodd-Marling, a.a.O., S. 34, 36

tungen und -verdünnungen im Kehlraum, die sich im gesamten Atemsystem fortsetzen (Longitudinalwellen).

Schwingungsvarianten

Die an den Stimmfalten erzeugte Schwingung kann auf vielfältige Weise variiert werden, wobei sich Tonhöhe, Tonstärke und Klangfarbe unabhängig voneinander verändern lassen. Dies geschieht mit Hilfe der Muskulaturen und Bewegungsmechanismen des Kehlkopfs.

Tonhöhenveränderung

Wie bei einer schwingenden Saite ist die mit der Singstimme erzeugte Tonhöhe abhängig von der Länge und Dehnung der Stimmfalten. Weiterhin spielt auch die bewegte Masse eine Rolle.

- Länge und Dehnung: Durch Kippen des Schildknorpels gegen den Ringknorpel kann die Länge der Stimmfalten und ihre Dehnung verändert werden. Längere Stimmfalten erzeugen tiefere Töne, kürzere Stimmfalten – bei gleichem Ausatmungsdruck und gleicher Dehnung – höhere Töne. Darüber hinaus ergibt geringe Dehnung tiefere, starke Dehnung höhere Töne. Mit dem Kehlkopfspiegel erstellte Fotos von schwingenden Stimmfalten zeigen häufig bei höheren Tönen längere Stimmfalten als bei tieferen Tönen. Dies scheint der physikalischen Erwartung zu widersprechen. Jedoch ist gerade daran deutlich zu erkennen, daß die Tonhöhe nicht nur von der Länge der Stimmfalten abhängt, sondern in besonderem Maße auch von ihrer Dehnung.
- Schwingende Masse: Mit Hilfe der Stimmfaltenmuskulatur (Stimmlippen) kann die schwingende Masse verändert werden. Dies bewirkt neben der Tonqualitätsveränderung (siehe dort) auch eine Tonhöhenveränderung: Geringere Masse ergibt höhere Töne, größere Masse tiefere (jeweils wieder bei gleichem Ausatmungsdruck und gleicher Dehnung).

Tonqualitätsveränderung (Register)

Lautstärke und Klangfarbe eines Tones sind in erster Linie von der in den Stimmfalten eingestellten schwingenden Masse abhängig. Diese kann vielfältig variiert werden. Es entstehen so die verschiedenen Stimmregister.

- Brustregister (Bruststimme, Vollstimme): entsteht, wenn die gesamte Masse der Stimmfalten in Schwingung versetzt wird.
  - Umfang: Der Umfang des Brustregisters umfaßt die tiefsten Lagen einer Singstimme und ist nach oben hin deutlich begrenzt. Die höchsten mit physiolo-

gisch richtig eingesetztem Brustregister erzeugbaren Töne liegen im unteren Drittel der eingestrichenen Oktave (ca. $e^1$–$f^1$). Diese Grenze gilt für alle Stimmgattungen (Männer-, Frauen-, Kinderstimmen) und alle Stimmlagen (Sopran, Alt, Tenor, Baß).

- Klangfarbe: Der Klang des Brustregisters zeichnet sich durch Kraft, Fülle, große Lautstärke und dunkle Färbung aus (Forteregister).
- Stimmbildnerische Besonderheit: Wird Brustregister mit zu hohem Ausatmungsdruck und/oder in zu hoher Lage (oberhalb ca. $f^1$) gesungen, fällt die Schwingung der Randzonen der Stimmfalten (Stimmbänder) leicht aus. Der Klang der Stimme wird hart, brutal, gepreßt und kratzig. Bei längerem Gebrauch des Brustregisters in zu hoher Lage können die Stimmfalten Schaden erleiden.

• Kopfregister (Kopfstimme, Randstimme, Randschwingung): entsteht, wenn die Stimmfaltenmuskulatur (Stimmlippen) ungespannt bleibt und deshalb beim Tonerzeugungsvorgang nicht mitschwingt. Lediglich die Ränder der Stimmfalten (Stimmbänder) schwingen. Sie sind gedehnt, liegen lose aneinander und werden durch den sacht ausströmenden Atem in Schwingung versetzt.

- Umfang: Kopfregister kann im gesamten Tonumfang einer Stimme gesungen werden.
- Klangfarbe: Der Klang des Kopfregisters zeichnet sich durch Weichheit, Zartheit, geringe Lautstärke und dunkle Färbung aus. Das Kopfregister ist das Pianoregister.
- Stimmbildnerische Besonderheit: Bei jeder Stimmfaltenschwingung muß die Randschwingung mitenthalten sein, um eine Schädigung der Stimmfalten zu vermeiden.

• Mittelregister (Mittelstimme): entsteht, wenn die Stimmfaltenmuskulatur anteilig angespannt ist und daher Teile der Muskulaturmasse beim Tonerzeugungsvorgang in Schwingung versetzt werden. Je nach Anteil der Anspannung ist die schwingende Masse größer oder kleiner.

- Umfang: Der Umfang des Mittelregisters ist nicht begrenzt. Nach oben wird jedoch der Anteil der schwingenden Masse immer geringer.
- Klangfarbe: Der Klang des Mittelregisters ist schlank, hell, metallisch. Die Lautstärke reicht vom Piano bis zum Forte, je nach anteiliger Masseschwingung.

• Falsettregister (Falsettstimme, Fistelstimme): kommt nur in der Männerstimme vor. Die physiologische Funktion ist noch ungeklärt. Möglicherweise entsteht das Register durch Verkürzung des schwingenden Teils der Stimmfalten, indem die Stimmritze etwa zur Hälfte ganz verschlossen bleibt und die Schwingung nur im hinteren Teil zustande kommt.

- – Umfang: Das Falsettregister schließt an die normale Männerstimme nach oben hin an und umfaßt ein bis zwei Oktaven.
- – Klangfarbe: Der Klang ist weich, luftig und oft etwas feminin.
- – Stimmbildnerische Besonderheit: Das Falsettregister ist nicht mit den anderen Registern der Männerstimme mischbar.
- Pfeifregister (Pfeifstimme): kommt nur in der Frauen- und Kinderstimme vor. Die physiologische Funktion ist noch ungeklärt. Möglicherweise entsteht das Register nicht durch Masseschwingung der Stimmfalten, sondern – ähnlich wie das Lippenpfeifen – durch Verengung der Stimmritze zu einem kleinen rundlichen Spalt.
  - – Umfang: Das Pfeifregister schließt an die normale Frauenstimme nach oben hin an und reicht bis weit in die dreigestrichene Oktave.
  - – Klangfarbe: Der Klang ist schlank bis dünn, dabei durchdringend, starr und oft scharf.
  - – Stimmbildnerische Besonderheit: Das Pfeifregister ist nicht mit den anderen Registern der Frauen- bzw. Kinderstimme mischbar.

## 1.1.3  Das Tonverstärkungssystem

Die an den Stimmfalten erzeugte periodische Schwingung pflanzt sich in Form von Longitudinalwellen auf die gesamte Luft im Atemsystem fort. Bei der Erregung der Eigenschwingung eines Raumes im Atemwege-System entsteht Resonanz. Resonanzfähig sind sämtliche Hohlräume im Körper, die mit Luft gefüllt und an die Atmung angeschlossen sind. Es handelt sich im einzelnen um folgende Räume:
- Brustraum (Lungenhohlraum, Bronchien, Luftröhre),
- Kehlkopf und Morgagnische Ventrikel,
- Schlundraum,
- Rachenraum,
- Mundhöhle,
- Nasenraum und Nasenrachenraum,
- Nasennebenhöhlen (Kieferhöhlen, Stirnhöhlen, Keilbeinhöhlen, Siebbeinzellen).

Darüber hinaus sind alle Knochen resonanzfähig, die mit der Schwingung in Berührung kommen.

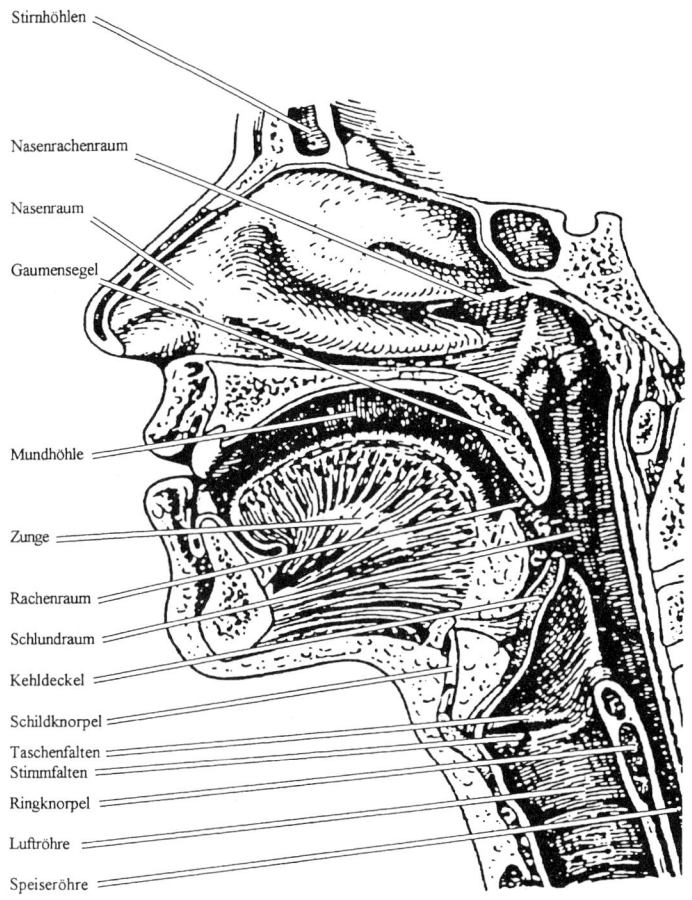

Stirnhöhlen

Nasenrachenraum

Nasenraum

Gaumensegel

Mundhöhle

Zunge

Rachenraum

Schlundraum

Kehldeckel

Schildknorpel

Taschenfalten
Stimmfalten

Ringknorpel

Luftröhre

Speiseröhre

Resonanzräume im Kopf

## Einteilung und Schwingungsverhalten der Resonanzräume

Die mitschwingenden Hohlräume lassen sich entsprechend ihrer Größe einteilen. Größere Resonanzräume klingen eher dunkel, kleinere eher hell, d. h. große Räume schwingen eher grundtönig, kleine eher obertönig.

Für die Stimmbildung ist es nützlich, die Resonanzräume noch weiter zu differenzieren. Die Resonanzräume sind in vier Etagen übereinander im Körper angeordnet. Dabei kommen den einzelnen Etagen jeweils typische klangformende Eigenschaften zu:

- Brustresonanz ist Fundament und Basis der Stimme.
- Mundhöhlenresonanz (Mundraum, Rachenraum und Schlundraum) gibt der Stimme Weichheit, Rundung und Fülle.
- Nasen- und Nasenrachenraumresonanz sorgen für Helligkeit und Glanz.
- Nasennebenhöhlenresonanz verleiht der Stimme Tragfähigkeit und metallischen Klang.

Hilfreich für die sängerische Vorstellung ist die Annahme von »Anschlagstellen« des Tons im Kopf und suggestive Arbeit mit Reflexions- bzw. Absorptionsverhalten von Resonanzräumen. Wenn auch physikalisch ein solches Verhalten nicht immer nachweisbar ist, können subjektive Vorstellungen doch mit physiologischen Eigenschaften der Resonanzräume in Einklang gebracht werden.

- Hartwandige Resonanzräume geben der Stimme Helligkeit und Glanz. Solche Resonanzräume sind im vorderen Kopfbereich anzutreffen (Nasennebenhöhlen, Nasenraum, vorderer Mundraum).
- Weichwandige Resonanzräume geben der Stimme Weichheit, Dunkelheit, Rundung und Fülle. Solche Resonanzräume finden sich im rückwärtigen Kopfbereich und im Rumpf (hinterer Mundraum, Rachenraum, Schlundraum, Brustraum).

### Mundraum als Artikulationsraum

Der Mundraum unterscheidet sich von allen anderen Resonanzräumen durch seine Verformbarkeit. Mit Hilfe von Unterkiefer, Zunge, Lippen und Gaumen läßt sich Größe und Gestalt des Mundraums vielfältig verändern und seine Mitschwingfähigkeit beeinflussen. Je nach Stellung dieser Artikulationsinstrumente[3] entstehen so verschiedene Resonanzklänge oder Geräusche: Vokale und Konsonanten.

### Neuere Erkenntnisse der Physik

In neueren stimmwissenschaftlichen Arbeiten geht man zuweilen nicht mehr wie früher davon aus, daß der an den Stimmfalten entstehende Klang relativ unbedeutend und mit wenigen Teiltönen versehen sei und erst im Durchlaufen des Ansatzrohres durch Resonanz mit Obertönen versorgt würde. Im Gegenteil: Der an den

---

3  Man unterscheidet aktive und passive Artikulationsinstrumente: Aktiv sind Lippen, Zunge, Unterkiefer und Gaumensegel; passiv sind Zähne, Gaumen und Zäpfchen.

Stimmfalten erzeugte Klang sei sehr obertonreich und erführe durch die Resonanzräume eine partielle Bedämpfung. Die mit Schleimhäuten ausgekleideten Räume des Luftwege-Systems seien viel zu weichwandig, um klangverstärkend wirken zu können; sie wirkten klangdämpfend und dies je nach Größe und Beschaffenheit in jeweils verschiedenen Teiltonbereichen[4].

Dies mag auf den ersten Blick revolutionär wirken in Hinblick auf Jahrhunderte der Gesangserziehung mit den berühmten Assoziationen und Bildern (»in die Maske singen«, »Schädelklang«, »Kuppelklang« etc.). Aber letztlich bleibt doch alles, wie es ist. Die für das Singen so offensichtlich hilfreichen Richtungsvorstellungen und Anschlagstellen in Brust und Kopf (»appoggiarsi in petto«, »appoggiarsi in testa«) führen nach wie vor zu einem spezifischen Mitschwing- bzw. Absorptionsverhalten von Räumen im Luftwege-System, das die gewünschte Klangfarbe des zu produzierenden Tones liefert. Um das mitleidige Lächeln der Physiker und »modernen« Stimmwissenschaftler nicht allzu deutlich zu provozieren, kann statt des bisher verwendeten Begriffs »Resonanz« nun von »Vibration« gesprochen werden; das Wort »Resonanz« bleibt dem tatsächlichen physikalischen Phänomen vorbehalten: der Erregung der Eigenschwingung eines Körpers bzw. Raumes.

## 1.2 Unterschiede der Physiologie der Kinderstimme zur Erwachsenenstimme

Obwohl es – wie oben bereits erwähnt – generell keine Unterschiede zwischen der Physiologie der Kinderstimme und der der Erwachsenenstimme gibt, haben Wachstumsphänomene im kindlichen Körper Auswirkungen auf die Stimme. Dabei handelt es sich im besonderen um zwei Phänomene: das Größenverhältnis Kopf – Rumpf und die Veränderungen des kindlichen Körpers vor der Pubertät.

Das Größenverhältnis von Kopf und Rumpf ist beim Kind starken Veränderungen unterworfen. Findet man beim Neugeborenen fast das Verhältnis von 1:1, so wächst im Verlauf der kindlichen Entwicklung der Rumpf (und die Extremitäten) erheblich stärker als der Kopf. Beim ausgewachsenen Menschen beträgt schließlich das Größenverhältnis zwischen Kopf und Rumpf etwa 1:5 bis 1:7.

Bedingt durch das starke Längenwachstum von Kindern sind auch die Stimmorgane ständigen Wachstumsveränderungen unterworfen. Das Körperwachstum

[4] Zusammengefaßt referiert nach: Peter-Michael Fischer, *Die Stimme des Sängers. Analyse ihrer Funktion und Leistung – Geschichte und Methodik der Stimmbildung*, Stuttgart/Weimar 1993

vollzieht sich zwar nicht vollkommen gleichmäßig über die gesamte Zeit bis zur Pubertät, aber weitgehend kontinuierlich, d. h., alle für die Stimme notwendigen Organe und Muskulaturen wachsen relativ synchron. Daher beobachten wir vor der Pubertät nur sehr allmähliche Veränderungen der Stimme.

Wir unterscheiden vor dem Beginn der Pubertät drei bis vier Wachstumsphasen:
- Säugling und Kleinkind (erstes bis ca. drittes Lebensjahr)
- Kindergartenkind (ca. drittes bis sechstes Lebensjahr)
- Grundschulkind (ca. sechstes bis zehntes Lebensjahr)
- Schulkind (ca. zehntes Lebensjahr bis Pubertätsbeginn)

# 1.3   Klanglichkeit der Kinderstimme

Größe und Größenverhältnisse des Körpers haben Einfluß auf die Klangfarbe und Registerstruktur einer Stimme. Wir kennen diese Zusammenhänge aus den Beobachtungen über Konstitutionstypen[5] und Temperamente[6] sowie aus oft auch unreflektiert verwendeten Gleichsetzungen zwischen Statur und Stimmlage bzw. Stimmfach. Diese Zusammenhänge sind manchmal konstruiert und zufällig; jedoch steht außer Zweifel, daß Größe und Verteilung von Resonanzräumen im Körper sowie Gestalt und Größe der Stimmfalten – jeweils unabhängig voneinander, aber auch vereint – entscheidenden Anteil an der individuellen Unverwechselbarkeit einer Stimme haben. Vielfach wird in der stimmbildnerischen Literatur hierfür der Begriff »Timbre« verwendet.

Die schwingungsbeeinflussenden Kopfräume sind beim Kind dominant, die Räume des übrigen Körpers (vor allem der Brustraum) sind dementsprechend weniger klangprägend. Dies macht sich akustisch in der deutlich stärkeren Helligkeit der Kinderstimme bemerkbar. Die Stimmen von Kindern klingen »körperloser«, »schwebender«, »leichter« als die von Erwachsenen.

Die Registerstruktur der Kinderstimme entspricht der der weiblichen Erwachsenenstimme, zeichnet sich jedoch durch eine größere Schlankheit aus. Bedingt durch die vor der Mutation noch kürzeren und schlankeren Stimmfalten und den kleineren Kehlkopf, wirken alle Register wie »nach oben verschoben«. Im Verein mit dem größeren Anteil der Kopfresonanzen klingt also das kindliche Brustregi-

---

[5]   Vgl. Konstitutionstypenlehre von Ernst Kretschmer (1888–1964)
[6]   Vgl. die Lehre von den vier Temperamenten, begründet von Hippokrates von Kos (um 460 v. Chr.)

ster häufig viel leichter als das Mittelregister einer Sopranistin. Mittel- und Kopfregister der Kinderstimme wirken oft wie reine Kopftöne einer Frau. Dies macht die funktionelle Beurteilung von Kinderstimmen nicht einfacher. Allzuoft handelt es sich bei kraftvoll singenden Kindern in der oberen Hälfte der eingestrichenen Oktave um den ungehinderten Einsatz des Brustregisters, also um die ungemischte Muskelschwingung der Stimmlippen ohne Mitwirkung der Stimmfaltenränder. Wenn Kinder häufig so singen, kann es in dieser Lage bereits zu Schädigungen kommen. Oft ist bei solchen Tönen eine Rauhheit oder Brutalisierung der Stimme überhaupt nicht wahrzunehmen, was dazu führt, daß von Chorleitern dieser Klang der Kinderstimme für besonders »frisch«, »lebendig«, »ungekünstelt« gehalten und geradezu angestrebt wird.

## 1.4   Umfang der Kinderstimme

Der Tonumfang der Kinderstimme sowie weitere Angaben über die Leistung der Stimme in den Jahren vor der Pubertät ist schon seit Jahrzehnten Gegenstand von Untersuchungen. Man sollte deshalb meinen, wir könnten auf ein gut dokumentiertes Material zurückgreifen, wenn es um die Darstellung der Entwicklung des Tonumfangs in der Kinderstimme geht.

Leider erweist sich das vorhandene Material bei näherer Betrachtung nur als sehr bedingt brauchbar – jedenfalls für die Beurteilung physiologisch möglicher und für die Stimmentwicklung der Kinder gesunder Tonumfänge. Allzuhäufig werden Kinder durch falsche Beeinflussung zu unphysiologischen Stimmumfängen angehalten. 1909 veröffentlichte H. Gutzmann[7] ein Schema, nach dem die Kinderstimme zum Zeitpunkt der Geburt den Umfang von einer Prim (!) um $a^1$ aufweist und sodann Jahr für Jahr um einen Halbton nach oben und unten anwächst. Dieses Schema wurde mehr oder minder kritiklos von der Fachliteratur der ersten Hälfte des 20. Jahrhunderts übernommen und führte zu bisweilen katastrophalen Mißverständnissen bei der Beurteilung und Behandlung von Kinderstimmen. Obwohl M. Nadoleczny schon 1926 eine zutreffende Beurteilung der Stimmleistung von Säuglingen vorlegte[8], findet sich erst bei K. Hartlieb[9] die Dokumentation einer Untersuchung an 1 300 Karlsruher Volksschülern, in deren Verlauf deutlich andere Ergebnisse zutage traten. Nach Hartlieb beträgt der durchschnitt-

---

[7]   H. Gutzmann, *Physiologie der Stimme und Sprache*, Braunschweig 1909
[8]   M. Nadoleczny. *Die Sprach- und Stimmstörungen im Kindesalter*, Leipzig ²1926, S. 169
[9]   K. Hartlieb, *Der Umfang der Jugendstimme, Folia phoniatrica 9* (1957). S. 225

liche Tonumfang – unabhängig vom Alter – zwei Oktaven mit einer unteren Grenze von *g* (kleines *g*), die schon sehr früh erreicht wird. P. Nitsche bestätigt in seiner Schrift *Die Pflege der Kinder- und Jugendstimme* die Hartliebschen Untersuchungen und führt weiter aus:

> *Innerhalb des konstanten Umfangs von etwa 2 Oktaven (klein g bis g²) gibt es offenbar einen bevorzugten und klanglich besonders entwickelten Ausschnitt – eine »gute Lage«, wie man beim Instrument sagen würde, der sich mit fortschreitender Entwicklung zur Mutation hin verschiebt. Bei den 7- bis 10-jährigen liegt er etwa zwischen f¹ und f².*[10]

Wenn auch Nitsche mit seinen Beobachtungen sicherlich schon auf dem Wege ist, einen physiologischen Stimmumfang der Kinderstimme zu beschreiben, so zeigen seine Messungen in erster Linie nur die Art und Weise, wie mit den Kindern gesungen wurde. Dies wird deutlich in seiner völligen Nichtbeachtung der Töne oberhalb von *g²*.

P.-M. Fischer bezieht sich auf die erwähnten Untersuchungen Nadolecznys an Säuglingen und versucht mit Hilfe einer physikalischen Konstruktion dem physiologischen Tonumfang auf die Spur zu kommen:

> *Es ist anzunehmen, daß die Tonhöhe des ersten Schreis in ihrer Verteilung den statistischen Gesetzen genügen muß. Bei einem Höchstwert der Häufigkeitsverteilung für phon. Null um fis/g (180/190 Hz), erfolgt der reflektorische Einsatz der Stimme des Neugeborenen etwa eine Terz über dem Schaltpunkt zwischen Tief- und Mitteloktave, also ca. eine Sext über der indifferenten Sprechlage. Dies entspricht durchaus der Norm, da ja die dynamische Steigerung der Stimme im Allgemeinen mit einem Anstieg der Tonhöhe gekoppelt ist. Der erste Schrei weist also eine mittlere Spannung des Stimmorgans auf, die nach oben erhöht und nach unten vermindert werden kann. Die im ersten Lebensjahr angegebenen hohen Töne (a² und c⁴ bzw. e⁴) liegen über dem zweiten und dritten Oktavschaltepunkt und haben damit die mechanisch-physiologisch einwandfreie Funktion der Stimme bewiesen. Daraus geht überzeugend hervor, daß die »Höhe« für die Erwachsenen eigentlich kein Problem sein dürfte, weil der Erwachsene sie ja als Kind schon erhalten hat.*[11]

Der Ansatz P.-M. Fischers ist neu. Empirisch gewonnene Ergebnisse werden kombiniert mit physikalischen Eigenschaften, die dem Schwingungsorganismus im Kehlkopf zugeordnet werden. Den Beweis, daß diese physikalischen Zuordnun-

---

[10] P. Nitsche, *Die Pflege der Kinder- und Jugendstimme*, Mainz 1970, S. 8
[11] P.-M. Fischer, a.a.O., S. 120

gen tatsächlich unumstößlich sind, bleibt Fischer allerdings schuldig, wenn auch vieles dafür zu sprechen scheint. Terminologie und Entsprechungen zum überkommenen Vokabular der Stimmwissenschaft scheinen mir in Fischers Abhandlung noch überarbeitungsbedürftig. Jedoch ist es sicher lohnend, auf diesem Wege weiterzugehen, um exakt meßbare Vorgänge bei der Tonproduktion stärker zur Grundlage der Beurteilung von stimmtechnischen und stimmbildnerischen Prozessen machen zu können.

Vorstehend mitgeteilte Beobachtungen und Überlegungen zeigen eindrucksvoll die Schwierigkeiten bei der Beschreibung kindlicher Stimmumfänge. Dies liegt nicht etwa an der Unfähigkeit der genannten Autoren, sondern ist in einem nicht nur bei der Stimme, sondern auch sonst vielfach im kindlichen Organismus anzutreffenden Phänomen begründet: der besonderen Beeinflußbarkeit von Organen und Muskulaturen im Körper während der Kindheit. Wie ein Muskel eingesetzt wird, so wird er seine Arbeit verrichten. Daß es dabei einerseits zu Atrophie durch mangelndes, andererseits zu Verspannung durch falsches Benutzen kommen kann, liegt auf der Hand.

Zusammenfassend läßt sich feststellen, daß vom Geburtsschrei an der gesamte Stimmumfang, wie ihn die Physiologie vorgibt, vorhanden ist und erübt werden kann. Natürlich werden die Extremlagen nicht sofort voll durchtrainiert vorliegen, jedoch sind auch im 1. Lebensjahr schon Töne in der viergestrichenen Oktave möglich. Mit dem kindlichen Bestreben, Frequenzen über einen bestimmten Zeitraum in der Stimme konstant zu halten (also gesungene Töne zu produzieren), bekommt das Stimmtraining für die hohe Lage eine neue Dimension. Nun geht es nicht mehr nur darum, der Stimme hohe Muskelspannungen punktuell zuzumuten und danach sofort wieder abzuspannen, sondern definierte Muskelspannungen über längere Zeit zu stabilisieren. Dies führt bei Kindern zuerst wieder zu einer Einschränkung des latent vorhandenen Tonumfangs in der Höhe. Allerdings muß diese Einschränkung nicht von Dauer sein, wenn die Singübung fortlaufend sinnvoll weitergeht.

Auch das Singen tiefer Töne kann zu Schwierigkeiten führen, wenn diese nämlich allzu sorglos mit ungesteuerter Kraft produziert werden. Dann kommt es zu einer starken Verdickung der Stimmfaltenmuskulatur (Stimmlippen), was bei häufigem Gebrauch Verkrampfungserscheinungen nach sich zieht. Dadurch ist das notwendige »Abschlanken«[12] der Stimmlippen bei höheren Tönen nicht mehr

---

12 Physiologisch handelt es sich beim »Abschlanken« um eine von der Schildknorpel-Ringknorpel-Bewegung verursachte Dehnung der Stimmfalten, die nur bei gleichzeitigem graduellen Verzicht auf schwingende Muskelmasse erreicht werden kann.

ohne Schwierigkeiten möglich. P.-M. Fischer beschreibt die Folgen solcher Singübung eindrucksvoll[13], ohne allerdings auf die Probleme beim Aushalten definierter Tonhöhen näher einzugehen und die Gründe dafür zu nennen.

Unter Berücksichtigung aller physiologischen und stimmbildnerischen Voraussetzungen möchte ich den physiologischen Stimmumfang von Kindern schematisch folgendermaßen darstellen: Bei einem anzunehmenden Gesamtumfang von
ca. $g$ (kleines $g$) bis ca. $c^4$ ist die für gesungene Töne zur Verfügung stehende und
sinnvoll nutzbare Lage (die sogenannte »gute Lage«, von der Paul Nitsche spricht):

- Säugling bis Kleinkind:  $g^1-c^2$
- Kindergartenkind:  $f^1-e^2$
- Grundschulkind:  $c^1-f^2\,(c^3)$
- Schulkind:  $a-a^2\,(c^4)$

Diese Darstellung trägt einerseits der schon angesprochenen Tatsache Rechnung,
daß bei latent vorhandenem Höhenumfang nur d a s tatsächlich nutzbar ist, was
geübt wird, andererseits ist in diesem Schema auch der Hinweis auf Behutsamkeit
bei tiefen Tönen enthalten. Die von Paul Nitsche angesprochene »gute Lage« umfaßt die »Kinderoktave« $f^1-f^2$ mit ihren jeweiligen Erweiterungen nach oben und
unten und stellt einen soliden Kompromiß zwischen den Lehrmeinungen dar. In
der Kinderstimmbildung wird man kaum fehlgehen können, wenn man sich an
diese Vorgaben hält.

## 1.5  Mutation

Ausgelöst durch den Beginn der Produktion von Geschlechtshormonen in den
Keimdrüsen, kommt es während der Pubertät zu einer deutlichen Veränderung
der primären und sekundären Geschlechtsmerkmale. Die Stimme – als sekun-
däres Geschlechtsmerkmal – ist diesen Wachstumsveränderungen unterworfen.
Biochemisch und medizinisch sind viele Körpervorgänge während der Pubertät
noch zu wenig bekannt, als daß sich ein genau vorhersagbarer Verlauf der Mutation beschreiben ließe. Der Zeitpunkt des Beginns der Mutation muß nicht mit
dem Beginn der Pubertät zusammenfallen. Oftmals ist die Tonproduktion während solcher Wachstumsphasen der Stimmorgane besonders bei Knaben über längere Zeiträume hinweg stark gestört.

---

[13] P.-M. Fischer, a.a.O., S. 121f.

## 1.5.1  Mutation der Mädchenstimme

Von den Mädchen wird die Mutation häufig kaum wahrgenommen, da nur ein geringes Längenwachstum der Stimmfalten (Zunahme ca. ein bis zwei Millimeter; ausgewachsene Länge der Stimmfalten ca. zehn Millimeter) zu verzeichnen ist und vor allem die beteiligten Muskulaturen und Organe relativ koordiniert wachsen. Störungen in der Tonproduktion sind eventuell als Heiserkeitsphasen bemerkbar, die unregelmäßig über den Mutationszeitraum (zwei bis vier Jahre) hinweg auftauchen, einige Wochen anhalten können und wieder verschwinden. Im Laufe der Mutationszeit verändert sich die Klangfarbe der Stimme gemäß der wachstumsbedingten Veränderung der Resonanzräume; sie wird körperbetonter und dunkler. Tonumfangsveränderungen sind nicht generell festzustellen. Manche Mädchen können nach Beendigung der Mutation höher singen als vorher, manche tiefer, und bei vielen bleibt der Stimmumfang gleich. Die in der Literatur häufig wiederholte Meinung R. Luchsingers, die Stimme der Mädchen würde sich durch die Mutation um ca. eine Terz senken[14], kann so nicht bestätigt werden.

Außergewöhnliche stimmbildnerische Maßnahmen sind während der Mutation der Mädchenstimme nicht erforderlich; lediglich während möglicher Heiserkeitsphasen ist Stimmschonung angezeigt. Da diese Heiserkeitsphasen von den betroffenen Mädchen oft in Verbindung mit Erkältungskrankheiten gesehen werden, schonen sie meist von ganz allein während dieser Zeit ihre Stimme.

## 1.5.2  Mutation der Knabenstimme

In der Pubertät beginnt irgendwann ein deutliches Längenwachstum der Stimmfalten (ca. zehn Millimeter Zunahme; ausgewachsene Länge ca. zwanzig Millimeter) und ein starkes Größenwachstum des Kehlkopfs mit der charakteristischen spitzwinkligen Ausformung des Schildknorpels (»Adamsapfel«). Das Wachstum der Stimmorgane erfolgt häufig völlig unkoordiniert. Vermutlich von der Dosis der jeweils produzierten Hormone abhängig, wachsen Kehlkopf und Stimmfalten nicht zwangsläufig gleichzeitig, so daß im Mutationsverlauf längere Zeiten gestörter Stimmgebung und Stillstände des Wachstums auftreten können. Im Gesamtverlauf der Knabenmutation lassen sich drei Phasen unterscheiden: die Praemutation, die Mutation (der eigentliche »Stimmbruch«) und die Postmutation.

---

[14] R. Luchsinger, *Die Stimme und ihre Störungen*, in: R. Luchsinger/G. E. Arnold, *Handbuch der Stimm- und Sprachheilkunde I*, Wien ³1970, S. 287f.

Praemutation

Die obersten Töne des Knabenstimmumfangs werden brüchig und machen Schwierigkeiten. Nach unten ist kein nennenswerter Zuwachs an Tonumfang festzustellen. Der Klang der Stimme wird dunkler, voller. Die Praemutationsphase dauert ca. ein halbes Jahr. Häufig ist das erste wahrnehmbare Anzeichen der bevorstehenden Mutation bei stimmbegabten Knaben ein besonderes Klangvollwerden der Stimme, verbunden mit einer stärkeren Körperlichkeit und Sinnlichkeit des Klanges.

Mutation (»Stimmbruch«)

Wegen des unkoordinierten Wachstums von Kehlkopf, Stimmfalten und umgebender Muskulatur ist keine geordnete Tongebung möglich. Tonausfall, Tonhöhenverlust und Überschlagen der Stimme sind die Folgen. Nach unten ist mit deutlich hörbarem Schaltvorgang ein Zuwachs von ca. einer Oktave festzustellen, dafür sind höhere Töne in der neuen Männerstimme noch kaum erreichbar. Der Tonumfang ist sehr bescheiden (ca. eine Sext bis Septime). Oberhalb der neuen Männerstimme bleibt die alte Knabenstimmlage erhalten, bekommt jedoch einen hauchigeren und kraftlosen Klang. Hier ist die spätere Falsettfunktion bereits angelegt. Der Klang der neuen Männerstimme ist rauh und belegt. Die Stimmfalten schließen nicht und sind leicht gerötet. Bei vielen Mutanten zeigt sich das sogenannte »Mutationsdreieck«, eine dreieckige Öffnung in der Stimmritze, durch die die Luft bei der Tonproduktion ungehindert durchströmen kann. Die Dauer dieser Phase ist recht unterschiedlich (ca. sechs Wochen bis über zwei Jahre). Auch findet man häufig Störungen des normalen Verlaufs, deren Ursachen in Unregelmäßigkeiten bei der Hormonproduktion zu suchen, jedoch in vielen Einzelheiten noch nicht genügend bekannt sind. Die häufigste Störung ist die sogenannte »unvollständige Mutation«. Darüber hinaus sind die »verzögerte Mutation« und die »ausbleibende Mutation« zu nennen. G. Habermann beschreibt die Phänomene:

> *Man findet bei solchen jungen Männern über die Zeit der allgemeinen pubertären Reifung hinaus fortbestehend die akustisch auffälligen Formen einer nicht vollendeten Mutation mit kindlich hoher Stimme, heiserem, gepreßtem und überhauchtem Stimmklang und mit dem [...] Umkippen der Stimme in Oktavsprüngen und einer Diplophonie, der Spaltung der Stimme in zwei scheinbar nebeneinander bestehende Stimmklänge, also in Doppeltöne.*
>
> *Ursächlich spielen unsymmetrische, sehr wechselhafte Spannungsverhältnisse beider Stimmlippen eine wesentliche Rolle, aber auch psychische Momente*

*werden angeführt. So soll in manchen Fällen das Festhalten der Kinderstimme*
*symbolisch und unbewußt die Mutterbindung und ein Sträuben gegen die un-*
*umgängliche Lösung aus dieser demonstrieren.*[15]

Postmutation

Die neu gewonnene Stimmlage stabilisiert sich langsam und gewinnt an Umfang.
Die Stimme klingt zunehmend weniger verhaucht und rauh. Oberhalb der neuen
Männerstimmlage bleibt die Knabenstimmlage weitgehend erhalten und verändert sich allmählich klanglich zum Falsettregister. Die Dauer der Postmutationsphase beträgt ca. zwei bis vier Jahre.

## 1.5.3 Stimmbildnerische Maßnahmen während der Knabenmutation

Ein in der einschlägigen Literatur immer wieder kontrovers diskutiertes Thema ist
die Frage, ob Knaben während der Mutation weitersingen sollen oder nicht. Vor
allem die großen Knabenchöre mit Internatsbetrieb verfahren durchweg so, daß
sie die Mutanten ein oder zwei Jahre vom Singen suspendieren, um sie erst
während oder nach der Postmutation wieder in die Chorgemeinschaft einzuglie-
dern. In der Singpause werden die Mutanten häufig auch stimmbildnerisch nicht
betreut.

Es besteht kein Zweifel, daß mutierende Knaben in der Zeit der erwachenden
Geschlechtsreife ihren Stimmen viel zumuten; beim Sport, im Schwimmbad, beim
ausgelassenen Zusammensein, beim Imponiergehabe produzieren sie mit ihren
Stimmen Geräusche und Klänge in extremer Lautstärke und brutaler Tongebung.
Dies alles hält das Instrument aus – jedenfalls im allgemeinen. So kann doch auch
Singen nicht schaden – dies ist das häufig gehörte Argument von Chorleitern und
Stimmbildnern, die der Meinung sind, Mutanten sollten am besten keine Sing-
pause einlegen.

Dabei gilt es jedoch zu bedenken, daß bei aller Rauhheit im Umgang mit der
Sprechstimme diese doch niemals längere Zeit mit fixierten Muskelspannungen
funktioniert und deshalb nach Momenten aktivster Spannung auch immer wieder
zur Entspannung findet. Der gesungene Ton jedoch erfordert fixierte Muskelspannungen – die gesungene Linie schreitet fort von fixierter Spannung zu fixier-

---

[15] G. Habermann, *Stimme und Sprache*, Stuttgart [2]1986, S. 148

ter Spannung ohne die beim Sprechen dazwischengeschalteten Entspannungs-pausen.

Während der eigentlichen Mutationsphase (»Stimmbruch«) ist eine Beanspruch-ung des Organs durch Singen daher nicht anzuraten. Auch die stimmbildnerische Behandlung von Mutanten dieser Phase muß sich auf einige wenige Maßnahmen beschränken. Piano- und Pianissimo-Singen in der eingeschränkten Lage, ohne die Grenzen sprengen zu wollen, sowie sorgfältige Beachtung der Atembeherrschung sind die wichtigsten Inhalte solcher Mutantenbetreuung. Dabei ist zu bedenken, daß die produzierten Töne kaum je nebenluftfrei und ohne Geräusche erklingen können und daher ästhetischen Ansprüchen wenig genügen werden. Dies ist be-sonders für engagierte Mitglieder von Knabenchören nicht selten eine Schwierig-keit, über die der Stimmbildner mit Einfühlungsvermögen hinweghelfen muß.

In der Postmutationsphase ist behutsame Resonanzierung und Kennenlernen der neuen Weite des Instruments vorrangig. Wegen der veränderten Größenver-hältnisse kommt es bei Postmutanten häufig zum Knödeln und kehligen Singen. Oft hilft die Zunge, den großen Kehlkopf im Zaum zu halten und drückt mit ihrer Wurzel auf Schildknorpel und Kehldeckel. Umgekehrt versagt oft die nach unten gerichtete Aufhängemuskulatur des Kehlkopfs, so daß dieser bei aufwärts führen-den Tonbewegungen stark steigen kann, was wiederum zu druckartigem Kontakt zwischen Zungenwurzel und Schildknorpel bzw. Kehldeckel führt. Auch Angst vor den hohen Tönen der neuen Männerstimme stellt sich ein, vielfach verbunden mit einer Abneigung gegen die hohe Lage, da diese nicht dem Ideal der neu er-worbenen Männlichkeit zu entsprechen scheint.

In diesem Zusammenhang ist auch das Falsett-Singen anzusprechen. Die jungen Männer lehnen das Falsett häufig als »unmännlich« ab und versuchen daher, hohe Töne mit Gewalt zu erreichen. Dies führt zur Verengung der Kehle und erzeugt Reibung an den Stimmfalten. Besser ist es, wenn in der Phase des nach oben noch eingeschränkten Stimmumfangs solche hohen Töne entweder doch mit dem Fal-sett gesungen oder weggelassen werden. Jedoch darf es auch nicht passieren, daß durch allzu häufiges und aus Bequemlichkeit vorgenommenes Ausweichen in die Falsettfunktion schließlich hohe Töne in der Männerstimme überhaupt nicht mehr verwendet werden.

Man wird als Chorleiter und Stimmbildner behutsam abwägen und die Anforde-rungen an die junge Männerstimme sorgfältig abstimmen. Eine Mischung aus Schonung und Forderung, Entspannung und Training sowie das Vermitteln eines sicheren Gefühls für das richtige Verhalten wird also eine wesentliche stimm-bildnerische Aufgabe in dieser Entwicklungszeit sein.

# 2. Fähigkeiten der Kinderstimme

Um als Stimmbildner effektive Arbeit zur Gesunderhaltung und Formung der Kinderstimme leisten zu können, ist es notwendig, darüber Bescheid zu wissen, was Kinder stimmlich leisten können und worin die Ursachen für Defizite zu sehen sind – Defizite, die allerorten beklagt werden, wenn von kindlichem Singen die Rede ist.

## 2.1 Veranlagung

Bei der Entwicklung stimmlicher Fähigkeiten muß unterschieden werden, zu welchem Zweck die Stimme benutzt wird. In den ersten zwei bis drei Lebensjahren erprobt der Säugling zwei verschiedene Klangformen sowie eine unendliche Reihe von Zwischenformen. Aus dem Artikulationslallen, dem Glucksen und Schnarren des Säuglings wird sich die Sprache entwickeln; aus dem Schreien, Jauchzen und Jubilieren entsteht die Singstimme. Dieses Experimentieren stimmlicher Äußerungen geschieht sowohl exspiratorisch als auch inspiratorisch. Auch später noch erleben wir häufig, daß Kinder, wenn sie etwas sehr Aufregendes erzählen wollen, sich nicht immer Zeit zum Einatmen gönnen und daher während des Einatmungsvorgangs weitersprechen.

Stimmliche Erprobungsphasen des Säuglings und Kleinkindes zeugen von einer erstaunlichen Vitalität des Instruments Stimme.

*Dieses nicht selten stundenlang währende Training beweist eine kräftige und stabile Naturanlage, die schon längst das irrtümlich bestehende und für die Entwicklung des Organs nachteilige Vorurteil von der »zarten und empfindlichen Stimme« hätte beseitigen sollen.*[16]

In der Tat sind die Leistungen, die das Kleinkind mit der Stimme vollbringt, erstaunlich.

*Kein anderes Organ des Säuglings und Kleinkindes erträgt schon eine solch hohe Beanspruchung und verfügt über eine derartig hohe Leistungsfähigkeit wie die zum Schreien verwendete Stimme.*[17]

---

[16] P.-M. Fischer, a.a.O., S. 119
[17] H. Biehle, *Stimmkunde. Für Beruf, Kunst und Heilzwecke*, Berlin 1955, S. 5; zitiert nach: P.-M. Fischer, a.a.O., S. 119

Dies hat mit der Entwicklungsgeschichte des Menschen zu tun. Lange bevor die Organe des Kehlkopfs zur Stimmerzeugung benutzt wurden, schützten Verschlußmechanismen die Lungen vor dem Eindringen von Fremdkörpern (vor allem von Wasser). R. Schilling erklärt diese Tatsache und schreibt weiter:

*Außer der Schutzfunktion des Kehlkopfs für die Lunge hat sich später im Laufe der Entwicklung noch eine zweite Funktion herausgebildet, die der Stimmfunktion vorausging oder wenigstens unabhängig von ihr entstand. Das ist die Stemmfunktion. Daß der Kehlkopf einen Verschluß bildet, ist nämlich nicht nur von Bedeutung dafür, daß von außen nichts hereinkommt, sondern u. U. auch dafür, daß die eingeschlossene Luft nicht herauskann.*[18]

Benutzt der menschliche Fötus in der Gebärmutter diesen Kehlkopfverschluß, um die Lungen vor dem Eindringen von Fruchtwasser zu schützen? Im Geburtsschrei löst sich dieser Verschluß, und die Sauerstoffversorgung wird auf Lungenatmung umgestellt. Das Neugeborene kommt also mit einem bereits muskulär bestens trainierten Organ auf die Welt. Das könnte erklären, warum das Stimmorgan diese erstaunliche Kraft schon vom Tag der Geburt an besitzt.

Allerdings beziehen sich die stimmlichen Fähigkeiten des Neugeborenen auf nichtfrequenzfixierte Muskelspannungen und -dehnungen. Mit dem Beginn des Singens wird eine neue Anforderung an das Stimmorgan gestellt: die zeitliche Fixierung von Muskelspannungen. Daß dies zuerst in einem viel eingeschränkteren Tonraum geschieht, leuchtet ein, darf aber nicht dazu führen, daß der gesamte bereits vorhandene Stimmumfang nun plötzlich nicht mehr benutzt wird und sich das Training des Organs auf die bescheidene Distanz von einer Oktave oder gar noch weniger beschränkt, wie es ja in den meisten Kinderliedern der Fall ist.

Die natürliche Singfähigkeit entwickelt sich durch das kindliche Tun selbstverständlich und ohne Probleme. Beim vorsprachlichen Erproben des Instruments wird das Kind nicht gehindert – im Gegenteil, Erwachsene bestärken die Säuglinge und Kleinkinder weitgehend in der Produktion solcher Lautäußerungen. Bei den ersten Singversuchen sollte nun ebenfalls eine große Bereitschaft vorhanden sein, das kindliche Experimentieren zu dulden, ja zu fördern. Dazu gehört auch und gerade das Singendürfen in höherer Lage, da höhere Stimmbereiche sich nur durch kontinuierliches Training entwickeln, durch Nichtbenützen jedoch verkümmern.

Ein in Familie, Kindergarten und Grundschule nicht an natürlicher Singübung gehindertes Kind kann im Lebensalter zwischen drei und sechs Jahren bereits den

---

[18] R. Schilling, *Das kindliche Sprechvermögen*, Freiburg 1956, S. 38; zitiert nach: P.-M. Fischer, a.a.O., S. 85

gesamten Tonraum der eigenen Stimme entdeckt und singend erprobt haben – freilich anfänglich mit allerlei Unsicherheiten in Intonation, Resonanzausnützung und Linienführung, aber gesund und ohne künstliche, d. h. von außen an das Kind herangebrachte sogenannte »Förderung«. Das Stimmorgan entwickelt sich natürlich und gewinnt an Kraft, Ausdauer und Klangschönheit allein durch das selbstverständliche Experimentieren.

Das singende Umfeld spielt dabei eine wichtige Rolle. Bleibt ein Kind mit seinen Singerfahrungen ständig allein, so bildet sich das Zusammenwirken von Gehör, Gehirn und Stimmfaltentätigkeit nur ungenügend aus. Defizite, die besonders die Intonation betreffen, sind die Folge.

## 2.2 Defizite

Defizite in der Singfähigkeit von Kindern können sehr vielfältige Ursachen haben, die der Stimmbildner jeweils erkennen muß, um eventuell helfen zu können.

Angeborene Mißbildungen im Bereich des Stimmorgans und psychische Defekte, die sich auf die Stimmfunktion auswirken, sind selten, bedingen jedoch meistens nachhaltige Störungen in der Entwicklung der Singstimme. Inwieweit hier Korrekturen möglich sind, ist im jeweiligen Einzelfall medizinisch oder psychiatrisch zu entscheiden.

Chronische Erkrankungen der Atemwege, insbesondere Asthma und Pseudo-Krupp, aber auch schwerer Husten oder allergische Reaktionen der Atemwege-Schleimhäute, sind bei Kindern relativ häufig und haben deutlichen Einfluß auf die stimmliche Entwicklung und Fähigkeit. Auch hier kann der Stimmbildner nicht helfen; medizinische und gegebenenfalls psychologische Betreuung ist notwendig.

Jedoch ist der Stimmbildner – eventuell im Verein mit Logopäden, Psychologen und Pädagogen – angesprochen, wenn es um die vielfältigen Mißbräuche geht, die der kindlichen Stimme zugemutet werden.

### 2.2.1 Mangelnde Übung

Erfuhr die Stimme bei der Erprobung von Sprachlauten noch reiche Förderung seitens der Erwachsenen, so wird die Entfaltung der Singstimme kaum mehr unterstützt, sondern allzuhäufig durch gesellschaftliche Zwänge und mangelnde Fähigkeiten der Erwachsenen nachhaltig gehindert.

*Wenn dann weiter die Schule den »Schreiton« verbietet und die Übung der Sing-stimme in einen Umfang verweist (c$^1$–c$^2$), der weit unter der Leistung eines Säuglings liegt, so ist es kein Wunder, daß nach einigen Jahren die Stimmärzte und Stimmphysiologen [...] fast bei der Hälfte der Kinder nur noch heiser klin-gende, kraftlose und in der Höhe versagende Stimmen vorfinden können [...]. Die Tragödie der Jugendstimme beginnt in unserer Zivilisation bereits im Kreis der Familie. Niemand nimmt sich Zeit, um mit den Kleinen zu singen. Das volks-tümliche Liedgut der Region und des Kirchenjahres geraten in Vergessenheit. Die Jugendstimme kann sich nicht musikalisch üben.*[19]

Diese »Inaktivitätsatrophie«, wie P.-M. Fischer es nennt, ist u. a. Folge eines er-schreckenden Phänomens in der Erziehung von Kindern und deren stimmlicher Entwicklung: mangelnde Übung. Es muß uns klar sein, daß die Kinderstimme nur in dem Bereich funktioniert, in dem sie erübt wird. Auch Bereiche, in denen die Kinderstimme naturhaft nicht ihre beste Entfaltung erfährt, können durch Benut-zen notgedrungen zur klanglichen Heimat werden – mit verheerenden Folgen für die gesunde Entwicklung des Stimmorgans.

Wenn wir mit Kindern nicht oder nur sehr wenig singen, können sie keine Erfahrungen mit dem Organ sammeln. Ein Zusammenwirken von Klangwahrneh-mung und Klangproduktion wird nicht entstehen. Wie wichtig der Zusammen-hang zwischen Ohr, Gehirn und Stimme ist, führt P. Nitsche aus:

*Je sicherer und selbstverständlicher das wache, bewußte und aufmerksame Hören gehandhabt wird, um so schneller und vollkommener wird die Stimme ihre eingeborenen Möglichkeiten entfalten. Die Summe »hörfähiger« Kinder aber produziert eines Tages mit Selbstverständlichkeit und ohne besondere Bemühung das Ergebnis eines makellosen Chorklanges. Darum allein schon lohnt die Mühe sorgfältiger Aussaat.*[20]

Großen Einfluß auf das Funktionieren dieses Wechselspiels hat auch die Übung der Stimme in der Gruppe. Wer hier wenig Erfahrung mitbringt, wird u. U. schnell die Kontrolle über die eigene Stimme verlieren, da er sich selbst in der singenden Gemeinschaft nicht mehr genügend zuhören kann. Eine Reihe verschiedener For-men des Versagens kann die Folge sein – subsumiert unter dem gängigen Begriff »Brummer«.

---

[19] P.-M. Fischer, a.a.O., S. 121
[20] P. Nitsche, a.a.O., S. 23

*Dieser Begriff verschwindet allmählich, da er den Sachverhalt nicht eindeutig wiedergibt und nicht selten dazu einen abwertenden Beiklang besitzt. Man sollte besser Glass (1970) folgen, der Schüler, die zur Zeit des Schulbeginns keine Singfähigkeit besitzen, in Falschsinger, Sprechsinger und Tiefsinger unterteilt. Falschsinger sind Kinder, die nicht in der Lage sind, eine vorgesungene oder vorgespielte Melodie oder Melodieteile richtig nachzusingen, gleich zu Beginn des Nachsingens oder auch im weiteren Verlauf. Sprechsinger sind Kinder, die eine vorgesungene oder vorgespielte Melodie in der Sprechlage und unter Verzicht auf die vorgegebene Melodiebewegung reproduzieren. Tiefsinger sind solche, die eine vorgegebene Melodie in sich richtig, aber zu tief wiedergeben.*[21]

Der Chorleiter oder Stimmbildner hat die Aufgabe, in Elternhaus, Kirche, Kindergarten und Schule Versäumtes aufzufangen. Das bedeutet oft, daß stimmliche Betätigungen, die das Kind schon viel früher hätte erlernen können und sollen, zu einer Zeit nachgeholt werden müssen, in der das Kind bereits in eine Phase erhöhter intellektueller Steuerung eingetreten ist (ab ca. acht Jahre). Um vieles unbefangener, aber auch geschickter, beweglicher und angemessener ließen sich gewisse Erprobungen der Stimme im Lebensalter zwischen drei und sechs Jahren realisieren, als zu einer Zeit, da die Schule an den Kindern bereits ihr Sozialisierungswerk begonnen hat.

## 2.2.2 Falsche Vorbilder und schlechte Beispiele

Einen wichtigen Anteil an der Verbildung der Kinderstimme haben falsche Vorbilder, die von Kindern kopiert werden. Aber auch Erwartungshaltungen von Erwachsenen, die an Kinder herangetragen werden, spielen eine Rolle. Dabei ist der Einfluß der kommerziellen Musikproduktion im Unterhaltungsbereich einerseits und die Fernsehwerbung andererseits besonders negativ; einmal wegen der dort vorgeführten musikalisch schlechten Beispiele und zugleich auch wegen der kritiklosen Rezeption, die solche Produktionen bei Kindern oft erfahren.

Erwartungshaltungen, eine Kinderstimme habe so und so zu klingen, eine Kindergruppe müsse sich akustisch in bestimmter Weise äußern, um »frisch und lebendig« zu wirken, begegnen uns in vielfältigster Weise – auch wo wir nicht damit rechnen. Die grobe Unsitte im Kasperletheater, wenn das Kasperle fragt: »Seid ihr alle da?« und die zuschauenden Kinder mehrmals laut und immer lauter

---

[21] G. Habermann, a.a.O., S. 145

antworten: »Jaaaaa!!!«, feiert fröhliche oder vielmehr verderbliche Auferstehung in allerlei Fernsehsendungen mit »Live«-Publikum. Nicht, daß Kinder mit ihrer Stimme nicht laut sein dürften. Aber bei diesen Praktiken ist Lautstärke über alles Maß hinaus das einzige Kriterium, das zählt. Und leider fällt Erwachsenen oft keine andere Möglichkeit der Animation ein als gerade das Schreienlassen. Wenn in Werbespots im Fernsehen Kinder mitwirken, gilt das Lärmen mit der Stimme als ein besonderes Zeichen kindlichen Wohlbefindens.

Negative Auswirkungen haben auch manche Fernsehsendungen, in denen Kinder singen oder zum Singen animiert werden, bis hin zu solchen Produktionen, in denen Kinder Rock- oder Popsänger imitieren. Hier geht der Einfluß auf die Art des Singens weit über die mitwirkenden und sogar über die zuschauenden Kinder hinaus, indem die »Gesangsleistungen« solcher Sendungen geradezu zum Standard kindlichen Singvermögens werden. Eine Stufe sublimer, aber dennoch nicht ungefährlich, sind die Comic-Zeichentrick-Serien. Ihre Wirkung auf die Stimmen der Kinder ist nicht zu unterschätzen, weil von solchen Comicfiguren eine starke Indentifikationskraft ausgeht, die sich auch in der Art des Sprechens und Singens bemerkbar macht. Hörspielkassetten für Kinder reihen sich oft mühelos in diese unterschwellige Art der Singbeeinflussung ein.

Daß der Stimmklang von Rock-, Pop- und Schlagersängern ein ruinöses Vorbild für die Kinderstimme sein kann, leuchtet sicherlich unmittelbar ein. Verschlimmernd wirkt sich aus, daß heutzutage Kinder – aber auch viele Erwachsene – kaum mehr ohne ständige klangliche Berieselung auszukommen scheinen. Nicht nur, daß Konzentrationsbereitschaft, Zuhörenkönnen, In-die-Stille-Horchen wegen solcher »musikalischer Umweltverschmutzung« verlorengehen, auch physiologische Schäden an Ohr und Stimme stellen sich ein. Die Stimmgebung vieler Rocksängerinnen und -sänger ist derartig hart, fest, reibend und brutal, daß solcherart kopierte Klänge sich auf jede Stimme negativ auswirken, besonders aber auf die Kinderstimme, die sich so mühelos Lage, Lautstärke und Klangfarbe aufzwingen läßt.

Schließlich sind es häufig auch Erwachsene, die – gutgemeint – mit Kindern in einer Lage singen, in der sie selbst zwar keine Schwierigkeiten haben, die Kinder aber nur dank der phänomenalen Anpassungsfähigkeit der Stimmorgane mithalten können. P. Nitsche führt hierzu aus:

*Will man weitwirkende Schädigungen der Kinderstimme in der frühesten Entwicklungsstufe vermeiden, so muß sich die Stimme des Lehrers in diesen Tonraum* [den Tonraum der Kinder – der Verf.] *begeben. Jede Stimmbildungsarbeit ist von vornherein gestört und zum Scheitern verurteilt, wenn der um-*

*gekehrte Fall eintritt. Dies geschieht leider häufig aus Bequemlichkeit oder Gedankenlosigkeit.*[22]

Und weiter fordert Nitsche vom Erwachsenen:

*Der Lehrende muß sich der Singweise des Kindes anpassen. Was heißt das? – Das Timbre der Kinderstimme vor der Mutation pflegt hell, die Stimmgestalt schlank, die Tongebung abstrakt, ohne merkliche Ausdrucksgebung zu sein. Die Stimme des Erwachsenen wird dem Kind umso fremder sein, je größer, fülliger, ausdrucksgeladener sie ist.*[23]

Was Nitsche hier vom Stimmbildner fordert, der ja selbst schon mit Sorgfalt seine Tonproduktion auf das pädagogische Ziel hin ausrichtet, gilt um so mehr für den stimmlich nicht ausgebildeten Erwachsenen, dessen Stimmklang das Kind unangeleitet nachahmt.

Auch Instrumente mit ihren charakteristischen Klangeigenschaften können die Kinderstimme prägen. Dabei spielt die Lage eine Rolle, in der ein Instrument erklingt, aber auch die Klangfarbe und die Art der Tonbildung. Nitsche zählt eine ganze Reihe von Instrumenten auf, die er aus dem stimmbildnerischen Unterricht mit Kindern verbannt sehen will: Melodica, Akkordeon, Blechblasinstrumente, alle Tasteninstrumente außer der Pfeifenorgel, alle Stabspiele mit Ausnahme des Alt-Metallophons, vor allem aber das Klavier:

*Am eindringlichsten sei vor dem Klavier und seinen modernen elektronischen Halbgeschwistern als »Führungs- und Stützhilfen« bei der Singarbeit gewarnt. Sie sind verlockend und bequem. Einer auf Vollkommenheit gerichteten Tonbildung wirken sie entgegen.*[24]

Dieses Urteil über das Klavier ist alarmierend. Die Tonerzeugung mit dem harten Schlag des Hammers auf die Saite und die Tonentwicklung, die durch das stetige Abnehmen der Lautstärke und den völligen Mangel an Führungsmöglichkeiten gekennzeichnet ist, sind Gründe für diese Warnung. Auch ist die Reproduzierbarkeit des Klaviertons durch die Kinderstimme ausgesprochen schwierig. Ähnliches gilt für die Gitarre, besonders für die elektronisch verstärkte Variante. Im Verein mit Kinderstimmen klingt sie oft hart, dick, zu tief und zu grob.

---

[22] P. Nitsche, a.a.O., S. 20
[23] Ebd.
[24] Ebd., S. 21

# 2.3   Stimmfehler

Aus bereits genannten Gründen haben die meisten Kinder, wenn sie mit sechs bis sieben Jahren in die Schule kommen und sich dann auch vereinzelt einem Kinderchor anschließen, bereits mehr oder minder große Schwierigkeiten beim Singen. Ich sage hier bewußt »bereits« und nicht »noch«, weil sich die Singanlage eigentlich nahtlos aus der Säuglingsstimme entwickeln könnte, würde dies nicht vielfältig durch das soziale Umfeld verhindert. P.-M. Fischer geißelt zu Recht die in den Kindergärten und Grundschulen häufig praktizierte Methode, die Kinder konsequent nur im Tonbereich $c^1$ bis $c^2$ singen zu lassen, und rückt auch die doch richtigerweise bestehende Warnung vor der tiefen Oktave $f$ bis $f^1$ zurecht[25]. Allerdings gibt er bedauerlicherweise keinerlei Hinweise für den kindgemäßen Gebrauch dieser tiefen Lage, sondern erschöpft sich in Polemik.

Da Kinder solcherart vorgeschädigt oder »inaktivitätsatrophiert« in Schule oder Singschule eintreten, sind stimmliche Auffälligkeiten häufig festzustellen. So kann von generellen Stimmfehlern bei Kindern gesprochen werden, ohne daß dies auf jedes einzelne Kind zutreffen muß. Solche Kollektivfehler sind in allen stimmfunktionellen Bereichen anzutreffen sowie beim Gehör:

- Die Tongebung ist flach, oft plärrig.
- Tiefe und hohe Töne sind in der Klangfarbe extrem weit voneinander entfernt.
- Laute Töne wechseln unfreiwillig mit leisen Tönen ab.
- Die Atemkapazität und -beherrschung ist mangelhaft, Legatosingen und Phrasierung so gut wie unmöglich.
- Die Einatmung geschieht zu laut, zu gewaltsam, oft mitten im Wort; auch Singen während der Einatmung findet statt. Das Zwerchfell wird zum Einatmen kaum benutzt.
- Artikulation und Formung von Sprache ist beim Singen oft ungenau, falsch und klangverhindernd.
- Die Intonation zeichnet sich durch große Unsicherheit und Nachlässigkeit aus. Vielfach wird die Produktion präziser Tonhöhen nicht beherrscht.

Solche Schwierigkeiten sind natürlich immer ein Zusammenspiel von Dysfunktionen in allen Bereichen des Stimmorgans. Aus methodischen Gründen ist es dennoch vernünftig, das Fehlverhalten der verschiedenen Funktionssysteme getrennt darzustellen. Dies erleichtert es, geeignete stimmbildnerische Hilfsmitteln zur Korrektur des jeweiligen Fehlers zu finden.

---

[25] P.-M. Fischer, a.a.O., S. 122f.

## 2.3.1 Fehler im Atmungssystem

Kein gesungener Ton kommt ohne Mitwirkung der Atmung zustande, d. h. daß bei gestörter Atemfunktion kein physiologisch richtiger Ton erzeugt werden kann. Dies verleitet dazu, jeden Stimmfehler ursächlich als Atemfehler zu sehen. Da das Ziel einer Atemschulung beim Singen das Beherrschen aller für die Atmung relevanten Muskulaturen und Organe ist[26], können Störungen in dieser organischen Gesamtfunktion als Atemfehler bezeichnet werden. Bei Kindern stellt man hier sehr häufig eine ganz bestimmte Störung fest: die Hochatmung.

Hochatmung

Warum Kinder hochatmen, ist unmittelbar einleuchtend. Mit der Aufrichtephase verliert der Körper des Kleinkinds die bis dahin die Atmung hilfreich prägenden Einflüsse der Schwerkraft. Beim aufgerichteten Menschen wirkt die Schwerkraft der natürlichen Zwerchfellfunktion entgegen: Eine senkrecht im Körper angebrachte Membran kann mühelos rechts bzw. links auslenken. Aufgerichtet ist dies anders: Jetzt verhindert der von oben auf dem Zwerchfell lastende Oberkörper eine mühelose Zwerchfellbeweglichkeit. Besonders ist dies im Sitzen festzustellen, da dann auch die Eingeweide keine ungehinderte Zwerchfellbewegung nach unten zulassen. Leider schließt sich in der Erziehung von Kindern an die Aufrichtephase allzu schnell die Sozialisierungsphase in Kindergarten und Schule an, wo das Sitzen zur prägenden Körperhaltung wird.

- Physiologische Beschreibung: Die Einatmung wird vorwiegend oder ausschließlich mit Brustmuskulatur, äußerer Zwischenrippenmuskulatur und oberer Atemhilfsmuskulatur durchgeführt. Das Zwerchfell ist wenig oder gar nicht aktiv an der Atmung beteiligt, meistens wird es beim Einatmungsvorgang sogar hochgezogen. Häufig wird dieses Fehlverhalten durch eine schlaffe Körpergesamthaltung noch unterstützt.
- Optische Wahrnehmung: Dehn- und Hebebewegungen des Brustkorbs bei der Einatmung sowie Hochziehen der Schultern; Einfallen des Brustkorbs bei der

---

[26] In Gesangschulen wird für diese organische Gesamtfunktion häufig die Bezeichnung »Kostal-Abdominal-Atmung« verwendet. Andere Autoren bevorzugen den Begriff »Bauchatmung«, wieder andere sprechen von »Zwerchfellatmung« oder »Zwerchfell-Flanken-Atmung«. Gemeint ist offenbar jedesmal fast dasselbe: eine Atmung, die vom Zwerchfell gesteuert alle für das physiologische System Atmung zur Verfügung stehenden Muskulaturen und Organe gemäß ihrer jeweiligen Bestimmung benützt. Der Zwerchfellsteuerung kommt dabei eine besondere Bedeutung zu, da nur mit ihr der sogenannte »Sängeratem«, d. h. die steuerbare Ausatmung möglich ist.

Ausatmung; Zusammenfallen des Oberkörpers; Rundrücken; schlaffe körperliche Gesamthaltung.
- Akustische Wahrnehmung: Kurzatmigkeit; Zu-tief-Singen; rauhe Tongebung; zu laute Einatmungsgeräusche; unfreiwillige Akzentuierung von Anfangstönen; Glottis-Schlag.
- Therapie: Haltungsübungen; Zwerchfellbewußtmachung; Erlernen eines neuen Körper- und Atembewußtseins.

Überluftetes Singen

Sehr häufig ist überluftetes Singen ein Atemfehler; nur selten finden wir bei Kindern ursächlich eine Schließschwäche der Stimmfalten, so daß es nicht zur Ausformung einer präzisen Stimmritze kommt.
- Physiologische Beschreibung: Hauptursache für überluftetes Singen ist fehlende Zwerchfellhaltespannung während der Ausatmung. Das Atemgefäß bleibt nicht weit beim Singen, die aufrechte Körperhaltung wird nicht beibehalten.
- Optische Wahrnehmung: Einfallen des Brustkorbs beim Singen; starkes Nach-innen-Gehen oder Einziehen der Bauchdecke bei der Ausatmung; Rundrücken; schlaffe Gesamthaltung.
- Akustische Wahrnehmung: kraftloser, glanzloser, meist zu dunkler Klang; Nebenluft; Kurzatmigkeit; leise Nebengeräusche; zu leise Tongebung; Zu-tief-Singen (besonders bei Abwärtsbewegungen); überluftete Schlußtöne; vor dem Toneinsatz strömt Luft aus.
- Therapie: Atemgefäß muß während des Singens weit bleiben; Zwerchfellspannung muß während des Ausatmens erhalten bleiben; beim Ausatmen nicht mit der Bauchmuskulatur den Atem auspressen; Übungen mit Anhaltephasen; Übungen im Staccato.

Gepreßtes Singen

Das gepreßte Singen resultiert häufig aus einem Atemfehler. Zudem finden wir hier oft Verspannungen im Hals, Kehlkopf und in den Stimmfalten als Ursache für die knarrenden, reibenden Töne.
- Physiologische Beschreibung: zu hoher Atemdruck; alle Bauchmuskulaturen sind zu stark gespannt, das Zwerchfell ist ungespannt und wird hochgedrückt; die Stimmfalten liegen zu fest aneinander (um dem zu hohen Atemdruck standhalten zu können); der Kehlkopf steht hoch (vom Atemdruck hochgepreßt).

- Optische Wahrnehmung: Hochrecken und Vorschieben des Kopfes; roter Kopf (Blutandrang); Vorschieben des Unterkiefers; starre Mimik; hochstehender Kehlkopf.
- Akustische Wahrnehmung: Reibegeräusche; harte, starre Tongebung; zu lautes Singen; verengte, geknödelte Töne; brutaler Klang, oft mit Registerdivergenz; Glottis-Schlag.
- Therapie: Verzicht auf Forte; Lockerung von Haltung und Atmung (oft nur im Liegen möglich); Anleitung zur Zwerchfellatmung; höhere Tonlagen bevorzugen, aber nicht laut! Einziehen der Bauchdecke beim Ausatmen vermeiden (aber den Bauch auch nicht herausdrücken!).

## 2.3.2  Fehler im Tonerzeugungssystem

Dysphonien, d. h. funktionelle Stimmstörungen, sind selten isoliert als Versagen oder Fehlfunktion der Muskulaturen im Kehlkopfbereich anzusehen, sondern sind häufig die Folge von falschen Einstellungen des Instruments schon im Atemsystem. Oft sind Ursache und Wirkung eines Fehlers im Stimmfaltenbereich nicht genau zu rekonstruieren. Es ist daher notwendig, immer beide Partner (Stimmfaltenmechanismus und Atemfunktion) einer genauen Untersuchung zu unterziehen, um die richtige Therapie anzuwenden.

Bruststimmiges Singen

Die unphysiologische Verwendung der Registerfunktion der Vollschwingung (Brustregister) ist die häufigste Fehlererscheinung bei Kinderstimmen. Die dafür verantwortlichen Ursachen sind schon angesprochen worden. Ich wiederhole hier nochmals das Wichtigste in Stichworten:

Kinder werden oft zum Singen in zu tiefer Lage angehalten, weil die Vorbilder (Eltern, Erzieher, Lehrer, aber auch Schlagersänger und Rock- und Popstars) nicht in kindgemäßer Lage singen. In Verbindung mit übergroßer Lautstärke kommt es dabei häufig zu einer Brustregisterfunktion mit Ausfall der Randschwingung (isolierte Brustregisterfunktion).

Angesichts der enormen Flexibilität und Elastizität der Stimmorgane besonders im kindlichen Alter wird das Zu-hoch-Führen der Brustregisterfunktion vielfach weder von den Kindern selbst noch von den Betreuern als stimmschädigend wahrgenommen. Das liegt auch an der Helligkeit des kindlichen Brustregisters, das daher von Erwachsenen häufig nicht als Brustregister identifiziert wird.

Auch bei feststellbaren Heiserkeitsphasen und anderen pathologischen Erscheinungen nach unphysiologischem Gebrauch des Brustregisters stellt sich dank der hervorragenden Regenerationsmöglichkeiten des kindlichen Singorgans schon sehr bald wieder ein »normales« Stimmgefühl ein. Die Schädigungen werden vom Kind nicht unmittelbar registriert und führen oft erst nach Jahren des Mißbrauchs zu irreparablen Schäden.

Das kindertypische Atemfehlverhalten (Hochatmung) provoziert beim Singen einen zu hohen Ausatmungsdruck, der die Stimmfalten zur isolierten Brustregisterfunktion anregt.

- Physiologische Beschreibung: Die Vollschwingung der Stimmfalten wird beim Aufwärtssingen über die physiologische Grenze (ca. $d^1$-$f^1$) hinaus beibehalten und erst bei ca. $c^2$-$d^2$ ruckartig auf Randschwingfunktion umgestellt (Registerdivergenz). Abwärts vollzieht sich der Wechsel aus der Randschwingfunktion in die Brustregisterfunktion etwas tiefer (ca. $a^1$-$g^1$). Je lauter in der tiefen Lage gesungen wird, desto geringer ist der Anteil der Stimmfaltenränder an der Schwingung, oft bis zum Totalausfall.

- Pathologische Veränderungen der Stimmfalten: Infolge der großen gespannten Stimmfaltenmasse, die durch Dehnung auf zu hohe Frequenzen gebracht wird, kommt es zu Überdehnungserscheinungen und zu Muskelverkrampfungen. Risse, Schwielen, Ödeme, Knötchen und andere Verletzungen an den Stimmfaltenrändern sind die Folge der ständigen Überdehnung und des zu hohen Kompressionsdrucks. Mangelnde Fähigkeit zur Entspannung und Lockerung resultieren aus der Verkrampfung der beteiligten Muskulaturen.

- Optische Wahrnehmung: Anspannen der Halsmuskulatur; Blutandrang im Kopf; Vorschieben des Kopfes; fester Unterkiefer; ruckartiges Senken des Kopfes beim Abwärtssingen an der Wechselstelle; Heben des Kopfes und Vorschieben des Unterkiefers beim Aufwärtssingen ab ca. $g^1$-$a^1$.

- Akustische Wahrnehmung: Registerwechsel, Bruchstelle, deutliche Klangveränderung von einem Ton zum anderen (Registerdivergenz); Tiefe: laut, brutal, »männlich«; Mittellage: hart, starr, reibend, Töne oft zu tief; Höhe: verluftet, dünn, leise. Später: Einengung des Tonumfangs, Verlust der Töne in den Extremlagen, an der Divergenzstelle oft keine Tonansprache mehr möglich.

- Therapie: konsequenter Verzicht auf Brustregisterfunktion (kein Forte in der Tiefe, kein Registerwechsel von oben nach unten; von unten nach oben nur aus dem Piano heraus singen!); weiche Tongebung mit randschwingungsfördernden Vokalen und Konsonanten; Atmung auf Zwerchfellfunktion umstellen und Atemhaltespannungen entwickeln; Gefühl für das »schöne« Singen fördern.

Harter Stimmeinsatz (Glottis-Schlag)

- Physiologische Beschreibung: Die Stimmritze ist vor Beginn des Singens fest verschlossen und wird durch Atemdruck aufgesprengt. Die Stimmfaltenmuskulatur ist meist zu stark gespannt. Die Stimmfalten beginnen nach dem Glottis-Schlag oft mit ganzer Masse zu schwingen (Brustregister), häufig auch bei gleichzeitigem Ausfall der Randschwingung (isoliertes Brustregister mit Registerdivergenz).
- Akustische Wahrnehmung: hartes Knackgeräusch vor Vokalen, oft verbunden mit nachfolgendem Luftstoß; mit Glottis-Schlag begonnene Klänge sind oft rauh, hart, überlaut und brutal, besonders deutlich bei nachfolgendem Vokal *a*.
- Therapie: Übungen im Piano mit Klingern und dunklen Vokalen; notwendig ist unbedingt eine Kontrolle der Atmung mit Herstellung der gesunden Balance zwischen Atemdruck und Stimmfaltenkompression.

Verhauchter Stimmeinsatz

- Physiologische Beschreibung: Die Stimmritze ist vor dem Beginn des Singens nicht gebildet, d. h. die Stimmfalten liegen nicht präzise aneinander (Phonationsstellung). Die Kompressionsspannung der Stimmfalten ist zu gering. Beim Ausströmen der Luft beginnen die Stimmfalten erst allmählich zu schwingen.
- Akustische Wahrnehmung: Luftgeräusch vor Beginn des Singens (Hauch), oft verbunden mit nachfolgenden verlufteten Tönen (Nebenluft); dem Klang fehlt es an Kern, die Töne sind oft zu tief.
- Therapie: Übungen mit hellen Vokalen steigern die Kompressionsspannung; zusätzlich trainieren Staccato-Übungen die Schließbewegung der Stellknorpel. Auch hier ist unbedingt die notwendige Atembalance herzustellen.

Offenes Näseln

Offenes Näseln ist oftmals eine Resonanzerscheinung und kennzeichnet das künstliche Hineindrängen des Klanges in den Nasenraum. Häufig ist jedoch als Ursache für dieses Resonanzversagen auch eine Schließschwäche der Stimmfalten auszumachen.

- Physiologische Beschreibung: Die Stimmfalten sind zur Phonation nicht ordentlich aneinandergelegt; es kommt also keine präzise Stimmritze zustande. Der so entstehende schlaffe, kernlose Klang findet einen künstlichen Halt im Nasenraum (Triebresonanz).

- Optische Wahrnehmung: Manchmal zeigt ein Zusammenziehen der Augenbrauen und Nasenflügel bei gleichzeitigem Kleinerwerden der Augen das künstliche Hineindrängen des Klanges in den Nasenraum an.
- Akustische Wahrnehmung: deutlicher Nasenklang wie bei französischen Nasallauten; Töne klingen schlaff und kernlos; hohe Obertöne fehlen im Klang; Kurzatmigkeit.
- Therapie: Atembalance herstellen; Kompressionsspannung der Stimmfalten mit Staccato-Übungen und hellen Vokalen trainieren. Wenn das offene Näseln eher das Resultat falsch verstandener Vordersitz-Bemühungen ist, helfen Übungen mit mundraumreichen Vokalen.

## 2.3.3 Fehler im Tonverstärkungssystem

Im Körper befindliche Resonanzräume beeinflussen die an den Stimmfalten erzeugte Schwingung. Jede Störung im Resonanzbereich sowie jedes einseitige Benutzen bestimmter Resonanzräume – und damit der Ausfall anderer – hat auf den Klang der Stimme entscheidenden Einfluß. In Verbindung mit möglichem Fehlverhalten von Artikulationsinstrumenten können so eine Reihe von Klangbeinträchtigungen auftauchen, die bei der Kinderstimme besonders häufig sind.

Flache, kraftlose und wenig tragfähige Tongebung

- Physiologische Beschreibung: Alle Resonanzräume sind ungenügend bewußtgemacht und mangelhaft innerviert; Vokale und Konsonanten haben keine präzise Formung; Atembewegungen sind oberflächlich.
- Optische Wahrnehmung: Mundfaulheit (kaum Sprechbewegungen); geringe Mundöffnung ohne Lippenspannung; unbeteiligter Gesichtsausdruck; schlaffe Körpergesamthaltung.
- Akustische Wahrnehmung: stumpfer Klang, haltlos und nicht tragfähig (obertonarm); oft Nebenluft wahrnehmbar; kehlige oder halsige und unpräzise Vokalklänge.
- Therapie: Bewußtmachen und Aktivieren aller Resonanzräume; Präzisierung der Artikulation; Erarbeiten von Kehlsenkung, Gaumenbogenspannung und Vordersitz in Verbindung mit geformter Mundöffnung; Zwerchfellatmung trainieren.

»Plärriges« Singen

- Physiologische Beschreibung: Mundaufreißen bewirkt den Verlust des Mundraums als Resonator; Folge davon ist oft auch der Verlust an nasaler Resonanz wegen des Anliegens des Gaumensegels an der Rachenwand; Kehlkopf steht hoch, Luftdruck ist zu hoch (häufig ist Hochatmung wahrnehmbar).
- Optische Wahrnehmung: Der Mund wird gewaltsam nach unten aufgerissen; oft dazu parallele Kopf- und Oberkörperbewegungen.
- Akustische Wahrnehmung: greller, flacher, »babyhafter« Klang, meist zu laut, oft reibend; offene Vokale im Verhältnis zu laut, geschlossene Vokale zu offen; häufig mit Registerdivergenz gekoppelt.
- Therapie: Bewußtmachen der Mundöffnung in Verbindung mit dosierter Rundspannung der Lippen; Verzicht auf größte Lautstärke; Weckung von Klangästhetik.

Überheller »Lächel«-Klang

- Physiologische Beschreibung: Bedingt durch breitgezogene Mundöffnung wird die Mundhöhle auf eine flache Resonanzzone reduziert und die Schwingung in die Nasalräume gezwungen; oft ist auch Kehlhochstand und Kehlenge die Folge.
- Optische Wahrnehmung: Lippen sind stark in die Breite gezogen; Mundöffnung schlitzförmig; Unterkiefer bewegt sich zu wenig (oft fest); häufiger Zusatzfehler: Hochatmung.
- Akustische Wahrnehmung: infantile Tongebung; Fehlen der dunklen Stimmfarben; übertriebener Lächelklang; *u* und *o* undeutlich; *a* zu flach, *e* und *i* zu schmal und spitz.
- Therapie: Bewußtmachen der runden Mundöffnung mit Unterkieferfall und dosierter Lippenrundspannung. Zwerchfellatmung mit Gähnweite trainieren.

## 2.3.4 Fehlverhalten im Artikulationssystem

Hier haben wir es mit Fehlererscheinungen in Verbindung mit Bewegungen der Artikulationsinstrumente zu tun. Das reicht von ungenügender oder falscher Mundöffnung bei den Vokalen bis hin zur Ungelenkigkeit bzw. Steifheit von Zunge und Lippen. Viele Fehler, die nach dem Höreindruck gar nicht auf den Bereich der Artikulation deuten, haben hier ihre Ursache.

## Gaumiges oder kehliges Singen

- Physiologische Beschreibung: Alle Vokale werden zu weit hinten im Hals gebildet. Ein lockeres, freies Schwingen der Stimmfalten wird durch Beengung unmöglich gemacht. Der Kehlkopf steht zu hoch, die Zunge ist unbeweglich, der Unterkiefer wird häufig nach hinten geschoben.
- Akustische Wahrnehmung: Die Stimme klingt gaumig oder kehlig; besonders der Vokal *a* erreicht nicht seine freie und offene Klanggestalt, aber auch die anderen Vokale leiden unter einer Überbetonung der dunklen Schlundraumfarben. Oft erklingt neben dem Ton ein schnarrendes Geräusch.
- Therapie: Vordersitzübungen; Lösen von Schlundverspannungen; Kehle senken; lockeres Fallenlassen des Unterkiefers üben.

## Knödel (dunkler Knödel)

- Physiologische Beschreibung: Die Zungenwurzel drückt auf den Kehldeckel und verringert so den Raum im oberen Kehlkopfbereich. Der Zungenrücken ist nach hinten verschoben und verspannt. Der Kehlkopf wird künstlich nach unten gedrückt.
- Optische Wahrnehmung: Manchmal wird der Kopf nach vorne unten gekippt, das Kinn drückt gegen den Hals und der Unterkiefer ist nach hinten verschoben.
- Akustische Wahrnehmung: Der Klang der Stimme ist gedrückt; alle Vokale sind dumpf und gaumig. Die Artikulation ist schwerfällig, schnelle Konsonantenverbindungen lassen sich nicht durchführen.
- Therapie: Bevor ein Lockerungstraining für die verspannte Zungenwurzel einsetzen kann, müssen kehlsenkende und -weitende Übungen den richtigen Halt des Kehlkopfes im Hals vermitteln. Würde man einseitig nur die Zunge nach vorne bringen, ohne die kehlsenkende Muskulatur zu innervieren, müßte der Kehlkopf nach oben rutschen.

## Schwerfällige Artikulation

- Physiologische Beschreibung: Alle Artikulationswerkzeuge, besonders aber Unterkiefer und Zunge, sind verspannt. Der Unterkiefer ist häufig verschoben, meist nach hinten. Die Artikulationsstellen von Konsonanten werden nur ungenau getroffen. Dieser Fehler tritt häufig bei Kindern auf, die mit Zahnstandregulierungen befaßt sind oder waren.

- Akustische Wahrnehmung: Die gesamte Artikulation ist zu langsam, zu schwerfällig; sie zerstört Stimmsitz und musikalische Linie.
- Therapie: Artikulationstraining mit verschiedensten Konsonanten; möglichst abwechselnd verschiedene Artikulationsplätze erüben.

»Nuscheln«

- Physiologische Beschreibung: zu geringe Lippenspannung. Der Mund öffnet sich nicht weit genug. Der leicht rund gespannte Lippenring fehlt.
- Optische Wahrnehmung: kaum Mundbewegungen beim Singen, besonders keine Lippenrundung.
- Akustische Wahrnehmung: Der Klang der Vokale ist haltlos, ungeformt. Die Vokale sind nicht genügend voneinander getrennt. Der Stimme mangelt es an Präzision, Formung und Schall.
- Therapie: Rundung der Vokale und Erarbeiten der elastischen, aktiven Lippenspannung.

## 2.3.5  Schwierigkeiten bei der Koordination von Gehör und Stimme

Die als »Brummer« abqualifizierten Kinder leiden an einer mangelnden Funktionsverbindung zwischen Gehör, Gehirn und Stimmfalten. In den allermeisten Fällen handelt es sich dabei um ein Trainingsdefizit infolge von Nichtsingen. Die Fähigkeit, mit dem Gehör wahrgenommene Töne im Gehirn frequenzgenau zu analysieren und sodann die entsprechenden Nervenimpulse an das Stimmorgan auszusenden, die der Muskulatur des Kehlkopfs (vor allem der Muskulatur für den Kippmechanismus zwischen Schild- und Ringknorpel) sowie der Muskulatur der Stimmfalten die richtigen Spannungseinstellungen vermitteln, kann nicht auf Anhieb gelingen und muß erst erübt werden. Sind alle beteiligten Organe und Leitungen anatomisch und physiologisch gesund, kann das Training nicht mißlingen. Sind jedoch Nervenbahnen und Impulsgeber im Gehirn defekt, so kommt es zu irreparablen Störungen bei der Koordination von Gehör und Stimme.

Ein weiteres Phänomen verdient unsere Beachtung: Wir erleben immer wieder, daß Kinder zwar allein tonrein und intervallsicher singen können, jedoch Schwierigkeiten bekommen, sobald sie mit anderen gemeinsam singen, auch wenn dies nur einstimmig geschieht. Offenbar wird durch den akustischen Reiz der Fremdklänge die Kontrolle der eigenen Tonerzeugung erschwert – man hört sich selbst nicht mehr so gut. Dies führt bei wenig singgeübten Kindern oft zum »Aussteigen«.

Daß dieses »Aussteigen« generell nach unten geschieht, daß also solcherart falsch singende Kinder fast ausschließlich zu tief intonieren, liegt an der Abhängigkeit der Tonhöhe von Muskulaturspannungen bzw. Dehnungen des Gewebes: Bei weniger kontrolliertem Verlauf werden im allgemeinen geringere Spannungen zur Verfügung gestellt, was natürlich zu tieferen Tönen führt.

Die Betreuung dieser aus Gründen des Trainingsrückstandes falsch singender Kinder erfordert viel pädagogisches Fingerspitzengefühl – auch deshalb, weil die Therapie häufig in der Gruppe erfolgen muß, da Alleinsingen das Problem nicht beheben würde. Hier ist von den Kindern dieselbe Gruppensolidarität gefordert, die auch im Sport geübtere und ungeübtere Kinder füreinander aufbringen müssen. Entsprechende Hinweise des Stimmbildners helfen, die Situation zu entkrampfen.

Häufig gelingen Korrekturen auch deshalb nicht, weil die Kinder geforderte höhere Töne noch nie singend erprobt haben, also auch nichts mit der Aufforderung, »höher zu singen«, anfangen können. Dazu muß man wissen, daß Kinder »hoch« und »tief« oft noch gar nicht richtig zuordnen können und beim Vergleich höher klingende Töne als »tiefer« bezeichnen und umgekehrt, insbesondere wenn die Klangfarbe wechselt, was beim Singen durch die verschiedenen Vokale ja ständig vorkommt.

Hier hilft meist nur der vermeintliche Rückschritt zur stimmlichen Erprobungsphase des Kleinkindes, indem man bewußt auf fixierte Tonhöhen im Sinne von Gesang verzichtet und allerlei Klangexperimente mit der Stimme anstellt. Die Imitation von Tierlauten ist dabei ein guter Aufhänger. Der Stimmpädagoge wird bemüht sein müssen, die Begriffe »hoch« und »tief« nicht qualitativ zu besetzen (»hoch« ist gut, »tief« ist schlecht), sondern als gleichwertige Erfahrungen der Leistungsfähigkeit des Instruments Stimme darzustellen.

# 3.   Lehrformen

Stimmbildung kann mit Kindern in den vielfältigsten Formen stattfinden. Zunächst ist es wichtig, daß mit Kindern überhaupt gesungen wird. Hier sind an erster Stelle die Eltern angesprochen und darüber hinaus die Gruppen, in denen sich Kinder während des ersten Lebensjahrzehnts bewegen: Kindergarten und Grundschule, aber auch Kommunionunterricht oder Kinderkirche, Gruppen der musikalischen Früherziehung und Grundausbildung, Sing- und Spielkreise, Kinderchor und Schulchor. In allen diesen Gruppen kann und muß Singen mit Kindern auch gleichzeitig Stimmbildung mit Kindern bedeuten. Dies sagt nichts über die Art des Unterrichts aus, sondern nur über seine thematische Ausrichtung.

Im Teil II des vorliegenden Buches werden Materialien und Modelle vorgestellt, mit denen sowohl technisch als auch rein spielerisch und assoziativ Stimmbildung in solchen Gruppen betrieben werden kann. Für Singgruppen und Chöre sind Möglichkeiten der Chorischen Stimmbildung aufgezeigt.

Für den stimmbildnerischen Gruppenunterricht möchte ich nachstehend einige grundsätzliche pädagogische und didaktische Hinweise geben. Manche dieser Hinweise – Interaktionsverlauf und Sozialformen – lassen sich mit geringfügigen thematischen Verschiebungen auch auf anderen Gruppenunterricht anwenden.

Stimmbildnerischer Gruppenunterricht wird in der Regel koedukativ sein, d. h., Mädchen und Jungen werden in derselben Gruppe unterrichtet. Die Zeit, da man Mädchen und Jungen derartig verschiedene stimmliche Eigenschaften andichtete, daß eine Ausbildung getrennt erfolgen müsse, ist erfreulicherweise vorbei. Immer noch aber herrscht besonders unter Kinderchorleitern häufig der Irrglaube, Mädchenstimmen klängen verlufteter als Knabenstimmen. Dementsprechend müsse man Mädchen beim Singen mehr fordern, Jungen mehr zurückhalten. Wenn dies im einen oder anderen Fall aus Temperamentsgründen so sein sollte, ist doch der Unterschied nicht im Geschlechtlichen zu sehen. Erziehung, Rollenbewußtsein und ein Festhalten an klischeehaft tradierten Verhaltensmustern führen auch heute noch oft zu solcherart vorgeprägtem Stimmverhalten. Erst im pubertären Stadium der Praemutation entwickeln sich Stimmen von Mädchen und Jungen tatsächlich aus geschlechtlichen Gründen verschieden, was bei der stimmerzieherischen Behandlung von mutierenden Knabenstimmen zur Auflösung des koedukativen Verbandes führen muß.

# 3.1  Gruppenunterricht

Unterricht in der Gruppe ermöglicht dem Lehrenden das Einbeziehen von gruppendynamischen Prozessen in das Unterrichtskonzept. Jede Interaktion in der Gruppe stellt einen solchen Prozeß dar. Je nach Lehrinhalt und verwendeter Sozialform entstehen dadurch Beeinflussungen, die vom Lehrer gezielt eingesetzt werden können. Gegenseitige Kontrolle, »Sich-Ansteckenlassen«, Aufeinanderreagieren, Miteinandertun etc. sind nur einige solcher Prozesse, deren Nutzen für die Stimmbildung erheblich sein kann. Damit solche Wirkungen auch tatsächlich einsetzen, ist die Aufstellung von Spielregeln notwendig. Der Unterricht muß definierte Abläufe und Gruppierungen aufweisen: beabsichtigte Sozialformen und einen vorausgeplanten Interaktionsverlauf.

## 3.1.1  Sozialformen im Gruppenunterricht

Im stimmbildnerischen Gruppenunterricht bietet sich ein Wechsel der Anordnung von Lehrer und Kindern an. Dabei entsteht bei jeder neuen Sozialform wieder eine andere Unterrichtsatmosphäre, die es zu nützen gilt. Bei der Wahl der jeweiligen Sozialform ist sehr genau darauf zu achten, daß der Charakter der Unterrichtsphase mit dem Typ der Sozialform übereinstimmt.

- Frontalunterricht: Der Lehrer steht oder sitzt vor der Gruppe. Die Kinder stehen oder sitzen vor dem Lehrer; jedes Kind ist vom Lehrer mit ausgestrecktem Arm erreichbar. Der Lehrer wendet sich an alle Kinder gleichermaßen.
  *Verwendung:* für jede Art von Unterrichtszielen einsetzbar; besonders geeignet beim gemeinsamen Singen von Übungen zur Resonanzentwicklung, Vokalsitzübungen und Maßnahmen zur Klangsensibilisierung.
- Frontale Gruppen: Kindergruppen stehen oder sitzen sich gegenüber. Der Lehrer gehört entweder zu einer der Gruppen oder beobachtet von außen.
  *Verwendung:* gut geeignet für gegenseitige Beeinflussung, Frage- und Antwortspiele, Reaktionsübungen und Geläufigkeitstraining.
- Persönliches Gegenüber: Der Lehrer und ein Kind bilden kurzzeitig eine eigene Sozialform. Die anderen Kinder stehen oder sitzen beobachtend dabei. Diese Sozialform ist auch als »Persönliches Gegenüber« von zwei Kindern denkbar.
  *Verwendung:* Einzelkontrolle und -korrektur.
- Mitmachen: Alle (Lehrer und Kinder) bilden eine Gruppeneinheit. Der Lehrer ist mitmachender Initiator von Übungsspielen. Er führt die Gruppe an oder delegiert die Führung an ein Kind und korrigiert unmerklich.

*Verwendung:* jede Art von Bewegungsspiel.

- Auf dem Boden: Die Kinder sitzen, liegen oder krabbeln im Unterrichtsraum auf dem Boden, häufig im Kreis (siehe unten), aber auch in jeder anderen Anordnung. Der Lehrer ist Teil der Gruppe oder geht von Kind zu Kind, um zu kontrollieren und zu korrigieren.
  *Verwendung:* Besinnung auf eigene Körperfunktionen; Erfühlen der Ganzheit des Instruments.
- Liegen: Stärkste isolierende Wirkung, d. h., jedes Kind ist deutlich allein und kann sich ganz auf die geforderte Übung konzentrieren. Diese Sozialform besitzt starke meditative Kraft und muß daher behutsam eingesetzt werden.
  *Verwendung:* Beruhigung einer aufgeregten Gruppe, Besinnung, Bewußtmachen von Atemfunktionen.
- Unterrichtskreis: Für größere Gruppen ein sehr geeignetes Mittel, um gruppendynamische Prozesse zu provozieren.
  *Verwendung:* Kettenspiele und Reaktionsübungen.

## 3.1.2  Interaktionsverlauf im Gruppenunterricht

Gruppendynamische Prozesse wirken sich in der Regel günstig auf den Lernerfolg aus, bereiten aber zuweilen auch Schwierigkeiten: Sie dienen als Lernansporn, können aber auch einzelne Kinder im Lernfortschritt behindern. Um einen größtmöglichen Nutzen zu ziehen, ist daher ein geplanter Interaktionsverlauf notwendig, der folgenden pädagogischen Erkenntnissen Rechnung trägt: Die Unterrichtsstunde muß in verschiedene Phasen gegliedert sein, von denen jede eine klar definierte Bedeutung besitzt und innerhalb des Gesamtverlaufs der Stunde bestimmte pädagogische Aufgaben zu erfüllen hat. Drei Phasentypen sind dabei zu unterscheiden: die Initialphase, die Arbeitsphasen und die Terminalphase. Die Gesamtdauer der stimmbildnerischen Unterrichtsstunde sollte nicht länger als 45 Minuten dauern.

### Initialphase

Die Initialphase einer Unterrichtsstunde dient dazu, eine für den Unterrichtsgegenstand günstige Lernatmosphäre zu schaffen, den Anschluß an die Lernziele der letzten Unterrichtsstunde herzustellen und die Thematik der laufenden Stunde anschaulich zu machen.

Eine möglichst freundliche Anfangsatmosphäre erzeugt Motivation für die Arbeitsschritte dieser Stunde. In der Initialphase ist aber auch eine deutliche Führungsdominanz des Lehrers notwendig, damit divergierende Tendenzen der Gruppe gemildert werden können und die Bereitschaft der Kinder zum gemeinschaftlichen Singen zunimmt. Dabei empfiehlt es sich, zu Anfang einer Unterrichtsstunde keine Abläufe zu wählen, die die momentane psychische Situation der Kinder noch unterstützen, da hierbei die Gefahr der gruppendynamischen Potenzierung besteht.

## Arbeitsphasen

In den Arbeitsphasen wird in kleinen Teilschritten das Lernziel der Stunde erarbeitet. Um die Konzentrationsfähigkeit der Kinder nicht zu überfordern und um immer wieder neue Motivation zu schaffen, ist es notwendig, ca. alle fünf bis zehn Minuten die Thematik einer Arbeitsphase zu wechseln. Dabei ist es zweckmäßig, möglichst gegensätzliche Wechsel vorzunehmen: Pianoübung – Forteübung; langsam – schnell; Atemübung – Singübung; Gymnastik – Ruhe etc. Jede einzelne Arbeitsphase ist mit einem Lernziel (Teilziel) ausgestattet. Wichtig ist die Lernzielbestätigung, d. h., am Ende jeder Arbeitsphase soll den Kindern möglichst ein erreichtes Teilziel (ein Lernerfolg) bescheinigt werden.

Die einzelnen Arbeitsphasen werden durch kurze Entspannungsmomente voneinander getrennt: verbale Trennung; Wechsel der Sozialform; Trennung durch kurzes freies Spiel etc. sind mögliche Einschnitte im Unterrichtsverlauf.

## Terminalphase

In der Terminalphase wird das Lernziel der Stunde erreicht. Dies geschieht in der Regel durch Zusammenfassen und Anwenden wichtiger Teilziele der Stunde an einem dafür geeigneten Übungsstoff. In der Terminalphase erfolgt auch eine eventuelle Aufgabenstellung. Eine verbindliche Abschiedsatmosphäre schafft schließlich die Motivation zum Wiederkommen.

# 3.2  Einzelunterricht

Bisweilen erhalten Kinder – besonders in Musikschulen – stimmbildnerischen Einzelunterricht. Auf den ersten Blick scheint Einzelunterricht zu begrüßen zu sein, da hier ungleich genauer auf die stimmbildnerischen Notwendigkeiten jedes

Kindes eingegangen werden kann als im Gruppenunterricht. Trotz dieses unbestreitbaren Vorteils möchte ich den Einzelunterricht dennoch nicht als Regelform sehen. Für Anfänger ist er nicht sinnvoll und zu wenig fördernd im Sinne der Singgemeinschaft. Für fortgeschrittene Kinder kommt meines Erachtens Einzelunterricht immer dann in Frage, wenn sich ein deutlich solistischer Wille einstellt bzw. eine sängerische Disposition ergibt. Dies wird nur bei wenigen Kindern der Fall sein. Und auch bei den solistisch begabten gilt es, Obacht zu geben. Von solchen Kindern im vorpubertären Alter wird im Einzelunterricht oft eine individuelle Interpretationskraft verlangt, die sie in ihrer geistigen und seelischen Entwicklung noch nicht zu leisten imstande sind. Nach Beendigung der Pubertät kann Einzelunterricht dagegen geradezu zwingend sein: bei Mädchen wegen der im Alter zwischen 14 und 16 Jahren häufig festzustellenden nachpubertären Frühreife mit beeindruckender auch künstlerischer Leistungs- und Ausdrucksfähigkeit und bei Jungen wegen der postmutationsbedingten Notwendigkeit, das Instrument Stimme neu zu entdecken und beherrschen zu lernen.

## 3.3  Bildhaftes Unterrichten

Stimmbildnerische Wirkungen werden bei Kindern – und nicht nur bei Kindern – oft leichter über Vorstellungen, Bilder, Vergleiche und Suggestionen erzielt als durch technische Übungen allein. In der Kinderstimmbildung wird man deshalb verstärkt bildhaft arbeiten. Im folgenden werden daher Materialien und Wirkmechanismen von Hilfsmitteln, Imaginationen und Suggestionen vorgestellt.

### 3.3.1  Materialien zum bildhaften Unterrichten

Konkrete Hilfsmittel

Derartige Hilfsmittel können der Veranschaulichung dienen, aber auch zu beabsichtigtem Tun und Fühlen anregen:
- Gegenstände wirken besonders auf den Gesamtkörper, die Atmung und taktile Funktionen. Oft lassen sich auch daraus resultierende psychische Reaktionen beobachten.
  *Beispiele:* Feder, Watte, Seifenblase, Ball, Springseil, Bogen, Luftballon, Fell, Spiegel.

- Bilder haben besonderen Einfluß auf die Vorstellungskraft und psychische Erlebnisfähigkeit.
  *Beispiele:* Naturstimmungen (Landschaft, Sonnenuntergang), Milieudarstellungen (C. Spitzweg), geometrische Abstraktionen (W. Kandinsky), Farbkompositionen.
- Anschauungsmaterial hilft in erster Linie, das intellektuelle Verständnis gesangstechnischer Vorgänge zu unterstützen.
  *Beispiele:* Anatomische Tafeln, Funktionsmodelle, schematische Darstellungen.

## Konkrete Körperbewegungen

Tatsächlich durchgeführte Bewegungsvorgänge zielen auf Lockerung und Training des Gesamtkörpers sowie bestimmter Muskelbereiche. Sie helfen Körpervorgänge verstehen, nachvollziehen und beherrschen zu lernen:

- Bewußte Gymnastik trainiert den gesamten Körper oder einzelne Muskelgruppen.
  *Beispiele:* Springen, Hüpfen, Tanzen, Gymnastik mit und ohne Atemverbindung.
- Körpervorgänge üben Wirkung auf die jeweiligen Körperzonen aus und schaffen ein Körperbewußtsein für das Gesangsinstrument.
  *Beispiele:* Atemwege nachspüren, Vibrationen ertasten, Gähnen, mit den Zähnen klappern.

## Simulation und Imagination

Die Simulation einer Handlung oder Tätigkeit führt zu tatsächlich erfolgenden Körperbewegungen oder -zuständen. Ebenso kann die Imagination eines psychischen Vorgangs oder einer Situation die Körperspannungen beeinflussen.

- Simulieren von körperlichen Tätigkeiten dient der Lockerung und dem Training der Körperelastizität. Körperhaltung und -beherrschung wird bewußtgemacht und geübt.
  *Beispiele:* Obstpflücken, Kirschkernspucken, Marionette, Hampelmann.
- Vorstellung von Sinneswahrnehmungen hat Einfluß auf reflektorische Muskelbewegungen und vegetative Vorgänge.
  *Beispiele:* Riechen, Ertasten, Hören, Schauen, Berühren.
- Vorstellung von psychischen Zuständen und Vorgängen verstärkt die innere Erlebnisfähigkeit und hat Wirkung auf vegetative Vorgänge.
  *Beispiele:* Staunen, Erschrecken, Freude, Trauer, Langeweile, Spannung.

- Suggestion mit Hilfe von Wortbedeutungen belebt die Phantasie und trainiert dadurch u. a. die Fähigkeit, Räume und Spannungen des Instruments im voraus einzustellen.
  *Beispiele:* psychisch relevante Wörter wie »Sonne«, »Wonne«, »Mond«, »so schön«, »wie lieblich«.
- Suggestion mit Hilfe von Musik verstärkt die psychische Erlebnisfähigkeit, trainiert das Ausdrucksvermögen und dient der Ausbildung einer Klangästhetik.
  *Beispiele:* Dur, Moll, Chromatik, Pentatonik.

## 3.3.2 Einsatz von Materialien zum bildhaften Unterrichten im Gruppenunterricht

Die Materialien zum bildhaften Unterrichten lassen sich auf vielfältige Weise einsetzen. Dabei kann man immer wieder neue Kombinationen erfinden, um die suggestive Kraft des verwendeten Materials voll zu nutzen. Die folgende Einteilung gibt nur einen kleinen Ausschnitt aus den Möglichkeiten und soll als Anregung dienen, selbständig weitere Kombinationen zu entdecken.

### Nur konkretes Material

Anstelle einer stimmtechnischen Übung wird ein Spiel, eine gymnastische Handlung, eine Körperbewegung etc. als stimmbildnerische Maßnahme eingesetzt.
*Beispiele:* Krümel pusten, Watte wegblasen, Luftballon aufblasen, Wettspiele.

### Imagination und technische Übung

Zur technischen Übung tritt ein imaginierter Vorgang, der mit der technischen Übung möglichst deckungsgleich nachgezeichnet wird, so daß Übung und Imagination eine Einheit bilden können.
*Beispiele:*
- Imagination: Der Wind bläst unheimlich im dunklen Wald; technische Übung: Ausatmungsübung auf *u* oder *sch*.
- Imagination: Pfeilschießen auf Zielscheibe; technische Übung: Staccatoübung mit größerem Sprung.
- Imagination: langsames geräuschloses Fortschleichen; technische Übung: Randschwingung mit dunkler Silbe und kleinen Portatosprüngen in langsamem Tempo.

Wortsuggestion und technische Übung

Die technische Übung verwendet psychisch wirksame Wörter.
*Beispiele:* Sonne, Wonne, Sonnenschein, Wolkenbruch, silberhell, wie schön, so wahr, o schau etc. in Verbindung mit für die stimmbildnerische Absicht ausgesuchtem Tonmaterial.

Technische Silbe mit Musiksuggestion

Die technische Übungssilbe wird mit psychisch wirksamem Tonmaterial gekoppelt.
*Beispiele:* Dur, Moll, verminderte Dreiklänge, Chromatik, Ganztonleiter, Seufzerfiguren, Girlanden, Zigeunermoll etc. in Verbindung mit auf die stimmbildnerische Absicht zugeschnittener Übungssilbe.

Wortsuggestion mit Musiksuggestion

Psychisch beeinflussendes Tonmaterial wird mit psychisch wirksamen Wörtern kombiniert.
*Beispiele:* Kanon- und Liedzeilen, russische Vornamen kombiniert mit russisch klingender Melodie.

Technische Übung und suggestive Vorstellung

Eine Stimmübung, bestehend aus technischer Silbe und technischem Tonmaterial, wird begleitet von verbalen und/oder gestischen Vorstellungshilfen.
*Beispiele:* Staunen während des Singens, für hohe Töne Kopf neigen, Lockerungsgestik, Weitungsbewegungen.

# 4. Lehrinhalte

Fähigkeiten und Vorbildung des einzelnen im Gebrauch der Singstimme sind natürlich sehr verschieden. Auch Begabungsunterschiede dürfen bei der Überlegung, welche Fähigkeiten ein Kind erlernen soll, um die Singstimme gesund und funktionsgerecht zu benützen, nicht außer acht gelassen werden. Darüber hinaus ist zu unterscheiden, ob es sich beim Singen um den Spontangebrauch der Stimme handelt oder ob das Instrument im Dienst der musikalischen Interpretation verwendet werden soll. Hier kann P.-M. Fischers terminologische Unterscheidung von »Singstimme« und »Sängerstimme« sinngemäß angewandt werden. Fischer definiert:

> *Die Singstimme ist eine in Atem und Ton »gerade« geführte Stimme, die oft Größe und Klangfülle aufweist und bisweilen, bedingt durch emotionale Impulse, eine leichte »Erregungswelle« hören läßt. Diese darf aber mit einer im Vibrato schwingenden Sängerstimme nicht verwechselt werden.*[27]

In der Kinderstimme wird das Vibrato als künstlerisch einsetzbare Größe eher eine untergeordnete Rolle spielen, jedoch können wir Fischers Definition von Sing- und Sängerstimme für die graduell unterschiedliche Intensität, mit der ein Kind seine Singstimme nutzt, adaptieren: im Spontangebrauch (beim Vor-sich-hin-Singen, beim handlungsbegleitenden Singen, beim geselligen Singen in der Gruppe) wird das Kind eine *in Atem und Ton »gerade« geführte Stimme* aufweisen, während das Singen im Sinne von musikalisch-interpretatorischer Produktion eine erhöhte Anforderung an das Gesangsinstrument stellt. Wenn Kinder ihre Singstimme diesbezüglich einsetzen wollen – dies ist z. B. im Kinder-, Knaben-, Mädchen- und Jugendchor der Fall – so gibt es eine Reihe von stimmtechnischen Fertigkeiten, die sie beherrschen müssen.

## 4.1 Inhalte des Anfängerunterrichts

Über die Richtigstellung von Fehlverhalten im Gebrauch der Singstimme hinaus gibt es beschreibbare Inhalte des stimmbildnerischen Anfängerunterrichts, die hier zunächst schlagwortartig genannt werden sollen.

---

[27] P.-M. Fischer, a.a.O., S. 164

## 4.1.1 Haltung und Atmung

Das erste Ziel stimmbildnerischer Arbeit mit Kindern ist die Erlangung einer aufrechten und stabilen Körperhaltung. Nachdem vor allem in der Schule der kindliche Bewegungsdrang durch langes Sitzen nachhaltig unterdrückt wird, gilt es, die dadurch beeinträchtigte elastisch-aufgerichtete Grundhaltung wiederzufinden; damit verbunden ist der geweitete Brustkorb – ohne muskuläre Überbeanspruchung und übertriebene Gesamtkörperspannung.

Sehr wichtig und in nahezu allen Fällen notwendig ist die Umstellung der Atmung auf die vom Zwerchfell gesteuerte Tiefatmung. Dabei ist auf die Zwerchfellfunktion besonders hinzuarbeiten. So läßt sich im Laufe der Zeit ein Gefühl für Ausatmungsverlangsamung und Atemdosierung entwickeln.

## 4.1.2 Resonanz

Im Bereich der Resonanzierung muß zuerst das Gefühl für Vibrationen im Körper entwickelt werden. Durch Tasten und Hören können Klangunterschiede von verschiedenen Resonatoren wahrgenommen werden. Die Resonanzen im Kopf sind zu fördern und auszubauen, der Nasalraum gezielt zu erschließen. Körperklang (Brustresonanz) soll behutsam einbezogen und nicht forciert werden. Man wird bei Kinderstimmen immer deren spezifische Helligkeit berücksichtigen, allerdings für eine runde Durchmischung innerhalb der vorgegebenen physiologischen Grenzen sorgen.

## 4.1.3 Vokalbildung und Vokalausgleich

Auch bei der Vokalisation ist zuerst ein Bewußtmachen notwendig. Jeder Vokalklang steht in Verbindung mit einer bestimmten Mundform und -öffnung sowie der dazu passenden Lippenspannung. Kinder neigen häufig dazu, dunkle Vokale zu schnutig und helle Vokale zu schmallippig zu formen. Hier ist es wichtig, Extremstellungen vermeiden zu lernen. Bei Vokalverbindungen sind die kürzesten Artikulationsbewegungen zu finden und zu trainieren sowie Sicherheit im Grad der Mundöffnung zu gewinnen. In Hinblick auf den Vokalausgleich ist an der Vereinheitlichung der Vokalräume zu arbeiten.

## 4.1.4 Vordersitz und Instrumentweite

Hier sollen gegensätzliche Einstellungen im Organsystem trainiert werden. Dafür müssen verschiedene Weitungen kennengelernt und erübt werden (Weitung des Brustkorbs, Weitung im Hals, Weitung der Mundhöhle, Nasalraumweitung). Das Ruhighalten des Kopfes fällt Kindern beim Singen besonders schwer. Allzugern recken sie den Kopf nach oben bei hohen Tönen und drücken ihn abwärts bei tiefen Tönen. Sehr schwierig ist es, den Kindern den Ansatz im Stirnbereich bewußtzumachen und das sängerische Gefühl für das »Vorne-oben-Singen« zu vermitteln.

## 4.1.5 Artikulation

Im Zeitalter der Zahnregulierungen gibt es bei Kindern vielfach große Probleme mit der genauen Artikulation. Oft müssen wir alle Artikulationsstellen punktgenau festlegen und durch Repetitionsübungen Zunge, Lippen, Unterkiefer und Gaumensegel regelrecht trainieren, damit die richtigen Stellen gefunden und zielsicher getroffen werden. Dabei ist es häufig notwendig, überflüssige Artikulationsbewegungen abzubauen und die gesamte Artikulationsmuskulatur zu lockern (besonders rückwärtige Zungenbewegungen und Unterkieferfall).

## 4.1.6 Register

Bei der Beurteilung von Registerfunktionen sollte – wie bereits erwähnt – stets bedacht werden, daß die Register der Kinderstimme klanglich nicht denen der Erwachsenenstimme entsprechen. Besonders beim Brustregister kann man sich leicht täuschen, indem man noch für mittelstimmig hält, was doch schon rein bruststimmig ist. Auch die Brustregistergrenze bei ca. $f^1$ ist dringend zu beachten, da bei längerem Gebrauch des reinen Brustregisters in höherer Lage Stimmschädigungen die Folge sind.

Ein gangbarer Weg im Anfängerunterricht ist, das Kopfregister zu wecken und in allen Lagen zu verankern (auch in der tiefen Lage!). Mit der Dynamisierung der Stimme sollte in der höheren Mittellage begonnen werden, damit die Stimmfaltenfunktion mittelstimmig bleibt. Nach dem Erwerb einer schlanken Forte-Höhe erweitert man den Tonraum vorsichtig nach unten und achtet auf übergangslose Klangfolge (Brustregister auf die physiologisch richtige Lage beschränken und mit Randschwingung mischen). Sehr wichtig ist in diesem Zusammenhang die Arbeit an der Klangästhetik. Wenn ein Gefühl für das »schöne Singen« vermittelt worden ist, ist die Gefahr ungemischt bruststimmiger Singweise weitgehend gebannt.

## 4.2 Interpretatorisches

Natürlich erschöpft sich die stimmbildnerische Arbeit mit Kindern nicht in der Vermittlung technischer Fertigkeiten und physiologischer Einstellungen. Das Ziel soll ja der lebendige Umgang mit der Singstimme sein, das Sich-ausdrücken-Können mit Hilfe des Gesangs. Schon bei technischen Übungen darf deshalb nie ohne innere Beteiligung gesungen werden. Die Stimme ist ein Instrument der Seele und bleibt unvollkommen, wenn die Beseeltheit des Klanges fehlt.

> *Kein »Register« darf anders als mit dem vollen Gegenwärtigsein seines psychischen Ausdrucks geübt werden. Anders üben, z. B. sogenannte Kopftöne resonanzmäßig konstruieren zu wollen, ergibt nur reizlose Klangprodukte, die je nach dem stumpf oder spitz, hauchig oder verengt, niemals aber auch physiologisch »richtig« sind. Nur aus freier seelischer Schwingung kann die freie körperliche Schwingung entstehen.*[28]

Singende müssen also in ihrem Singen zur Wahrnehmung und Vermittlung von seelischem Ausdruck erzogen werden. Wie ist dies nun mit Kindern zu bewerkstelligen, wenn – wie in der Fachliteratur häufig – Kinderstimmen als besonders emotionslos gerühmt werden? Die von Konzertrezensenten oft gebrauchte Formulierung von den »unschuldigen, reinen Kinderstimmen« mag diese Fragestellung verdeutlichen.

### 4.2.1 Musikalische Formung

Grundbegriffe musikalischer Interpretation und sprachlicher Formung können und sollen mit Kindern erarbeitet werden, ohne daß sie dadurch emotional überfordert würden. Dazu gehören Kenntnisse über Phrasenbildung, Melodiebogen, Spannungsverlauf, Agogik, Motorik und Periodik einerseits sowie über Deklamation, Sprachausdruck und Sprechintensität andererseits.

Phrasenbildung

Kindern muß im stimmbildnerischen Unterricht ein Gespür für Beginn und Ende einer musikalischen Linie vermittelt werden, in der nach Möglichkeit nicht geatmet wird, so daß auch der geformte Atem seinen Beitrag zur musikalischen Interpretation leistet.

---

[28] P. Lohmann, *Stimmfehler – Stimmberatung. Erkennen und Behandlung der Sängerfehler in Frage und Antwort*, Mainz 1938/1966, S. 37

Melodiebogen, Periodik und Spannungsverlauf

Kinder erlernen, wie sich Melodien entwickeln; wie sie von einer Basis aus zu einem – vielleicht vorläufigen – Höhepunkt fortschreiten und danach einen Abschwung bis zu einem – ebenfalls vielleicht vorläufigen – Ruheplatz nehmen. Die Periodik von Melodieverläufen kann bewußtgemacht werden, und Spannungsverläufe lassen sich in dynamisch-agogische Bewegungen umsetzen. Kinder lernen, warum sich Musik so verhält und welcher Ausdruck aus welchem Verlauf resultiert.

Dynamik

Über die Crescendowirkung beim Anstreben eines Melodiehöhepunktes und die Decrescendowirkung beim Abschwung hinaus kann die Dynamik als vielfältiges Mittel zur Bewußtmachung von musikalischer Gestaltung eingesetzt werden. Echowirkungen, statische Ruftöne, sanfte Säuselklänge etc. können von den Kindern selbständig gefunden und mit Bezug auf entsprechende Liedzeilen verwendet werden.

Motorik und Agogik

Der ausgeprägte Sinn von Kindern für Motorik läßt sich in die musikalische Gestaltung gut einbinden. Koloraturartige Sequenzbildungen trainieren nicht nur die Beweglichkeit des Stimmorgans, sondern helfen auch, musikalische Zusammenhänge zu verstehen. Karikierende Staccati und schmeichelnde Ligaturen sind nur zwei extreme Möglichkeiten, durch Motorik und Agogik Ausdrucksvariationen von Musik kennen und produzieren zu lernen. Accelerandi und Ritardandi lassen sich anschaulich z. B. mit Fahrzeugen in Verbindung bringen und verschaffen dem Kind einen Einblick in Musik als »tönend bewegte Formen« (E. Hanslick).

## 4.2.2 Solistisches Singen

Wenn Kinder systematisch stimmlich ausgebildet werden, stellt sich die Frage nach der Anwendung des Gelernten. Ebenso wie ein Violine lernendes Kind irgendwann in einem Instrumentalkreis oder Orchester mitspielen möchte und soll, bietet sich für Kinder, die Stimmbildung erhalten, der Chor als Betätigungsfeld. Dies ist die logische Konsequenz aus dem Stimmbildungsunterricht. Meistens verhält es sich sogar umgekehrt: Das Kind ist Mitglied einer Singgruppe oder eines Kinderchores, und innerhalb dieser Gruppe wird Stimmbildung als Gruppenunterricht angeboten. Der Zusammenhang zwischen Lernen und Tun ist deutlich, der Stimmbildungsunterricht ist in seiner Zielsetzung durchschaubar. Anders ist es bei den Ausbildungsklassen der Musikschulen. Hier wird teilweise Stimmbildungsunterricht angeboten – in Gruppen oder einzeln – wie jeder andere Instrumentalunterricht auch. An großen Musikschulen gibt es in der Regel einen Chor – entsprechend den Instrumentalkreisen und dem Orchester für die Instrumentalisten. An kleineren Musikschulen bleiben die Kinder bei der Anwendung des Erlernten sich selbst überlassen.

Hier beginnt bei der Kinderstimmbildung das Problem. Steht für den jungen Geiger kein Instrumentalkreis zur Verfügung, in dem er sich mitspielend über seine Fortschritte freuen kann, so wird ihn der Vortrag des A-Moll-Konzertes von A. Vivaldi mit einem Pianisten als Begleiter im Klassenvorspiel dafür leidlich entschädigen. Was aber macht das singende Kind ohne Chor? Mit dem Vortrag der Pamina-Arie wird sich das Kind intellektuell und emotional überfordert, mit dem Singen von Volks- und Kinderliedern zu Recht unterfordert fühlen. Viele Lehrer weichen deshalb auf Kirchenmusik aus – romantische Lieder sind aufgrund der Liebesthematik problematisch –, und so hört man dann immer wieder G.F. Händels *O hätt' ich Jubals Harf'* oder sogar J.S. Bachs *Bist du bei mir*, gesungen von 10- oder 12jährigen Kindern. Nun ist durchaus nicht jedes solistische Singen von Kindern zu verdammen. Zusammenstimmen muß nur immer der intellektuelle und emotionale Anspruch des Werkes mit der Erlebnis- und Gestaltungsfähigkeit des interpretierenden Kindes. Entgleisungen bei der Literaturauswahl sind nicht nur geschmacklos, sondern stellen kaum ohne Folgen bleibende Vergewaltigungen der kindlichen Seele dar.

Welche solistische Literatur ist also zu empfehlen? Nachdem sich im deutschen Musikwettbewerb »Jugend musiziert« auch der Gesang etabliert hat, stellt sich diese Frage immer drängender. Ich meine, es ist darauf zu achten, solche Literatur auszuwählen, die von ihrer textlichen und musikalischen Gestaltung her nicht allzu solistisch ausgerichtet ist oder zumindest nicht allzu individuell. Dazu gehört – ausgehend von V. Rathgebers *Augsburger Tafelkonfekt* über barocke und klassische Lieder bis hin zu P. Cornelius' *Weihnachtsliedern* – eine Fülle von Literatur, ohne daß qualitativ fragwürdige »Gebrauchsmusik« bemüht werden müßte.

Der beste Ort aber, an dem eine Kinderstimme sich auch solistisch bewähren kann und darf, ist der Chor: Kinderchor, Knabenchor, Mädchenchor, Jugendchor oder Schola. Der Vortrag von Solostrophen, die Kombination von Einzelstimmen mit Chorbegleitung und ähnliches stellt sich weniger problematisch dar. Hier befinden sich die Kinder im gewohnten Umfeld, es wird von ihnen nichts verlangt, was nicht geistig und seelisch zu bewältigen wäre, und trotzdem dürfen sie sich der Öffentlichkeit präsentieren mit Leistungen, die sie lange trainiert und studiert haben. Die Kinderoper oder das von Kindern aufgeführte Singspiel bietet auch eine gute Möglichkeit, dem solistischen Gestaltungswillen und schauspielerischen Drang der Kinder entgegenzukommen. In diesem Bereich gibt es von bescheidensten Schwierigkeitsgraden bis zur ausgewachsenen Oper alles, was Chorleiter und Stimmbildner zur Förderung singbegabter Kinder benötigen.

# 5.  Werkzeuge der Stimmbildung

Die stimmbildnerische Übung ist eine Kombination von Werkzeugen, mit denen spezielle Maßnahmen im Gesangsorganismus durchgeführt werden können. Um das beabsichtigte Ziel zu erreichen, muß sie sich aus genau definierten und aufeinander abgestimmten Wirkmechanismen zusammensetzen. Darüber hinaus werden in stimmbildnerischen Übungen auch psychologische Erkenntnisse verarbeitet und dynamische Prozesse genutzt.

Eine Stimmbildungsübung besteht meist aus Vokalen und Konsonanten des Lautsystems sowie musikalischen Verläufen. Gymnastische Übungen und Atemübungen verzichten oft auf phonetische und melodische Bestandteile und ersetzen diese durch Gesamt- oder Teilkörperbewegungen. Stimmbildnerische Übungen können entweder in ihrer technischen Version auftreten oder kombiniert mit Handlungen, Imaginationen, Suggestionen etc. Oft sind sie in Spielhandlungen oder fortlaufende Geschichten verpackt. Schließlich finden sich stimmbildnerische Übungen in Gestalt von Lied- oder Kanonzeilen.

Gleichgültig in welcher Gestalt eine stimmbildnerische Übung auftritt, die Forderung nach zweckdefinierter und in ihren Bestandteilen auf das beabsichtigte Ziel ausgerichteter Form bleibt bestehen.

## 5.1  Vokale

### 5.1.1  Bildung und Systematik

Vokalklänge sind Resonanzerscheinungen, die durch das Verformen des Resonanzraumes Mundhöhle mit Hilfe von Artikulationswerkzeugen zustande kommen. Diese Verformung kann auf zwei grundsätzlich verschiedene Arten vorgenommen werden: durch Unterkiefer-/Lippen-Bewegungen sowie durch Zungenbewegungen. Auch Kombinationen beider Prinzipien sind möglich. Jeweils vom geöffneten Mund ausgehend, entstehen so drei stufenlos veränderbare Vokalklangreihen mit fließenden Übergängen.

- Dunkle Vokale: Vom geöffneten Mund aus wird der Unterkiefer langsam gegen den Oberkiefer geführt. Die Lippen werden allmählich gerundet. Gleichzeitig hebt sich automatisch der hintere Zungenrücken etwas. Es entsteht eine Vokalreihe vom *a* über das offene und geschlossene *o* bis zum offenen und geschlossenen *u*.

- Helle Vokale: Vom geöffneten Mund aus wird der vordere Teil des Zungenrückens langsam gegen den harten Gaumen gehoben. Die Zungenspitze bleibt
  dabei an den Wurzeln der unteren Schneidezähne liegen. Es entsteht eine
  Vokalreihe vom *a* über das offene und geschlossene *e* bis zum offenen und
  geschlossenen *i*.
- Umlaute: Vom geöffneten Mund aus wird der Unterkiefer gegen den Oberkiefer
  und zeitgleich der vordere Zungenrücken gegen den harten Gaumen geführt
  (synchronisierte Bewegung beider Artikulationsprinzipien). Es entsteht eine
  mittlere Vokalreihe von *a* über offenes und geschlossenes *ö* zum offenen und
  geschlossenen *ü*.
- Vokaldreieck: Die Verwandtschaftsverhältnisse aller Vokalmöglichkeiten sind
  im »Vokaldreieck« dargestellt[29]; *a, u* und *i* bilden die drei Grenzwerte der Vokalisation. Die verwendeten Artikulationsinstrumente stehen bei diesen Urvokalen
  in Extremstellungen, jenseits derer keine weiteren Vokale möglich sind. Das
  gesamte Vokalgeschehen spielt sich also innerhalb des Dreiecks ab.

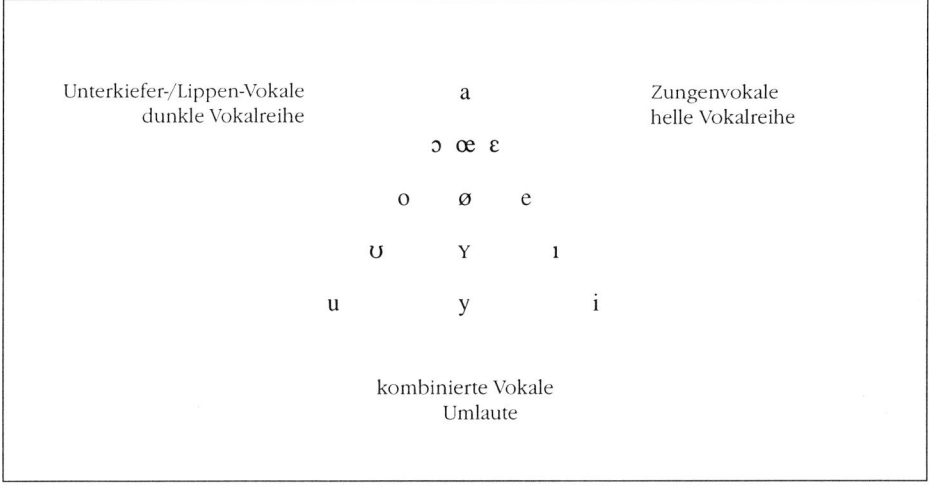

[29] Die Darstellung orientiert sich an: G. Lindner, *Die Grundbegriffe der Phonetik*, in: J. Wendler und
W. Seidner, *Lehrbuch der Phoniatrie*, Leipzig 1977

- Diphthonge: In der deutschen Hochsprache gibt es drei Diphthonge: *ei* (*ai, ay, ey*), *eu* (*äu*) und *au*. Bei diesen Doppelvokalen gehen die Sprechwerkzeuge von der Stellung des ersten Vokals in die des zweiten über, wobei im Übergang durch rasche Verschmelzung eine Klangeinheit erzeugt wird. Jeder Diphthong ist also gekennzeichnet durch die Lautabfolge: Anfangsvokal – Verschleifungszone – Schlußvokal. Die Aussprache der Diphthonge weicht stark vom Schriftbild ab und wird beim Singen etwas anders gehandhabt als beim Sprechen, da der Anfangsvokal beim Singen gedehnt werden muß und der Schlußvokal erst im allerletzten Moment den Anfangsvokal umformt.

## 5.1.2 Stimmbildnerische Eigenschaften

Da Vokale und Resonanzen so eng miteinander verbunden sind, ist unmittelbar einleuchtend, daß sich beim Singen verschiedener Vokale die Organe und Muskulaturen des Gesangsinstruments in Spannung und Stellung verändern. Diese gerade bei Kindern deutlich zu beobachtenden Veränderungen von Kehlstellung, Halsweite, Stimmfaltenmasse, muskulärer Spannung und angeregter Schwingung in den verschiedenen Resonanzräumen sind die Grundlage aller stimmbildnerischer Arbeit mit Vokalen. Für jeden Vokal ist dabei ziemlich genau zu definieren, wie sich die Muskulaturen des Zwerchfells oder der Stimmfalten verhalten, d. h. welche Spannung sie besitzen. Darüber hinaus läßt sich aus dem Atemverhalten und den besonderen Resonanzeigenschaften auf das für jeden Vokal typische Register der Stimme (der Anteil der schwingenden Masse in den Stimmfalten) schließen.

Die in der nebenstehenden Tabelle zusammengetragenen Phänomene beziehen sich auf das physiologische Naturgeschehen in der Stimme. Stimmbildnerisches Bemühen zielt darauf ab, die von Vokal zu Vokal sehr unterschiedlichen Einstellungen des Gesangsinstruments einander anzunähern und auszugleichen, so daß im ausgebildeten Zustand diese physiologischen Abhängigkeiten gemildert sind. Um das zu erreichen, bedient man sich der jeweiligen Eigenschaften der Vokale, von denen man glaubt, daß sie einen wohltuenden Einfluß auf die Stimme ausüben können. Darüber hinaus wird der Versuch unternommen, mit günstigen stimmphysiologischen Eigenschaften gewisser Vokale Fehlfunktionen des Stimmorgans zu korrigieren.

| Vokal | Atemfluß und Zwerchfell-stellung | Stimmfalten-kompression | Typischer Resonanzraum | Hauptregister, Klangtyp | Typische Gefahren |
|---|---|---|---|---|---|
| *u* | Atem fließt sacht und weich. Zwerchfell ist stark gespannt. | sehr gering (Die Stimmfalten liegen lose aneinander.) | Mundhöhle | Kopfregister (Randschwingung); dunkel, weich, leise. | oft zu weit hinten im Hals gebildet; kein Klang im Nasenrachenraum (dumpf); oft überluftet. |
| *o* | Atem fließt sacht. Zwerchfell ist gespannt. | gering | Mundhöhle und Nasenrachenraum | Kopfregister mit Tendenz zum Mittelregister; dunkel, weich. | Zungenwurzel drückt leicht auf den Kehlkopf (Knödel); oft zu weit hinten im Hals gebildet. |
| *a* | Atem fließt reichlich. Zwerchfell ist relativ wenig gespannt. | neigt zu höherer Kompression | Schlund- und Brustraum | Brustregister (Vollschwingung); voller Klang, voluminös. | Knödel; ungemischtes Brustregister; Glottis-Schlag; oft zu weit hinten im Hals gebildet; flacher Klang. |
| *e* | Atem fließt reichlich. Zwerchfell ist wenig gespannt. | hohe Kompression | Nase und Nasenrachenraum | Mittelregister; hell, metallisch. | oft zu breit; Kehle zu hoch; eng; blechern. |
| *i* | Atem fließt stark. Zwerchfell ist sehr wenig gespannt. | sehr hohe Kompression (Stimmfalten pressen aneinander.) | Nasenraum und Schädelresonanz | Mittelregister; metallisch, schlank, hell. | zu spitz, eng; Kehle zu hoch; Stimmfalten zu fest aneinandergepreßt. |

## 5.2  Konsonanten

Bei der Produktion von Konsonanten entstehen mit oder ohne Stimmton hervor-
gebrachte Geräusche an Engstellen oder Verschlüssen im Atemwege-System, die
durch Artikulationsinstrumente wie Zungen, Lippen, Zähne etc. gebildet werden.
In der phonetischen Wissenschaft werden sie nach ihren Anbringungsorten unterschieden:

| Bezeichnung | Anbringungsort |
|---|---|
| • Bilabiale | Ober- und Unterlippe |
| • Labiodentale | Unterlippe und obere Schneidezähne |
| • Dentale | Zungenspitze und obere Schneidezähne |
| • Alveolare und Dorsal-Alveolare | Zunge und harte Gaumenkante |
| • Palatale | vorderer Zungenrücken und harter Gaumen |
| • Velare | hinterer Zungenrücken und weicher Gaumen |
| • Uvulare | hinterer Zungenrücken und Zäpfchen |
| • Gutturale | Zungenwurzel und Rachenwand |

Auch Zwischenformen sind möglich sowie Kombinationen von mehreren Artikulationswerkzeugen. Weitere Unterscheidungsmerkmale für Konsonanten sind
die Zeitdauer ihrer Hervorbringung (Augenblickslaute, Dauerlaute) oder die Art
ihrer Bildung (Verschlußlaute, Engelaute). Schließlich können Konsonanten noch
stimmhaft (tönend) oder stimmlos (tonlos) gebildet werden.

### 5.2.1  Systematik

Die verwirrend anmutende Fülle von Einteilungsmöglichkeiten hat Stimmbildner
und Chorleiter oft davor zurückschrecken lassen, Konsonanten stimmbildnerisch
genauso einzusetzen wie Vokale, deren Qualitäten unmittelbar einzuleuchten
scheinen – abgesehen von den drei berühmten »Stimmbildungskonsonanten« *m*,
*n* und *ng*. Es war Paul Lohmann, der einen ersten wichtigen Beitrag zur Systematisierung der stimmbildnerischen Eigenschaften von Konsonanten geleistet hat[30].

[30] P. Lohmann, a.a.O., S. 33f.

Die Gliederung der Konsonanten in drei Familien mit jeweils deutlichen Unterscheidungsmerkmalen ist ein gutes Ordnungsprinzip: Klinger (Vollklinger und Halbklinger), Explosiv- oder Stoßlaute und Zisch- bzw. Reibelaute.

- Klinger: Zu den Klingern gehören neben den schon genannten Lauten *m*, *n* und *ng* die Halbklinger *w* (Bildung labiodental, seltener bilabial), stimmhaftes *s* (Bildung dental), *j* (Bildung palatal), *l* und Zungenspitzen-*r* (Bildung alveolar), das stimmhafte *sch* (Bildung dorsal-alveolar) und das Gaumen- bzw. Zäpfchen-*r* (Bildung velar bzw. uvular).
- Explosivlaute: Explosiv- oder Stoßlaute sind *p*, *t* und *k* sowie deren weichere und stimmhafte Verwandte *b*, *d* und *g* (Bildung labial, dental, palatal wie bei *m*, *n*, *ng*).
- Zischlaute: Zu den Zisch- oder Reibelauten zählen *f* (Bildung labiodental), stimmloses *s* (Bildung dental), das vordere *ch* (Ich-Laut, Bildung palatal), *sch* (Bildung dorsal-alveolar) und das hintere *ch* (Ach-Laut, Bildung velar/uvular).

Schreibweisen und Sonderformen

Die noch verbleibenden Zeichen unseres Alphabets sind nicht als Konsonanten oder Vokale anzusehen, sondern nur als spezielle Schreibweisen oder Kombinationen: *c* entspricht entweder *k* oder *z*, *q* entspricht *k*, die Verbindung *qu* wird im Deutschen *kw* ausgesprochen, *v* wird entweder *f* oder *w* ausgesprochen, *x* ist die Zusammensetzung *ks*, *y* bedeutet entweder *i, j* oder *ü*, und *z* ist ein Zeichen für die Konsonantenverbindung *ts*; *h* ist das Zeichen für den aspirierten Vokaleinsatz; das Gegenteil, der harte Vokaleinsatz mit Glottis-Schlag, hat im Deutschen kein Zeichen.

## 5.2.2 Stimmbildnerische Eigenschaften der Konsonantenfamilien

Für die drei Konsonantenfamilien lassen sich genaue stimmbildnerische Eigenschaften formulieren.

K l i n g e r  sind Resonatoren. Für alle Klinger (Vollklinger und Halbklinger) gilt stimmphysiologisch fast dasselbe: Der Atem fließt gleichmäßig und ruhig, die Stimmfalten schwingen sacht und mit geringer Masse. Der Klang des Konsonanten ist leise und weich. Charakteristisch ist die Anregung der Randschwingung. Je nachdem, welche Resonanz der einzelne Klinger selbst besitzt, entstehen so gute Übungswerkzeuge für die Weckung und Sicherung der Kopfstimme in Verbindung mit speziellen Resonanzen:

- *M* ist Mundklinger; sein bevorzugter Resonanzraum ist die Mundhöhle. Daher ist *m* vorzüglich geeignet, eine weiche volle Mundresonanz herzustellen (natürlich nur, wenn das *m* bei weitem Mundinnenraum mit locker aufeinanderliegenden Lippen gebildet wird).
- *N* ist Nasenklinger; die Resonanz des *n* liegt hauptsächlich im Nasenraum. Der vordere Teil des Mundraums ist wegen der Zungenstellung weitgehend vom Resonanzgeschehen ausgeschlossen. *N* ist dadurch vorzügliches Hilfsmittel für die Verbindung von Randschwingung mit Vordersitz und vorderer Artikulation.
- *Ng* ist Nasenrachenklinger. Durch die palatale Artikulation ist der vordere Mundraum vom Resonanzgeschehen vollkommen abgetrennt. Hauptresonanzraum des *ng* ist deshalb der Nasenrachenraum. *Ng* eignet sich vor allem dazu, den Nasenrachenraum auch in höheren Lagen offenzuhalten, Gaumensegel und Zäpfchen zu lockern und die rückwärtigen Kopfresonanzen zu erreichen. In Verbindung mit *e* und *i* wird *ng* – locker ungepreßte Artikulation vorausgesetzt – zur Brücke für die höchsten Lagen.

Die Halbklinger wird man immer dann stimmbildnerisch einsetzen können, wenn zu den Randschwingungsqualitäten des Klingers Lockerungsübungen für die jeweiligen Artikulationswerkzeuge hinzukommen sollen.

E x p l o s i v l a u t e sind Zwerchfell-Innervatoren. Ihnen kommen in erster Linie stimmbildnerische Eigenschaften im Bereich der Atemtechnik zu. Gut lassen sich diese Laute als Übungen für Zwerchfell- und Bauchdeckenaktivierung verwenden; am besten geeignet sind *p, b, t* und *d*, da die vordere Artikulationsenergie auch für den richtigen Stimmsitz und die vordere Artikulation hilfreich ist. Die palatale Artikulation von *g* und *k* wird besonders im süddeutschen Sprachraum häufig guttural verschoben, so daß diese Laute zu weit hinten im Hals gebildet werden und erst von dieser hinteren, oft schnürenden und gurgelnden Artikulation befreit werden müssen.

Zeichenerklärung:   (Z)*r*   = Zungenspitzen-*r*   ▶
                       *frz. j*  = stimmhaftes *sch* wie in »Genie«
                       (G)*r*  = Gaumen- bzw. Zäpfchen-*r*
                       *ng*  = Nasenrachenklinger wie in »Angst«
                       *sch*  = Strömungslaut wie in »schön«
                       (I)*ch*  = vorderes *ch* (Ich-Laut) wie in »ich«
                       (A)*ch* = hinteres *ch* (Ach-Laut) wie in »ach«

| Stimmbildnerische Qualitäten der einzelnen Konsonanten | Mundraumresonanz, Vordersitz, Artikulation, weiche Atemführung | Vordersitz, Artikulation, gleichmäßige Atemführung | Nasenraumresonanz, Vordersitz, Artikulation, gleichmäßige Atemführung | Beweglichkeit und Lockerung der Zungenspitze | Aktivierung hinterer Zwerchfellmuskulatur, Rückenlunge, Körperklang | Zungenrückenlockerung, weiche Atemführung | Nasenrachenraumresonanz, Gaumensegellockerung, Zungenrückenlockerung | Beteiligung der Stimmfalten | Stimmbildnerische Qualitäten der Konsonantenfamilien |
|---|---|---|---|---|---|---|---|---|---|
| **Anbringungsorte** | labial | labio-dental | dental | alveolar | dorsal-alveolar | palatal | velar, uvular | | |
| **Halbklinger** | | w | s | l (Z)r | frz. j | j | (G) r | stimmhaft | Leichte Randschwingung (Kopfregister) mit Mittelstimmneigung je nach Resonanz des Konsonanten |
| **Vollklinger** | m | | n | | | | ng | | |
| **Explosivlaute** | b / p | | d / t | | | | g / k | | Zwerchfell- und Bauchdeckenaktivierung, Atembalance |
| **Zischlaute** | | f | s | | sch | (I)ch | (A) ch | stimmlos | Atemführung und Atembalance, Einteilung der Ausatmung, »Fundament« |
| **Stimmbildn. Gefahren der einzelnen Konsonanten** | Lippen pressen, Atemüberdruck, Mundraum zu klein | Lippen pressen, Überluftung | Näseln (übertriebene Nasenresonanz) | oft mit zuviel Nebenluft | oft mit zuviel Nebenluft | Zungenrücken preßt gegen den Gaumen | oft zu weit hinten gebildet, kehlig | | |

73

Z i s c h l a u t e sind Atemkontrolleure. Man benutzt sie stimmbildnerisch zur Steuerung der Ausatmung. Sie können mit gutem Erfolg zur Atemverlangsamung eingesetzt werden und dazu, die Ausatmung gleichmäßig zu gestalten. Freilich sind auch hier jene Konsonanten zu bevorzugen, deren Artikulation im vorderen Mundbereich erfolgt. Die velar/uvulare Artikulation des hinteren *ch* kann zur Lockerung des Gaumensegels verwendet werden, wenn in hartnäckigen Fällen kein anderes Hilfsmittel wirkt. *Sch* ist ein vorzügliches Mittel, die hintere Zwerchfellmuskulatur einzubeziehen. In Verbindung mit dunklen Vokalen kann *sch* die Körperresonanz gut öffnen.

## 5.2.3  Die Konsonantentabelle

Alle Konsonanten haben also ihre Wirkungsbereiche bei der Stimmpflege und können vom Stimmbildner vorsätzlich und mit Bedacht eingesetzt werden. In der Tabelle (s. S. 73) habe ich versucht, alle Eigenschaften der Konsonanten systematisch zu erfassen und darzustellen.

Das Mittelstück der Tabelle besteht aus einer graphischen Darstellung aller Konsonanten gemäß ihrer Familienzugehörigkeit und ihrer Artikulationsform. Untereinander stehen dabei die artikulationsverwandten Konsonanten, so daß auf einen Blick alle phonetischen Eigenschaften erkennbar sind. Rechts neben diesem Mittelstück sind die stimmbildnerischen Qualitäten der Konsonantenfamilien angegeben. Die beiden Leisten oberhalb und unterhalb des Mittelstücks weisen die stimmbildnerischen Eigenschaften der einzelnen Konsonanten aus: die obere Leiste die Qualitäten, die untere Leiste die Gefahren.

# 5.3   Musikalisches Material

Der melodische Verlauf einer Übung muß genauso sorgfältig ausgewählt werden wie das phonetische Material der Übungssilbe. Dabei spielt die Richtung der Melodie eine besondere Rolle. Darüber hinaus haben eine ganze Reihe von weiteren Parametern Einfluß auf die Art und Weise, wie das Gesangsinstrument benutzt wird.

## 5.3.1  Richtung der Übungsmelodie

Beim Aufwärtssingen werden eine Reihe von Muskulaturen der Stimme zu einer um so stärkeren Kontraktion angeregt, je höher sich die Melodie emporschwingt.

Dies trifft uneingeschränkt für die Muskulatur zwischen Schild- und Ringknorpel zu, die wesentlich mitverantwortlich Tonhöhen regelt. Aber auch Stellknorpel- und Stimmfaltenmuskulatur sind in erhöhter Kontraktionsbereitschaft – natürlich abhängig von der gewählten Lautstärke. Schließlich muß auch ein Teil der Kehlkopfaufhängemuskulatur mehr Haltearbeit leisten, um den Kehlkopf beim Aufwärtssingen nicht allzusehr steigen zu lassen.

Beim Abwärtssingen tritt das Gegenteil ein. Alle an der Tonerzeugung unmittelbar und mittelbar beteiligten Muskulaturen wollen sich entspannen – natürlich wieder abhängig von der gewählten Lautstärke. Dieses Loslassen von Muskelspannungen führt oft so weit, daß nicht einmal mehr die notwendigen Mindestspannungen erzeugt werden: verluftete Tiefe, kraftlose und zu tiefe Töne sind die Folge.

Will man eine Übung für einen bestimmten stimmbildnerischen Zweck erfinden, so muß man auch darauf achten, ob der Charakter der Übung eher spannungssteigernd oder entspannend sein soll oder ob es besonders nützlich ist, spannungssteigernde und -mindernde Teile miteinander abwechseln zu lassen. Die Richtung der Übungsmelodie auf das muskuläre Spannungsverhalten hat einen um so größeren Einfluß, je weiter die gesungenen Töne auseinanderliegen. Beim Singen größer werdender Sprünge ist dies besonders gut wahrzunehmen.

## 5.3.2  Weitere Parameter

Von allen Parametern des musikalischen Materials gehen Impulse aus, die das Stimmorgan stimulieren. Vielfach ist diese Wirkung unmittelbar einleuchtend und genau zu beschreiben. Oft jedoch ist die Art der Beeinflussung nur schwer meß- und darstellbar. So vermag man z. B. kaum genau zu analysieren, warum eine in Moll gesungene Melodie eine andere Klanglichkeit erreicht als dieselbe Melodie in Dur. Daß aber ein Unterschied in der Rezeption besteht, ist sicher unbestritten.

Die folgenden knappen Beschreibungen einzelner Parameter und ihrer stimmtechnischen Wirksamkeit sind als Anregungen gedacht, selbst über diese Phänomene nachzudenken und sie bei der Auswahl des melodischen Übungsmaterials mit zu berücksichtigen.

- Legato : Das Binden wirkt atemberuhigend und fördert die Randschwingung. Besondere Aufmerksamkeit kann auf die Minimalluft der Tonverbindungsstellen gerichtet werden. Achtung: Im Legato gesungene Töne sind häufig verluftet, was darauf zurückzuführen ist, daß bei großer Aufmerksamkeit auf die subtilen Strömungsanforderungen der Bindung Mindestspannungen im Kompressionsbereich der Stimmfalten leicht verlorengehen.

- Staccato: Durch den Zwang zur repetierten Schließ- und Öffnungsbewegung der Stimmfalten eignet sich das Staccato gut zum Training der Kompressionsspannung. Darüber hinaus ist Staccato ein vorzügliches gehörerzieherisches Mittel, da genaue Toneinstellungsarbeit vor dem Erklingen der Töne geleistet werden muß. Verhauchte oder mit Glottis-Schlag gebildete Toneinsätze müssen bei der Staccatoübung vermieden werden.

- Forte: Das Singen mit gesunder Kraft wirkt stimulierend, motivierend und kompressionssteigernd. Es stärkt die Stimmfaltenmuskulatur und fördert die Ausnützung der Resonanzen. Allgemein wirkt es der Atrophierung des Gesangsinstruments entgegen, kann allerdings durch das Produzieren ungehobelter, brutaler Klänge auch Reibung verursachen. Wichtig ist, zwischen dem Singen mit Kraft einerseits und der Gewaltanwendung beim Singen andererseits unterscheiden zu lernen.

- Piano: Leise singen ist ein gutes Mittel zur Konzentrationsförderung, zum Aufeinanderhören-Lernen und für den behutsamen Umgang mit der Stimme. Besonders förderlich ist das Piano für die Randschwingung. Übertriebenes Pianosingen und ängstlicher Umgang mit der Stimme wirkt atrophierend und macht den Klang matt.

- langsam: Das langsame Aneinanderreihen von Tönen kann zur Resonanzierung der Stimme nutzbringend angewendet werden; es wirkt präzisierend und intonationsfördernd. Einen guten Einfluß übt das Langsamsingen auch auf die Atembalance und die genaue Steuerung der Ausatmung aus. Bei ungenügender Tonkonzentration wird jedoch die Verluftungsgefahr noch verstärkt.

- schnell: Schnell aufeinander folgende Töne sind ein Trainingsmittel für die Beweglichkeit aller Muskeln im Instrument – ein immer wieder notwendiges Übungsziel. Allerdings muß sehr darauf geachtet werden, daß die Tonhöhen präzise erreicht werden.

- syllabisch: Für jeden Ton eine Silbe formen zu müssen fördert das bewußte Erzeugen einer Vokallinie. Konsonantenformende Artikulationswerkzeuge werden gelockert und trainiert.

- melismatisch: Viele verschiedene Töne auf einen Vokal zu singen verlangt vom Ausführenden eine erhöhte Aufmerksamkeit auf die Vokalform und den Stimmsitz. Verliert der Sänger diese Aufmerksamkeit, wird der Klang leicht kehlig.

# 6. Systematik stimmbildnerischer Übungen

Phonetische und musikalische Elemente ergeben in sinnvoller Zusammensetzung hochwirksame Übungen, die präzise auf die jeweilige stimmbildnerische Maßnahme abgestimmt werden müssen. Ein solches Vorgehen schützt den Stimmbildner und die ihm anvertrauten Kinder vor der Verwendung von »Allerwelts«-Übungen, mit denen keine spezifische Beeinflussung des Stimmorgans erreicht wird, sondern lediglich im Stimmumfang »herumgesungen« wird. Solche »Einsingübungen« – vielleicht noch mit der Silbe *la* –, wie sie leider landauf und landab in unseren Kinderchören zu hören sind, schaden mehr, als sie nützen. Sie schaden doppelt: zum einen durch die völlig an der tatsächlichen stimmbildnerischen Notwendigkeit vorbei wirkenden Kraft auf das Instrument und zum anderen durch die Diskriminierung stimmbildnerischer Maßnahmen im ganzen. Kinder merken dies nicht? Die ironische Liedzeile in einem Chanson von Georg Kreisler: *In dem Alter merkt man's noch nicht so*[31] weiß es besser. Wer als Kind durch gezielte stimmbildnerische Maßnahmen zum besseren Singenkönnen gebracht worden ist, wird auch später an der Wirksamkeit der Methode kaum zweifeln. Der Umkehrschluß sei erlaubt. Für den Kinderchorleiter und -stimmbildner stellt sich die Aufgabe, sein Werkzeug weiter zu präzisieren und zu spezialisieren. Dies fordert die Beschreibung von Merkmalen stimmbildnerischer Übungen für bestimmte Übungszwecke.

Bei Übungen für den Gruppenunterricht sind besondere Aspekte zu berücksichtigen. Hierbei handelt es sich nicht nur um Einschränkungen des Übungsmaterials, sondern auch um die Betonung von Eigenschaften, die in der Lage sind, gruppendynamische Prozesse zu nutzen. Im einzelnen werden folgende Forderungen an solche Übungen gestellt:

• Leichte Eingängigkeit: Die Stimmbildungsübung sollte melodisch und rhythmisch nicht zu kompliziert sein. Einstudierungszeiten ohne stimmbildnerischen Nutzen sind ineffektiv und lassen die Mitmachfreude der Kinder schnell erlöschen. Zu bevorzugen sind Übungen, die schon während der Einübung stimmbildnerisch wirksam sind (Hör- und Konzentrationstraining, Treffübungen, mehrstimmige Übungen etc.).

• Motivierender Charakter: Die Stimmbildungsübung sollte nach Möglichkeit Spaß machen, wobei der gruppendynamische Prozeß des »Sich-anstecken-

---

[31] G. Kreisler, *Als der Zirkus in Flammen stand*, in: *Lieder zum Fürchten*, Zürich/Konstanz o. J.

Lassens« genützt werden kann. Sportlicher »Drive«, klangliche Sensation, den Ehrgeiz mobilisierende Artikulationsschwierigkeit etc. können dazu beitragen, daß die Kinder mit Freude und deshalb auch mit Effizienz bei der Sache sind.

- Selbstübender Charakter: Durch das Verschmelzen der Einzelstimmen zu einem Gesamtklang ist die Wahrnehmung von Individualfehlern oft erschwert – sowohl für den Singenden selbst als auch für den Stimmbildner. Die Übung darf daher nicht mit stimmtechnisch gefährlichen Elementen ausgestattet sein, die der Stimmbildner im Klangverbund nicht genügend kontrollieren kann.
- Zweckdefinition: In jedem Stadium der stimmbildnerischen Behandlung hat der Sänger das Recht auf die Information, zu welchem Zweck eine Übung durchgeführt wird. Dies gilt uneingeschränkt auch für Kinder. Vielfach kann die Information sehr knapp sein (ein einziges die Übung charakterisierendes Wort), manchmal ist es erforderlich, das Allernotwendigste kurz zu erklären. Die Kinder werden um so interessierter und bereitwilliger mitmachen, je stärker sie den Eindruck haben, etwas Sinnvolles zu tun.

## 6.1 Atemlehre

Beim Erlernen einer speziellen Atemtechnik für das Singen geht es nicht ohne spezifische Begründungen, da die Anwendung der Atmung jedem Menschen angeboren ist und nicht ohne weiteres eingesehen wird, daß diese angeborene Atemfähigkeit zum Singen nicht ausreicht.

Die gegenüber der Normalatmung beim Singen stark verlängerte Ausatmungsphase mit sehr verlangsamtem Ausatmungsstrom erfordert spezielle Techniken, die Luft im Körper zurückzuhalten. Daraus resultiert die Notwendigkeit eines Trainings der Zwerchfellmuskulatur, da nur diese Muskulatur in der Lage ist, das geforderte Zurückhalten des Atems (das Weithalten des Atemgefäßes) zu leisten.

Die Zwerchfellmuskulatur ist dem Bewußtsein des Menschen nur sehr bedingt zugänglich, da der Atemvorgang weitgehend automatisch abläuft (vegetative Steuerung). Die Kinder müssen also zum Teil über Umwege (Assoziationen, Suggestionen und reflektorische Bewegungsabläufe) zur bewußten Zwerchfellatmung geführt werden.

Atemübungen für das Singen sind nach der Art ihrer Beeinflussung der Atemmuskulatur systematisiert und können vom Stimmbildner mit pädagogischer Absicht eingesetzt werden. Es gibt drei grundsätzliche Arten, Zwerchfellbewegungen zu verursachen:

- Zwerchfellprovokation: Eine mit Hilfe der Bauchmuskulatur bewußt produzierte kurze, ruckartige Ausatmungsbewegung provoziert durch ihre Ruckartigkeit und Kürze gleich anschließend eine Zwerchfellgegenbewegung.
  *Beispiel:* Kerze ausblasen, Explosivkonsonanten.
- Suggestion: Vorstellungen, Bilder und suggestive Tätigkeiten lassen oft elementare Zwerchfellkontraktionen einsetzen.
  *Beispiele:* Staunen, Gähnen, Seufzen.
- Reflektorische Einatmung: Benützen der naturhaften zwerchfellgesteuerten Einatmung nach Abspannungsvorgängen und bei Einatmungswunsch.
  *Beispiel:* Lufthunger erzeugen.


Übungen mit definierter Ausatmung

Die Ausatmung kann durch verschiedenartige Formungs- und Klangabsicht in ihrer Qualität und Länge im voraus eingestellt werden:
- Verlangsamung der Ausatmung durch Ventilstellungen: Der Ausatmungsstrom wird gebremst durch Verengen der Atemwege an verschiedenen Artikulationsstellen.
  *Beispiel:* Ausatmen auf Zischlauten.
- Verlangsamung der Ausatmung durch definierte Länge: Das Bewußtmachen der Atemlänge wirkt bremsend und regt zum Zurückhalten an.
  *Beispiel:* Übung mit Zählzeiten.


Übungen mit kombinierter Körperbewegung

Körperbewegungen kombiniert mit Atemzyklen können Verspannungen des Körpers lösen, die richtigen Atemmuskulaturen anregen und die Vitalkapazität durch das Einbeziehen vernachlässigter Lungenbereiche steigern.
- Allgemein aktivierende Atemgymnastik: Durch Innervierung und elastische Spannung des Gesamtkörpers wird eine erhöhte Bereitschaft der Atemmuskulatur erzeugt.
  *Beispiel:* Beuge- und Streckgymnastik.
- Aktivierung vernachlässigter Lungenräume: Durch Dehnung ausgewählter Lungenbereiche und Aktivierung spezieller Atemmuskulaturen wird die Atmung in den Flanken, im Rücken und in den Lungenspitzen gefördert.
  *Beispiel:* Übung mit Vorbeugen.

79

# 6.2 Randschwingungsfördernde Übungen

Bei jeder Tonproduktion ist die Beteiligung der Stimmfaltenränder an der Schwingung zwingend notwendig, um Schädigungen des Instruments zu vermeiden. Insbesondere bei der Therapie von Registerdivergenz ist Randschwingungsförderung dringend geboten.

### Phonetisches Material

Als Vokale eignen sich primär das geschlossene *u* und *o*. Bei fortgeschrittenerer Beherrschung treten *ü, ö, e* und *i*, das offene *o* und zuletzt der Vokal *a* hinzu.

Bei den Konsonanten empfehlen sich die Klinger *m, n* und *ng*, sodann auch *w, j* und das stimmhafte *s*. Im weiteren Verlauf können *b* und *d* hinzugenommen werden. Zu vermeiden sind die harten Explosivlaute sowie rückwärtig gebildete Klinger und Reibelaute. *Sch* wird am besten in seiner stimmhaften Variante verwendet (französisches *j*).

### Musikalisches Material

In der Kinderstimme sollte die Randschwingung in der Regel durch Melodiebildungen von oben nach unten erübt werden, da hierdurch die Gefahr unerkannt bruststimmiger Klänge am ehesten gebannt ist.

Stufengängige Tonleiterausschnitte aus Moll-, chromatischen und pentatonischen Leitern fördern die suggestive Weichheit des Klanges, ebenso Ligaturen mit Tonwiederholungen. Größere Sprünge sind zu vermeiden.

Ausführung: Pianissimo bis Piano, auf keinen Fall lauter, aber auch nicht zu leise (Gefahr der Unterspannung und Verluftung!); absolutes Legato mit erhöhter Aufmerksamkeit auf die Bindungen; langsames Tempo und mittlerer Umfang (Quint-, Sextraum bis Oktave).

### Suggestive Wortbedeutungen

Wörter, die Ruhe, Frieden, Weichheit, Rundheit, Freundlichkeit, Dunkelheit, Weite etc. suggerieren, sind gut geeignet, die lockeren Grundspannungen für die Randschwingung zu erzeugen (»o du«, »so wohl«, »Mond«, »ruhig«, »süß«, »Seele« etc.). Ebenso sind Sätze hilfreich, deren Vokalreichtum randschwingungsfördernd ist (»Lobet Gott vor Morgenrot«; »hol die gold'nen Garben«; »gute Nacht«; »dona nobis pacem« etc.)

Suggestives Melodienmaterial

Melodien, die weich schwingen und sacht fortschreiten, helfen die Elastizität der weichen Muskelspannungen zu erfühlen (*Deutschlandlied*, letzte Zeile; *Summ, summ, summ, Bienchen, summ herum* etc.). Kanonzeilen, die von oben nach unten führen und Weichheit suggerieren, treffen häufig auch die Ausdruckswelt der Randschwingung; auch ohne Originaltext auf Silben oder Vokalisen zu singen (z. B. *Abendstille überall*, 2. Zeile; *Nacht bricht an*, 4. Zeile).

# 6.3 Artikulationslockernde Übungen

Für ein elastisches und von Verspannungen freies Zusammenspiel aller an der Tonerzeugung beteiligten Organe und Muskulaturen ist es notwendig, daß sich die Artikulationsinstrumente locker und ungehindert bewegen können. Zur Beherrschung schwieriger oder schneller Lautverbindungen ist oft ein Bewegungstraining der beteiligten Artikulationsinstrumente erforderlich sowie die Reduzierung der Bewegungen auf das artikulatorisch Notwendige. Man unterscheidet – wie bereits erwähnt – aktive und passive Artikulationsinstrumente: Aktiv sind Lippen, Zunge, Unterkiefer und Gaumensegel; passiv sind Zähne, Gaumen und Zäpfchen.

Grundsätzliche Charakteristika der Übungen

Artikulationsbewegungen werden durch Repetition gelockert und trainiert. Relativ hohes Tempo sorgt darüber hinaus für die Vermeidung von überflüssigen und unpräzisen Bewegungen. Um die Übungen nicht unnötig zu erschweren, wählen wir zu den Konsonanten relativ problemlose Vokale. Für die Kinderstimme am besten geeignet sind hier die beiden *o*-Laute (offenes und geschlossenes *o*); grundsätzlich gibt es aber keine Einschränkungen bei der Wahl des Vokals. Das musikalische Material besteht aus stufengängigen Tonleiterausschnitten im Quint- bis Oktavraum oder aus Quint- und Oktav-Arpeggien sowie aus Kombinationen beider musikalischer Gestalten in metrischer oder leicht rhythmisierter Form. Silbenrepetitionen auf einem Ton sind ebenfalls möglich, wenn die Tonhöhe nicht zu lange gleichbleibt. Die Dynamik sollte mittlere Lautstärken nicht überschreiten.

- Lippentraining: Bilabiale und labiodentale Konsonanten in Verbindung mit allen Vokalen.
  *Beispiele: bo, womm, sümm, möpp.*

- Zungenspitzentraining: Dental, alveolar und dorsal-alveolar gebildete Konsonanten in Verbindung mit allen Vokalen.
  *Beispiele: lo, lila, sinn, donn, drann* (Zungenspitzen-*r*!), *schu.*
- Zungenrückentraining: Palatal, dorsal-alveolar und velar/uvular gebildete Konsonanten in Verbindung mit allen Vokalen.
  *Beispiele: jing, gang, chi* (vorderes *ch*!), *chomm* (hinteres *ch*!).
- Unterkiefertraining: Mundschließende Konsonanten in Verbindung mit weiten Vokalen und mundoffenen Konsonanten.
  *Beispiele: bann, womm, päng.*

Kombinationen

Sehr sinnvoll sind Übungen, deren Silbengestalt mehrere verschiedene Artikulationsbewegungen desselben Artikulationswerkzeugs hintereinander verlangt, vor allem im Bereich der Zunge. Eine Abfolge von Zungenspitzen- und Zungenrückenbewegungen bringt den ganzen Zungenmuskel in geordnete Bewegung und kann so zur Minderung von Zungenspannungen im Kehlkopfbereich beitragen.
*Beispiele: long, poch, kirr* (Zungenspitzen- oder Gaumen-*r*!).

»Zungenbrecher«

Als nützliches Übungsmittel haben sich die sogenannten »Zungenbrecher« erwiesen. Mit diesen kurzen Texten kann man abwechslungsreiche Sprech- und Singübungen veranstalten, die Spaß machen und den Leistungswillen der Kinder ansprechen.
*Beispiele:* »Der Cottbuser Postkutscher putzt den Cottbuser Postkutschkasten« (Zungenrückentraining); »Fischers Fritz fischt frische Fische, frische Fische fischt Fischers Fritz« (Lippentraining); »In Ulm und um Ulm und um Ulm herum« (Zungenspitzen-/Unterkiefertraining).

## 6.4 Übungen für den Vokalausgleich

Vokalausgleich will die Eigenklanglichkeit der einzelnen Vokale zu einem einheitlichen Klang der Stimme bei allen Vokalen verbinden. Dazu muß jeder Vokal ein wenig von seiner Individualität aufgeben zugunsten der »Familienähnlichkeit« aller Vokale. Das funktioniert nur auf resonatorischem Weg: Der eine große Resonanzraum muß gefunden werden, in dem alle Vokale gleichermaßen zu Hause sind und der für den jeweiligen Vokalklang nur geringfügig in die entsprechende Richtung ausgeweitet wird. Dieser große Resonanzraum ist die Mundhöhle – für die dunklen Vokale von *a* bis *u* erweitert um die jeweiligen Raumanteile von Schlund- und Brustraum und für die hellen Vokale von *a* bis *i* erweitert um die jeweiligen Raumanteile von Nase und Schädelhöhlen.

Phonetisches Material

Übungen für den Vokalausgleich kombinieren mehrere Vokale mit oder ohne Konsonanten. Diese Silben werden jeweils mehrfach hintereinander produziert. Durch den repetierten Wechsel der Vokale sollen sich deren Resonanzeinstellungen annähern und so der Ausgleich erreicht werden. Die Kombinationen erfolgen dabei streng nach den Verwandtschaftsbeziehungen im Vokaldreieck, d. h., näher beieinanderliegende Vokale sind zu bevorzugen, weit voneinander entfernte Vokale sollte man erst später in die Übungen einbeziehen. Wenn Konsonanten benutzt werden, empfehlen sich mundschließende oder mundraumverkleinernde, um die Raumaktivität bei der für den nachfolgenden Vokal nötigen Öffnung zu erspüren.
*Beispiele: bubo*; *dudoda*; *moma*; *nönä*; *lila*; *bubobabäböbübebi*.

Musikalisches Material

Da die Aufmerksamkeit der Kinder von den Vokalkombinationen stark in Anspruch genommen wird, wählen wir einfache, stufengängige Tonleiterausschnitte im Terz-, Quint- bis Oktavraum. Langsam und im Mezzopiano gesungen, dient das musikalische Material hier vor allem als vereinheitlichendes Legatogefüge. Erst später treten kompliziertere Melodieverläufe hinzu, um die Konzentration vom Vokalausgleichsgeschehen abzulenken und dessen Automatisierung überprüfen zu können.

# 6.5 Übungen für das Legato

Das Legato ist der Grundpfeiler allen Singens. Am Legato mißt sich die Qualität einer Stimme, denn ein überzeugendes Legato deutet auf ein reibungsloses, ungestörtes Zusammenspiel aller Körperfunktionen, die das Gesangsinstrument ausmachen. Darüber hinaus ist das Legato durch das ruhige Fließen des Atems Träger der psychischen Qualität des Gesangs. Beim Legatosingen bedarf es einer spezifischen Aufmerksamkeit auf die Nahtstellen zwischen zwei Tönen. Feinste Reduzierung der Ausatmung in Verbindung mit Randschwingung ohne Druck sind notwendig, um die einwandfreie Bindung zu erzielen.

### Phonetisches Material

Zu Beginn Klinger und dunkle Vokale verwenden, um die für das Legato notwendige Randschwingung zu erleichtern. Im späteren Verlauf können helle Vokale und auch stimmlose Konsonanten hinzutreten. Das Binden trotz der Artikulation stimmloser Konsonanten ist besonders schwierig. So schnell wie möglich, aber ohne ruckartige Luftdruckveränderungen, müssen die klangtrennenden Konsonanten in die Linie eingefügt werden. Hier hilft oft eine bildhafte Vorstellung: Der Klangstrom ist wie eine Wäscheleine. Die Konsonanten sitzen als Wäscheklammern auf der Wäscheleine. Sie markieren nur Stellen im Verlauf der Leine, durchtrennen sie aber nicht.

### Musikalisches Material

Für Legato-Übungen ist die Auswahl der Übungsmelodien besonders wichtig, um die feinen Übergänge sinnvoll trainieren zu können. Weite, ausgespannte Melodien von oben nach unten sowie weiche, leicht schwingende Zweierbindungen benachbarter Töne stehen am Anfang. Sodann werden größere Sprünge eingefügt, zuerst Terzen und Quarten, am Schluß auch Oktaven. Erst wenn die weiche Randschwingung an den Nahtstellen benachbarter Töne bereits beherrscht wird, sollten aufwärts gerichtete Melodieverläufe verwendet werden, da deren spannungssteigernde Wirkung zunächst die weiche Bindung wieder erschwert.

### Ligaturen

Die Nahtstellen zwischen zwei Tönen sind sowohl durch den Tonwechsel als auch durch Vokalveränderungen gefährdet. Es empfiehlt sich, anfänglich nicht beide Disziplinen gleichzeitig zu üben. Zunächst lenkt man die Aufmerksamkeit auf das Binden benachbarter Töne bei gleichbleibendem Vokal oder auf den Vokalwechsel bei gleichbleibender Tonhöhe. Erst später werden Ton- und Vokalwechsel auch gleichzeitig in Übungen eingefügt.

Syllabische Formen

Die größte Schwierigkeit beim Legatosingen stellt die Bindung syllabischer Verläufe dar, besonders in Sprüngen. Häufig werden dabei die Vokale zu kurz gesungen, so daß es immer wieder zu Unterbrechungen im Klangstrom kommt. Übungssätze und Liedausschnitte können das Bewußtsein für die Intensität der Vokallinie erhöhen.

Psychische Wirkung von Übungswörtern

Häufig helfen kleine Übungssätze und Wortkombinationen mit besonders empfindungsfördernder Wirkung. Kanons und Liedausschnitte mit suggestiv klangvoller Melodiebildung und vokalreichen Texten sind nützlich (*O wie wohl ist mir am Abend*; *Abendstille überall*; *Shalom chaverim* etc.).

# 6.6 Übungen für die Höhe

Wie bereits erwähnt, ist die hohe Lage der Kinderstimme von Geburt an latent vorhanden. Sie wird vom Säugling und Kleinkind spontan trainiert und verkümmert ab dem Zeitpunkt, von dem an die Kinder echte gesungene Töne produzieren. Es muß uns also gelingen, den Kindern die Scheu vor auszuhaltenden Muskelanspannungen und -dehnungen zu nehmen – im richtigen Verhältnis zu den elastisch-lockeren Artikulationswerkzeugen und der guten Kehlöffnung.

Der Klangraum oberhalb von $f^2$ ist zusätzlich durch eine Besonderheit gekennzeichnet: Aufgrund der jeweiligen Charakteristik von Vokalfrequenz (Formant) und Tonhöhenfrequenz können in dieser Lage nicht mehr alle Vokale in gleicher artikulatorischer Reinheit gebildet werden. Der Vokalreichtum der Sprache mündet hier in eine mehr oder minder einheitliche *a*-Form. Weiterführende Informationen zu den »Formantengesetzen« geben G. Habermann[32], P.-M. Fischer[33], W. Seidner und J. Wendler[34] sowie andere Autoren.

---

[32] G. Habermann, a.a.O., S. 76ff.
[33] P.-M. Fischer, a.a.O., S. 75ff., S. 172ff.
[34] W. Seidner/J. Wendler, *Die Sängerstimme. Phoniatrische Grundlagen für die Gesangsausbildung*, Wilhelmshaven 1982, S. 96f.

Phonetisches Material

Weite Vokale und Konsonanten, die den Hals nicht beengen, bieten sich in erster Linie an. Später müssen in die erarbeitete Weite die schmaleren Vokale und schnürenden Konsonanten behutsam eingefügt werden – am besten flankiert von raumreicheren Partnern.

Übungswörter

Hilfreich sind Wörter mit besonderer psychischer Qualität. Weite, Strahlen, Helligkeit, Wärme, Glück, Seligkeit etc. sind nützliche Assoziationen.
*Beispiele:* »Sonne«; »Wonne«; »loben«; »so wohl«; »so schön«.

Musikalisches Material

Zur Höhe führen zwei melodische Wege: Zum einen ist der musikalische Schwung ein wichtiges Hilfsmittel. Arpeggien von unten nach oben und wieder zurück mit unbetontem und später auch betontem obersten Ton, metrisch oder leicht rhythmisch gefaßt, helfen spontan, hohe Töne zu »greifen« und wahrzunehmen. So gewöhnt sich das Instrument an Spannungs- und Elastizitätsforderungen. Anspringen von hohen Tönen – kurz oder ausgehalten – kommt hinzu. Hier bietet sich die Auftaktquart besonders an. Wichtig ist, daß nie brutal gesungen wird.

Zum anderen können legato geführte stufengängige Pianolinien im Quint-, Sext- bis Oktav- oder Dezimenraum Randschwingung auch in hohen Lagen sichern helfen. Schließlich sind auch hohe Tonansätze mit weich abschwingender Melodie möglich, um die nötige Lockerheit für die Höhe zu erzielen.

# 6.7 Übungen für die Tiefe

Wie schon dargestellt, verfügt die Kinderstimme über einen erstaunlich großen Tonumfang, der auch Teile der kleinen Oktave umfaßt. Die untere Begrenzung liegt physiologisch etwa beim kleinen $g$, der zu bevorzugende Klangraum befindet sich jedoch erheblich höher (ca. $f^1$ bis $f^2$). Bei der Entwicklung der tiefen Lage müssen wir davon ausgehen, daß unterhalb von etwa $f^1$ eine deutliche Qualitätsveränderung in den Kinderstimmen hörbar ist. Das hat seinen Grund in der dort häufig einsetzenden reinen Vollstimmfunktion, die es in der Stimmbildung physiologisch richtigzustellen und mit Randschwingung zu mischen gilt. Viel

Behutsamkeit und Fingerspitzengefühl ist notwendig, um die Lage von $f^1$ bis $g$ ebenso klangschön und physiologisch einwandfrei auszubilden wie die Mittellage und Höhe. Ein intensives Tiefentraining ist dabei sicherlich völlig verfehlt. Wir wollen den Kindern den Eintritt in die tiefe Lage erleichtern und ihnen zeigen, wie dies ohne Qualitätsminderung möglich ist.

Phonetisches Material

Es gibt keine ausgesprochen für die Tiefe prädestinierten Vokale und Konsonanten. Allerdings muß man für guten Vordersitz sorgen; damit scheiden rückwärtig gebildete Konsonanten aus. *Sch* eignet sich gut wegen der dadurch angeregten Zwerchfell-Lenden-Muskulatur. Helle Vokale helfen, die hohen Resonanzen in der Tiefe nicht zu verlieren. Der Vokal *a* ist wegen seiner Affinität zur Vollstimmfunktion nur bedingt günstig, zur Weckung einer gesunden Bruststimme jedoch unverzichtbar. Hier wird der Stimmbildner Nutzen und Schaden abwägen müssen.

Musikalisches Material

Da tiefe Töne von der dosierten Entspannung des Instruments abhängig sind, empfehlen sich Melodiebewegungen von oben nach unten – auch mit Rückkehr in die Mittellage. Stufengängige Modelle lassen die Entspannung allmählicher einsetzen, Dreiklangsbrechungen und große Sprünge provozieren deutlich wahrnehmbare plötzliche Muskelentspannung. Wichtig ist das Legato, um ruckartiges Umschalten in die Vollstimmfunktion zu vermeiden. Die Lautstärke der Übungen sollte mittlere Amplituden nicht überschreiten.

Stimmbildnerische Besonderheit

Die Hauptgefahr bei Übungen in die Tiefe besteht darin, daß Kinder eine möglicherweise bereits erworbene »Ästhetisierung« ihres Stimmklangs beim Erreichen tieferer Lagen wieder verlieren. Besonders Knaben fallen oft wieder in ihre völlig unveredelte, häufig brutal und reibend klingende isolierte Brustregisterfunktion zurück.

# 7. Systematik des chorischen Einsingens

Die stimmbildnerische Arbeit mit Kindern vollzieht sich zumeist in Singgruppen, die sich in großer Vielfalt und Leistungsbreite präsentieren: die Sing- und Spielgruppe einer Kirchengemeinde, der Kinderchor einer Rundfunkanstalt, die Gregorianik-Schola an einem Dom, der klassische Knabenchor, der gemischte Kinder- und Jugendchor, die Mädchenkantorei, die Kurrende etc.

Ein besonderer Stellenwert kommt dem Vorbereiten einer Singgruppe zu. Im folgenden Kapitel werden zuerst Begründungen für die Notwendigkeit von Einsingvorgängen dargelegt und dann die erforderlichen Bestandteile solcher Programme vorgestellt.

## 7.1 Begründungen für die Notwendigkeit des Einsingens

Die Anfangsphase einer Chorprobe oder Singstunde ist ein besonders sensibler Bereich, in dem eine Fülle von Phänomenen körperlicher und geistig-seelischer Art sowie soziale Aspekte zu berücksichtigen sind.

Warmsingen

Eine wichtige Rolle bei der Singvorbereitung spielt das Aufwärmen von Muskulaturen, die beim Singen besonders gefordert sind sowie das Bereitmachen der benötigten Organe. Hier gilt die bei sportlichen Aktivitäten selbstverständliche Regel, nicht ohne vorbereitende Dehn- und Streckübungen, leichte Muskulaturbewegungen und Anwärmung des Gesamtkörpers zu beginnen. Vor allem die beim Singen notwendigen Atembewegungen erfordern spezifische Muskelanspannungen, die ohne ein solches Aktivieren nicht sofort optimal funktionieren können. Wenn es auch beim unvorbereiteten Singen vielleicht nicht zu so spektakulärem Versagen kommt wie beim Sport, so gilt das Prinzip doch hier wie dort gleichermaßen. Die Schädigungen an der Stimme sind subtilerer Art und fallen unter Umständen erst viel später auf, dann aber oft heftig und nachhaltig hindernd.

Ein weiterer Körperbereich, der der Vorbereitung bedarf, sind die Schleimhäute. Bei ihnen handelt es sich um ein sensibles System von ständig feucht gehaltenen Gewebeoberflächen in den gesamten Atemwegen. An den Stimmfalten spürt man Veränderungen in der Qualität der Befeuchtung zuweilen als Trockenheit, Belegtheit oder Rauheit. Man reagiert mit Schlucken, Räuspern und Husten und versucht durch allerlei Manipulationen die Stimmfalten von störendem Schleim zu befreien oder zusätzlich zu befeuchten. Besonders nach dem Aufwachen ist der Belag deutlich wahrnehmbar, weil während des Schlafens keine Stimmfaltentätigkeit erfolgt, die durch Vibration für das Entfernen solcher Schleimbeläge sorgen könnte. Die Bezeichnung »Schleim« ist dabei durchaus irreführend, da es sich um eine dünne, glasklare Flüssigkeit handelt, die beim Singen und Sprechen überhaupt nicht stört. Bei Erkrankungen der Atemwege kann diese Flüssigkeit eine zähere Konsistenz annehmen. In solchen Krankheitszuständen sollte man nicht singen, um Schäden an den Schleimhäuten zu vermeiden.

Erproben der Feinmotorik

Bevor von den Stimmorganen Höchstleistungen gefordert werden dürfen, müssen auch die Muskulaturen im Tonerzeugungs- und Artikulationssystem in Gang gesetzt werden. Anders als beim Anwärmen der Gesamtkörpermuskulatur für das unverspannte Funktionieren der Haltungs- und Atembewegungen kommt es hier in erster Linie auf sensible und sorgfältige Innervation an. Aufhängung des Kehlkopfs, Stimmfaltenkompression und Tonhöhenspannungen müssen mit Hilfe spezifischer Übungen auf die speziellen Anforderungen des Singens vorbereitet bzw. funktionstüchtig gemacht werden. Dies ist bei Kindern im besonderen Maße nötig, da sich bei ihnen die für das Singen erforderlichen Einstellungen in der Regel von den »Normalwerten« stark unterscheiden. Darüber hinaus sind die Artikulationsbewegungen zu präzisieren.

Stimmpädagogische Notwendigkeiten

Einsingen ist auch notwendig im Sinne stimmerzieherischer Kontinuität. Über das Warmsingen hinaus wird der Chorleiter versuchen, die stimmtechnischen Fähigkeiten der Kinder langfristig zu steigern. Ziel ist es, die Stimmhygiene zu verbessern und das unkontrollierte Benutzen der Singstimme möglichst ohne Schädigung zu ermöglichen. Ferner muß der Chorleiter Langzeitprogramme zur Beherrschung schwierigerer stimmtechnischer Fähigkeiten im Einsingprogramm etablieren: Koloraturensingen, locker und leicht hohe Töne formen oder sensible dynamische Verläufe gestalten – solche sängerischen Qualitäten müssen lange trainiert werden, bevor sie zufriedenstellend gelingen.

Der behutsame Abbau von Fehleinstellungen im Stimminstrument kann ebenso im Einsingen stattfinden. Wenn auch nicht alle Kinder dieselben Fehler machen, so haben doch viele Kinder ähnliche Schwierigkeiten. Das gemeinsame Üben hilft diesen Kindern und schadet den anderen nicht.

Soziale Aspekte

Wenn die Kinder in die Chorprobe oder Singstunde kommen, befinden sie sich weitgehend in jeweils eigenen Erlebniswelten. Jedes Kind bringt eine eigene Praedisposition und Praeokkupation mit. Der Gruppenleiter hat die Aufgabe, diese unter Umständen auch divergierenden Praedispositionen durch gemeinschaftsfördernde Maßnahmen zu Beginn der gemeinsamen Tätigkeit auszugleichen und die Kinder für das zu erreichende Ziel aufnahmefähig zu machen. Die Förderung der Konzentration ist hier ebenso notwendig wie das Erzeugen von Aufgeschlossenheit und Bereitschaft.

Das Schaffen einer besonderen Atmosphäre zu Beginn einer Gruppenstunde, die persönliche Zuwendung des Leiters zu jedem Kind, das Eingehen auf Nöte und Sorgen, aber auch auf Freude und Erlebnisstolz des einzelnen, die prinzipielle Gleichbehandlung aller Kinder der Gruppe – all dies stellt Forderungen an den Leiter, die weit über die stimmbildnerisch-fachliche Qualifikation hinausgehen und unverzichtbar sind im Sinne einer das ganze Kind umfassenden Musikpädagogik. Die Einsingphase zu Beginn einer Singstunde kann die genannten Aspekte berücksichtigen und bei geschickter Auswahl der Übungen auch gruppendynamische Prozesse einbeziehen.

## 7.2   Bestandteile des Einsingens

Das Einsingen sollte zwischen zehn und zwanzig Minuten dauern und nahtlos in die weitere Chorstunde übergehen. Unbedingt zu vermeiden ist die Unsitte, nach dem Einsingen erst einmal Noten zu verteilen und allerlei administrative Dinge zu regeln. Die für das Singen förderlichen Einstellungen der Stimme können sich so schon sehr rasch wieder verflüchtigen, besonders wenn die Kinder in der Zwischenphase sprechen. Am effektivsten gelingt das Einsingen, wenn die letzte Übung bereits an Literatur geschieht, die im folgenden weiter behandelt wird.

Auch sollte man sich die verwendeten Sozialformen genau überlegen. Allzuoft erlebt man in Kinderchören Einsingphasen, während derer die Kinder stehen und sich nach der letzten Übung hinsetzen, um dann in der gesamten Probe sitzen zu bleiben. Hier wäre ein Einsingen im Sitzen förderlicher, um mit den Kindern das Singen im Sitzen zu üben. Besser ist natürlich, wenn Sitzen und Stehen, aber auch

Herumgehen und allerlei weitere Bewegungsformen in jeder Chorprobe vielfältig abwechseln.

Ähnliches gilt für die Gliederung des Einsingprogramms. Sicherlich stehen am Anfang Maßnahmen, die Körperhaltung und Atembeherrschung zum Inhalt haben. Sodann werden Übungen folgen, die Resonanz im Kopf und Körper fühlen und wecken. Lockerungsübungen für Artikulations- und Stimmwerkzeuge können sich anschließen, ehe gegen Ende Trainingsübungen für die Extremlagen an der Reihe sind. Bei allem Respekt vor der richtigen Abfolge der einzelnen Übungen hüte man sich vor allzu schematisierten Verläufen. Der Chor, bei dem das Erreichen des »hohen c« automatisch den Reflex zum Hinsetzen auslöst, ist nur das extreme Produkt einer stereotypen Handlungsweise des Chorleiters. So macht Einsingen keinen Spaß und führt auch nicht zum ganzheitlichen Chorsingen.

Übungen zu Haltung und Atmung

Natürlich stehen zu Beginn eines Einsingprogramms Übungen, mit denen die Körper der Kinder zu Singinstrumenten geformt werden: Beuge- und Streckgymnastik, Lockerungsübungen sowie Maßnahmen zur Verbesserung von Stand und Haltung als Voraussetzung für eine gute Statik des Instruments. Solche Übungen sind unverzichtbar, weil die Kinder mit zu unterschiedlichen körperlichen Voraussetzungen in die Probe kommen, so daß erst einmal Körperfehlhaltungen korrigiert werden müssen. Ebenso wichtig sind Übungen für die richtigen Atembewegungen. Dies verlernen Kinder von Woche zu Woche häufig wieder, insbesondere wenn außerhalb der Chorprobe auf solche Fähigkeiten kein Wert gelegt wird. So werden also in jedem Einsingprogramm Innervationsübungen für die Zwerchfellmuskulatur und aufbauende Atembewußtmachung angeboten. Oft muß man in jeder Woche wieder mit ganz elementaren Bewegungsschemata arbeiten, bis manchmal erst nach Monaten die Zwerchfellbeteiligung beim Atmen auch spontan funktioniert.

Übungen zu Resonanzfindung, Vokalbildung und Vokalausgleich

Die Stimme muß sich für den Chorgesang immer wieder neu von den Einflüssen, denen sie die Woche über ausgeliefert ist, befreien. Ästhetische Formung des Stimmklangs und Verzicht auf Brutalisierung und reibende Geräusche stehen dabei im Vordergrund. Dazu kommt, daß die Sprachlaute der Kinder oft nicht genügend weit vorne gebildet werden, was zu kehliger Stimmgebung führt. Sorgfältiges Wecken und Fördern der Mund-, Nasen- und Höhlenresonanz sowie die

91

vorsichtige Einbeziehung des Körperklangs (Brustresonanz) ist hier notwendig. Das Bewußtmachen des Vokalklangraums mit dem nötigen Vordersitz und der Verschmelzung der Vokaleinstellungen ist ständig zu trainieren. Dabei sollen Extremformungen des Lippenrings vermieden und ein Gefühl für den Grad der Mundöffnung erworben werden.

## Übungen zu Artikulation und Lockerheit

Wir trainieren die Artikulationswerkzeuge und erwerben ein sicheres Gefühl für die Ventilstellungen der verschiedenen Konsonanten. Die Unterkiefermuskulaturen müssen in der Regel zuerst gelockert werden, bevor präzise und elastisch aufeinander folgende Bewegungen geübt werden können. Der Zungenmuskel muß häufig an überflüssigen oder erschwerenden Bewegungen gehindert werden, und die große Zungenmasse darf keinen Druck auf den Kehlkopf ausüben. Ziel von Artikulationsübungen ist der Abbau von unnötigen Bewegungen der Sprechwerkzeuge und das Trainieren der richtigen Artikulationsstellen.

## Übungen zu Vordersitz und Instrumentweite

Den Kindern werden verschiedene Weitungen des Instruments gezeigt (Weitung des Brustraums, Weitung des Halses, Kehlkopftiefstellung, Weite des Mundraums, Nasalraumweite). Kopf- und Kehlbewegungen sollen eingedämmt werden. Die wichtigste Aufgabe solcher »Ansatzübungen« ist es, ein Gefühl für das »Vorne-oben-Singen« zu vermitteln, wie es mit nasalraumfördernden Übungen möglich ist. Durch definierte Mundöffnung muß sodann der runde Stimmklang gefördert werden.

## Übungen zum Training der Extremlagen

Für die tiefe Lage ist unbedingt das lockere Ansingen solcher Töne ohne Registerwechsel und ohne extreme Lautstärke zu üben. Gerade die tiefe Lage der Kinderstimme ist durch Verführung zu brutaler, überlauter Stimmgebung gefährdet, bruststimmig isoliert zu klingen, was das Erreichen hoher Töne auf die Dauer unmöglich macht und den Stimmumfang der Kinder extrem einschränkt.

Hohe Lagen bedürfen des ständig wiederkehrenden Trainings, weil sie von definiert einsetzenden Muskelanspannungen abhängig sind. Mit Schwungübungen und locker unbetont angesungenen Spitzentönen erreichen die Kinder leicht höchste Lagen.

# 7.3 Spezielle Formen des Einsingens

Einsingen mit Literatur

Ein nahtloser Übergang vom Einsingprogramm in die Einstudierungsphase ist in der Regel durch Verwendung von Literaturstellen möglich, die spezifische stimmtechnische Einstellungen für ein zu erübendes Literaturstück vorbereiten. Eine spezielle Form solchen Vorgehens zeigen Einsingprogramme, die ihr gesamtes Übungsmaterial aus Literaturstellen beziehen. Am ehesten ist dies möglich mit Liedern, in denen eine Geschichte erzählt wird, die mit den Kindern nachgespielt werden kann. Bei der Erfindung solcher Spielhandlungen muß darauf geachtet werden, daß die vorkommenden Spielzüge, Assoziationen und Imaginationen abwechslungsreich genug ausfallen, um die verschiedenen Anforderungen im Einsingen auch sinnvoll abzudecken.

Einsingen am Morgen

Wenn wir mit Kindern morgens singen, müssen wir zwei Phänomene berücksichtigen. Der Kreislauf ist oft kurz nach dem Aufstehen noch nicht stabil und kann durch zu heftige gymnastische Bewegungen und vor allem durch Atemübungen leicht überfordert werden. Oft und rasch hintereinander produzierte Ein- und Ausatmungen sind zu vermeiden oder doch zu reduzieren, ebenso wie lang andauernde Anhalte- oder Ausatmungsphasen. Die Übungen zur Innervierung der Atemmuskulaturen sollte man in kleinen Portionen über die ganze Einsingzeit verteilen und nicht im Block am Anfang absolvieren.

Der Schleimhautfilm auf den Stimmfalten wird sich im Laufe des Einsingens lösen und eine kurze Räusperphase verursachen. Dieses lockere Wegräuspern des Schleims kann durchaus toleriert werden, wenn es nicht gewaltsam geschieht und nach wenigen Minuten abgeschlossen ist. Unbedingt zu vermeiden ist jedoch jedes harte Reiben mit den Stimmfalten.

Da die Muskulaturen des Kehlkopfs und der Stimmfalten morgens noch recht schlaff sind, benötigt man ein ausgiebigeres Höhentraining mit Schwungübungen und unbetonten kurzen Spitzentönen, bevor ausgehaltene hohe Töne gesungen werden.

Einsingen nach Chorpause (Ferien)

In Ferienzeiten vergessen die Kinder häufig wieder, wie die für das Singen notwendigen Atembewegungen funktionieren. Einige Wochen lang muß wieder ein ausführlicheres Atem- und Körpertraining erfolgen. Auch weitere sängerische Disziplinen gehen vorübergehend verloren. So singen die Kinder nach den Ferien oft wieder unreiner, ungehobelter und mit geringerem Tonumfang, besonders in der Höhe. Intonationsübungen mit bewußt eingesetzten Resonanzklängen machen den Kindern schnell wieder die besonderen ästhetischen Anforderungen bewußt, die für das Singen gelten.

Einsingen unmittelbar vor dem Auftritt

Das Lampenfieber macht sich bei Kindern oft durch Unkonzentriertheit in Verbindung mit besonderem Bewegungsdrang bemerkbar. Hier bewähren sich konzentrative Atemübungen und mehrstimmige auch Cluster verwendende Resonanzübungen. Allerdings muß der Chorleiter abschätzen, wieviel Spannung er durch beruhigende, langsame Atem- und Körperübungen abbauen darf, um die notwendige Auftrittsspannung nicht zu gefährden.

Einsingen nach langer Ruhigstellung des Körpers

Besonders nach langen Auto- oder Omnibusfahrten, aber auch nach längerem ruhigem Stillsitzen ist die Spannung der Zwerchfellmuskulaturen zu gering und kann durch Impulsübungen, gymnastische Bewegungen und Schwungübungen verstärkt werden. Oft genügt nur eine einzige ruckartige Ausatmungsbewegung, die reflektorisch die nötige Kontraktion der Zwerchfellmuskulaturen provoziert und so wieder für den notwendigen Muskeltonus sorgt.

# Teil II: Übungen zur Kinderstimmbildung

Der zweite Teil des vorliegenden Werkes gliedert sich in folgende Abschnitte: Der erste Abschnitt (Kapitel 8–15) enthält Übungen zur Kinderstimmbildung, geordnet nach stimmbildnerischen Zielen. In jedem Kapitel befinden sich zuerst technische Übungen und sodann – wenn immer möglich – Beispiele von in Spielhandlungen eingebetteten oder mit Imaginationen, Suggestionen oder Materialien arbeitenden Übungen (sie werden hier »verpackte Übungen« genannt); schließlich werden Lieder oder Liedzeilen mitgeteilt, mit denen die Übungsziele des betreffenden Kapitels unterstützend erarbeitet werden können. Manche Lieder sind mit Noten abgedruckt und zeigen exemplarisch, wie sie in der Stimmbildung eingesetzt werden können, andere werden nur als Titel genannt oder in ihrer Wirkungsweise kurz angesprochen.

Im zweiten Abschnitt (Kapitel 16) werden die grundsätzlichen stimmbildnerischen Einsatzmöglichkeiten des Kanons aufgezeigt und an Beispielen erarbeitet. Dabei kommt der Kanonmelodie eine besondere Bedeutung zu, weil hier mit wenig Aufwand zahlreiche Beeinflussungsmöglichkeiten gegeben sind. Darüber hinaus wird gezeigt, wie der Kanon suggestiv klangformend wirken kann.

Das schriftliche Fixieren von stimmbildnerischen Übungen erweist sich als ein nicht ganz unproblematisches Unterfangen. Zum einen stellen sich stimmbildnerische Übungen im herkömmlichen Notationssystem nur unvollkommen dar. Viele notwendige Informationen kann man nur schwierig im reinen Notentext mitteilen. Die graphische Erscheinungsform der Übung wird durch eine Überfülle von Details leicht unübersichtlich und wirkt optisch kompliziert. Zum anderen müssen parallel zu den Stimmbildungsübungen häufig Aktionen, Assoziationen und Vorstellungen erfolgen und vom Stimmbildner – auch spontan – korrigierende Eingriffe in die Übungsgestalt oder den Übungsablauf vorgenommen werden. Solche Hinweise können unmöglich in der Notation der Übung selbst enthalten sein. Ich habe daher ein Schema benutzt, mit dessen Hilfe ich versuche, möglichst viele Informationen zu stimmbildnerischen Übungen mitzuteilen, ohne die Darstellung allzu unübersichtlich werden zu lassen.

Das Schema unterscheidet drei Ebenen:
- graphische Zeichen und Hinweise zum Notentext,
- Erklärungen der stimmbildnerischen Wirksamkeit einzelner Übungsbestandteile unter dem Hinweiswort »Zweck«,

- Ausführungsinformationen und Vorsichtsmaßnahmen unter dem Hinweiswort »Achtung«.

Es bleibt dennoch die Verpflichtung des Stimmbildners, keine Übung einzusetzen, ohne über deren Wirkmechanismen Bescheid zu wissen und ihre Handhabung zu beherrschen.

## 1. Graphische Zeichen und Hinweise zum Notentext

Die bekannten Zeichen der Notenschrift und die dazugehörigen graphischen oder textlichen Hinweise werden in der Stimmbildungsübung angelehnt an die gängige Bedeutung verwendet, jedoch meist schärfer gefaßt und präzisiert.

### Tonart

Stimmbildnerische Übungen werden in der Regel chromatisch transponiert; d. h. man beginnt in einer bestimmten Tonart und wiederholt die Übung mehrmals in Halbtonschritten nach unten und oben transponiert. Die notierte Tonart der Übung stellt dabei eine günstige Anfangsmöglichkeit dar. Wenn in besonderen Fällen – bei Schwungübungen für die Höhe beispielsweise – die chromatische Transposition nicht geeignet erscheint, wird dies extra mitgeteilt.

### Begrenzungstöne

Jeder zu singenden Übung sind ein oberer und ein unterer Begrenzungston beigefügt. Sie deuten an, bis zu welchen Spitzentönen nach unten und oben die Übung sinnvoll transponiert werden kann. Bei Ausschnitten aus Kanons und Liedern habe ich auf Begrenzungstöne verzichtet, da diese in der Regel im Umfeld der notierten Lage gesungen werden. Allerdings ist bei der stimmbildnerischen Verwendung von Liedern grundsätzlich sehr genau zu untersuchen, ob die vorliegende Notation der adäquaten Lage der Kinderstimme entspricht, da in Liederbüchern für Kinder häufig zu tiefe Lagen notiert sind.

### Taktart

Bei vielen Übungen spielt die Anordnung der betonten und unbetonten Noten eine wichtige Rolle. Solche Übungen erscheinen in der dafür notwendigen Taktart. Bei Übungen, in denen es in erster Linie um gleichmäßige Aneinanderreihung von Tönen ohne Schwerpunkte geht oder die Mitteilung von Schwerpunkten eher eine Beeinträchtigung des Übungsziels darstellen würde, ist bewußt keine Taktart angegeben. Dies kann auch rhythmisch variiert geformte Übungen betreffen.

Notenwerte

Verschiedene Notenwerte in einer Übung teilen selbstverständlich die damit verbundene rhythmische Abfolge mit. Halbe und ganze Noten werden zur Darstellung von langsam gesungenen Übungen, Viertelnoten für Übungen im Tempo Ordinario und Achtel bzw. Sechzehntel für Übungen in schnellem Tempo verwendet. Zusätzlich sind bei den meisten Übungen Metronomangaben als Hinweis auf ein dem Übungszweck angemessenes Ausführungstempo beigegeben.

Dynamische Zeichen

Die normalen Zeichen für Dynamik (pianissimo, piano, mezzopiano, mezzoforte, forte, crescendo, decrescendo) werden in ihrer üblichen Bedeutung eingesetzt. Dabei steht pianissimo für das wirklich leise Singen, ohne daß die Stimme flackert oder abbricht (also nicht unter der eigenen Hörbarkeitsgrenze!) und forte für den wirklich kraftvoll gesungenen Ton. Den Dynamikgrad fortissimo habe ich bei meinen Stimmbildungsübungen für Kinder bewußt vermieden. Er verführt zum Schreien und sollte – auch in der Kinderchorleitung – nicht benutzt werden.

Pausen

Die angegebenen Pausen sollen stets genau eingehalten werden. Sie dienen häufig nicht dem bewußten Einatmen, sondern dem kontrollierten Weithalten des Atemgefäßes sowie oft auch der reflektorischen Luftergänzung.

Bögen

Ich verwende in den Übungen zwei Arten von Bögen. Der Atembogen überspannt eine Atemphrase, innerhalb der nicht eingeatmet werden soll. Er zeigt also an, von welchem Ton bis zu welchem Ton ein Ausatmungsvorgang reichen soll. Er zeigt nicht an, daß innerhalb der gesungenen Phrase legato gesungen werden muß. Der Artikulationsbogen bindet mehrere Töne, die auf eine Silbe gesungen werden, zu einer Legato-Einheit zusammen.

Punkt, Strich

Artikulationszeichen sind ihrer normalen Bedeutung nach verwendet. Tragen die Töne keine Artikulationszeichen, wird legato gesungen. Striche über oder unter den Notenköpfen zeigen portato, Punkte zeigen staccato an.

Atemzeichen und Zäsurstrich

Falls erforderlich oder durch Atembögen nicht oder nur unzureichend darstellbar werden Atemzeichen verwendet, um Stellen anzuzeigen, an denen eingeatmet werden soll. Meist ist mit dem bewußten Einatmungsvorgang ein bestimmtes stimmbildnerisches Ziel verbunden. Zäsurstriche zeigen das Einhalten in einer musikalischen Phrase an. Hier soll keine bewußte Einatmung vorgenommen werden; es entsteht lediglich eine reflektorische Luftergänzung durch Abspannen und Weithalten des Atemgefäßes.

Schlußton und Fermate

Schlußtöne werden in der Regel so lange gehalten, wie sie notiert sind. Mit Fermaten versehene Noten zeigen übliche Verlängerungsmöglichkeiten an; Fermaten über oder unter Schlußtönen signalisieren, daß der Ton ruhig und ohne Druck bis zum Ende des Atemvorrats gehalten wird.

2. Erklärungen der Wirksamkeit einzelner Übungsbestandteile (»Zweck«)

Bei jeder Übung oder Übungsgruppe ist so knapp wie möglich der stimmbildnerische Zweck mitgeteilt und welche Bestandteile der Übung dem Zweck dienen – im Text mit dem Buchstaben **Z** abgekürzt. Natürlich kann bei diesen stichwortartigen Informationen nicht auf jedes Detail eingegangen werden. Für vertiefende Information sei hier auf die entsprechenden Kapitel in Teil I des vorliegenden Buches hingewiesen. Die kurzen Hinweise bei den einzelnen Übungen sollen lediglich dem in der Kinderstimmbildung noch weniger versierten Stimmbildner oder Chorleiter zur Orientierung dienen.

3. Ausführungshinweise (»Achtung«)

Unter dem Hinweiswort »Achtung« – im Text mit dem Buchstaben **A** abgekürzt – habe ich jeder Übung eine Art »Gebrauchsanweisung« mitgegeben, die den jeweiligen Besonderheiten Rechnung trägt. Diese Hinweise sollen helfen, die Übungen mit Sorgfalt und Kontrolle durchzuführen. Sie stellen einen Teil der begleitenden und korrigierenden Informationen dar, die der Stimmbildner seinem Schüler während der Durchführung einer Übung zukommen läßt. Unmöglich können dabei alle Eventualitäten berücksichtigt werden. Das wache Ohr für klangliche Ereignisse in der singenden Kindergruppe und die Bereitschaft zur ständigen Klanganalyse während des Zuhörens ist und bleibt unverzichtbare Forderung an jeden stimmbildnerisch Tätigen.

# 8. Körperhaltung

Die Haltung der Kinder bedarf ständiger Aufmerksamkeit und Korrektur. Sportvereine und Singgruppen sind bald die einzigen Institutionen, die sich noch um körpergerechte, physiologisch einwandfreie Haltung bei Kindern kümmern, nachdem die Schulpädagogik die körperliche Gesundheit der Kinder dem Leistungsprinzip des Lernens geopfert hat. So werden wir immer wieder zur elastisch-aufrechten Haltung mit geweitetem Brustkorb und lockeren Schultern anhalten müssen.

Daß bei Übungen zur Haltung und Atmung immer für genügend Frischluft und Platz im Übungsraum gesorgt werden muß, versteht sich zwar von selbst, wird aber leider häufig vergessen.

## 8.1 Technische Übungen

Praktikabel, wenn auch stark vereinfachend, sind Schlagworte zur Haltung und Atmung, die man zeitweise auch im Übungsraum an der Wandtafel stehen haben kann (auf ein Plakat mit den Schlagworten möchte ich eher verzichten):

### Übung 1: Schlagworte für Haltung

- »Oberkörper weit durch Haltung«.
- »Gürtelbereich weit durch Atmung«.

**Z** *Zweck:* Bei Kindern ist es oft nötig, die komplizierten Anforderungen an die Haltung beim Singen auf leicht faßliche und problemlos wiederholbare Formeln zu reduzieren, auch wenn durch die starke Schematisierung Gefahren, besonders Verkrampfungen im Oberkörperbereich, nicht immer ausgeschlossen werden können. Hilfreich ist die Darstellung einer Zweiteilung muskulärer Aktivität: Oberkörperweite ist Aufgabe der »Haltungsmuskulatur«, Gürtelweite ist Aufgabe der »Atemmuskulatur«.

**A** *Achtung:* Die Benutzung der Schlagworte erfordert häufig eine begleitende suggestive Gestik und demonstratives Vormachen, um mögliche Verspannungen zu vermeiden.

## Übung 2: Spannung – Entspannung

Eine Grundübung für Haltungskorrekturen stellt das Prinzip von Anspannung und nachfolgender Entspannung dar.

Aufrecht stehen. Die Beine leicht grätschen, das Körpergewicht gut auf beide Beine verteilen. Den Oberkörper nach vorne oben heben und den Brustkorb dehnen, dabei die Wirbelsäule nicht durchdrücken. Dann den Brustkorb plötzlich entspannen und den ganzen Oberkörper in sich zusammenfallen lassen. Nach einem Moment Ruhe den Oberkörper wieder aufrichten. Den ganzen Bewegungsablauf einige Male wiederholen.

**Z** Starke Dehnung oder Spannung von Muskulaturen mit nachfolgender Lösung wirkt entspannend und lockernd.

**A** Die Dehnungsvorgänge nicht mit Atembewegungen synchronisieren, sonst besteht Hochatmungsgefahr!

Kreisübungen für Kopf und Schultern bereiten den Hals auf das elastisch lockere Schwingen des Kehlkopfs vor. Dazu ist es schon bei Kindern unbedingt nötig, vielfältige Verspannungen im Nackenmuskulaturbereich zu lösen (Übung 3/4).

## Übung 3: Kopfkreisen

Aufrecht stehen. Den Kopf in den Nacken legen und dann locker über die eine Schulter kreisend nach vorne abrollen lassen. Dabei muß die Halsmuskulatur ganz locker sein. Den Kopf aufrichten, wieder in den Nacken legen und über die andere Schulter abrollen lassen. Die ganze Übung mit geschlossenen Augen und ganz lockerem Unterkiefer durchführen.

**Z** Lockerung der Hals-, Nacken- und Kehlkopfaufhängemuskulatur.

**A** Die Kreisbewegungen des Kopfes unbedingt in zwei voneinander getrennten Abschnitten vornehmen (bei ganzen Drehungen besteht die Gefahr von Bewegungsstörungen an den Halswirbeln!). Wird die Übung richtig durchgeführt, soll sich beim Zurücklegen des Kopfes in den Nacken der Mund locker öffnen.

## Übung 4: Schulterkreisen

Aufrecht stehen. Langsame Kreisbewegungen mit einer Schulter durchführen, zuerst links, dann rechts, schließlich mit beiden Schultern gleichzeitig (auch gegenläufig).

**Z**  Lockerung des Schultergürtels und der Halsmuskulatur.

**A**  Der Kopf bleibt während der ganzen Übung passiv. Die Schulterbewegungen langsam genug durchführen!

Lockerungsübungen für den ganzen Körper helfen, elastische Spannungen beim aufgerichteten Stehen zu erzeugen (Übung 5/6):

## Übung 5: Gehen, laufen, hüpfen

Wir machen leichte, federnde Trippelschritte auf der Stelle, erst gehend, dann laufend, schließlich hüpfend.

**Z**  Gesamtkörperlockerung.

**A**  Arme locker hängen lassen, Schultern und Hals nicht verspannen. In den Knien leicht federn, die Fußspitzen sind aktiv.

## Übung 6: Gehen durch den Raum

Wir machen große, raumgreifende Schritte und bewegen uns dabei recht schnell durch den ganzen Raum. Die Übung ist auch gut mit verschiedenen Gangarten durchführbar (gehen – schleichen – schlurfen – staksen – rennen etc.) oder mit auf den Kopf gelegten kleinen Säckchen, um die aufrechte Haltung zu verbessern.

**Z**  Aufwärmen des Gesamtkörpers, Ableitung von Muskelverspannungen.

**A**  Den Oberkörper gerade halten und den Kopf nicht hochrecken. Schultern sind locker. Durch die Nase atmen und nicht sprechen.

# 8.2  Verpackte Übungen

**Z**  Gymnastische Haltungsspiele dienen dazu, den Körper für die richtigen Atembewegungen vorzubereiten und diese aus den Körperbewegungen zwanglos erfolgen zu lassen. Haltungsbedingte Atemfehlformen können abgebaut und vernachlässigte Atembereiche in das Atmungsgeschehen einbezogen werden.

## Übung 7: Äpfel pflücken

Körper nach oben und seitwärts strecken. Sich dabei auf die Zehenspitzen stellen, die Arme hochgestreckt. Vorstellung: Immer noch einen weiter entfernten, besonders schönen Apfel erreichen wollen (auch seitlich).

**A**  Die Atembewegungen sind völlig unbewußt; aber nicht den Atem anhalten und die Stimmfalten nicht zupressen (kein Glottis-Schlag!).

## Übung 8: Schnee abschütteln

Vorstellung: Tief verschneite Winterlandschaft. Wir kommen aus dem lockeren Tiefschnee und schütteln bzw. klopfen den Schnee von den Gliedmaßen ab. Erst von den Armen (auch vorgebeugt), dann von den Beinen, vom Brustkorb und Rücken. Schließlich streichen wir uns die letzten Schneeflocken aus den Haaren.

**A**  Die Atembewegungen nicht bewußt formen. Nicht sprechen während der Übung.

## Übung 9: Schnee schaufeln

Vorstellung: Mit einer Schneeschaufel Schnee wegschieben. Schaufel anheben und Schnee weit fortschleudern.

**A**  Die Atembewegungen erfolgen ungesteuert. Keine bewußte Synchronisation der Atmung mit den Körperbewegungen herstellen.

## Übung 10: Hampelmann

Bewegen wie ein Hampelmann: Beine grätschen, dabei Hände über dem Kopf zusammenschlagen; dann Arme seitlich an den Körper legen und dabei die

Beine sprungartig zusammenführen. Den Bewegungsablauf einige Male wiederholen.

**A** Bewegung nicht zu lange fortsetzen (Überanstrengung). Nicht sprechen.

## Übung 11: Marionette

Vorstellung: Wie eine Marionette an Fäden aufgehängt sein. Mal wird an einem Faden gezogen, mal an einem anderen, mal werden alle Fäden lockergelassen und danach langsam wieder angezogen, nacheinander oder gleichzeitig. Der Körper reagiert locker und passiv auf alle Fadenbewegungen.

**A** Auch am Brustbein und an der höchsten Stelle des Kopfs ist ein Faden befestigt.

In ganzheitlichen Spielhandlungen versuchen wir, den Körper vollständig zu lockern und unspezifische Verspannungen abzubauen. Die Atembewegungen der Kinder sollen dabei möglichst unbewußt und unbeeinflußt einsetzen, können aber auch bereits mit formenden Geräuschen und Klängen versehen werden. Auch Resonanzübungen lassen sich in solche Spielhandlungen gut einbeziehen (Übung 12–17):

## Übung 12: Aufstehpantomime

Vorstellung: Aufwachen, räkeln, gähnen. Aufstehen, ins Bad gehen (Gehbewegungen auf der Stelle). Seife nehmen, sie fällt herunter, in die Hocke gehen, aufheben. Kaltes Wasser, *brrr*, schütteln. Warme Dusche, *aaahh*, wohliges Strecken unter warmem Wasser. Mit großem Frottiertuch trockenreiben (Rundumbewegungen). Vergnügt sein.

**A** Alle Atembewegungen entstehen unbewußt aus der Spielhandlung und werden auf keinen Fall angesprochen!

## Übung 13: Bären im Wald

Vorstellung: Bären stapfen aufrecht durch den Wald. An einem starken Baum reiben sie sich den Rücken (mit dem Rücken an der Wand aufwärts und abwärts rutschen). Danach wohliges Strecken. An einem Bienenstock finden sie Honig: *hmmmm*. Die Bienen summen um die Bären herum: *smmmm, sngngng, snnn*. Die

Bären verscheuchen die Bienen, erst mit Armbewegungen, dann mit Blasgeräuschen: *pffff, kschschsch*. Schließlich ergreifen die Bären auf allen vieren schnell die Flucht.

**A**  Sehr lockere Spielatmosphäre schaffen. Übertriebene Handlungen und Geräusche vermeiden.

## Übung 14: Frühling

Vorstellung: Es ist Frühling. Wir spazieren über eine bunte Blumenwiese. Es ist warm, das Gras und die Blumen duften. Wir nehmen den Duft in langsamen Atemzügen durch die Nase wahr und drehen dabei den Kopf in alle Richtungen. Nun pflücken wir ein Sträußchen Wiesenblumen, hier ein blaues, dort ein gelbes, weiter entfernt ein rotes Blümchen (jedesmal in die Hocke gehen und wieder aufstehen, ein paar Schritte gehen und wieder in die Hocke gehen). Insekten summen um uns herum: *smmmm, sssss, wwww*, stimmhaftes *sch*. Wir genießen noch einmal den Duft am Blumenstrauß. Schließlich legen wir uns ins Gras und lassen uns die Sonne wohlig auf den Bauch scheinen (genüßliche Atmung mit Heben und Senken der Bauchdecke).

**A**  Die Summklänge ganz locker und leicht formen, keine Preßgeräusche produzieren.

## Übung 15: Vogelflug

Vorstellung: Wir sind junge Vögel und lernen fliegen. Dazu machen wir erste Versuche mit kurzen Stummelflügeln (angewinkelte Arme schnell und ruckartig hin- und herbewegen). Älter geworden, können wir die Flügel ausbreiten und mit langsamen Bewegungen gleiten, mit schnelleren Bewegungen wegfliegen. Müde geworden, lassen wir uns nieder und gehen in die Hocke. Es wird kalt; wir plustern unser Federkleid auf (Arme wie eine Glocke rings um den Körper führen). Eine Feder löst sich; wir blasen sie behutsam fort.

**A**  Bei den Bewegungen mit ausgebreiteten Armen den ganzen Raum nutzen.

## Übung 16: Modenschau

Vorstellung: Mannequins führen die neueste Mode vor: Laufsteg – Schreiten, der Mantel wird geöffnet, der Körper wiegt sich, dreht sich, man geht in die Hocke, streckt sich. Ein großer Hut wird königlich getragen. Man begegnet sich, begrüßt sich und nimmt den Hut ab, verbeugt sich und setzt ihn wieder auf.

**A**  Die Gehbewegungen oft auf Zehenspitzen durchführen, um einen schwebenden Gang zu erreichen. Knie nicht durchdrücken und sich immer elastisch federnd bewegen.

## Übung 17: Schwerelos in der Kugel

Vorstellung: Wir schweben schwerelos im Inneren einer großen Kugel, deren Innenwände wir mit ausgestreckten Armen gerade erreichen können. Es ist dunkel, und wir ertasten ringsum die Wände mit ausgebreiteten Armen und ausgestreckten Händen.

**A**  Diese Übung ist besonders wirksam, wenn sie quasi in Zeitlupe ausgeführt wird. Die Vorstellung von Schwerelosigkeit unterstützt die weichen Dehnungen des Körpers. Auf einem Gymnastikball oder einem Hocker sitzend, gelingt die Übung am besten.

# 8.3   Übungen mit dem Gymnastikball

In der Krankengymnastik und besonders der Rückenschule hat sich seit einigen Jahren der »große Gymnastikball« als nützliches Übungsgerät bewährt. Zunehmend etabliert sich dieser Ball nun auch in Kindergärten, Schulen und Vereinen. Auch in der Körpervorbereitung für das Singen kann der Gymnastikball eine gute Hilfe sein, um die vielfältigen Anforderungen an Elastizität und Stabilität des Körpers zu trainieren.

Eine Bemerkung zur Größe der Gymnastikbälle: Für Kinder im Vorschulalter empfiehlt sich der kleinste Umfang (ca. 40 bis 45 cm) und für Schulkinder der mittlere Umfang (ca. 55 cm). Der große Ball (ca. 65 cm) ist wohl eher Erwachsenen vorbehalten. Grundsätzlich ist darauf zu achten, daß die Kinder beim Sitzen auf dem Ball mit beiden Füßen den Boden gut erreichen und festen Halt finden können. Die folgenden Übungen orientieren sich an einer Begleitbroschüre, die den Gymnastikbällen der Firma Ledragomma beiliegt[35].

---

[35] H. Maurer, *Gymnastik-Ball, Übungsanleitung für Familie – Schule – Verein – Rehabilitation.* Ledragomma Srl : Osoppo (Italien) o. J.

## Übung 18: Sitzkreis

Die Kinder sitzen im Kreis auf dem Boden. Ein Kind rollt den Ball zu einem anderen Kind. Dieses nimmt den Ball mit beiden Händen auf, hebt ihn über den Kopf, legt ihn wieder vor sich auf den Boden und rollt ihn zu einem anderen Kind.

**Z**  Im Sitzen wird der Oberkörper gedehnt und gestreckt. Dabei entstehen reflektorische Atembewegungen.

**A**  Den Oberkörper nicht überstrecken (den Ball nicht über dem Kopf nach hinten abkippen lassen).

## Übung 19: Ball weiterreichen

Im weiten Stehkreis wird ein Ball abwechselnd über den Kopf und durch die gegrätschten Beine weitergereicht.

**Z**  Beugen und Strecken des Körpers mit nicht am Körper anliegenden Armen.

**A**  Auch mit mehreren Bällen und/oder mehreren kleinen Gruppen gleichzeitig möglich.

## Übung 20: Partnerübung mit Ball im Rücken

Zwei etwa gleich große Kinder stehen Rücken gegen Rücken. Sie halten einen Ball mit ihren Rücken (in der Gegend der Lendenwirbelsäule), gehen gleichzeitig langsam in die Hocke und erheben sich wieder.

**Z**  Der Kontakt des Balles mit dem Rücken führt zur Aktivierung der Rückenmuskulatur und streckt den Körper.

**A**  Beim Niedergehen nicht die Hände zu Hilfe nehmen. Ohne Partner ist diese Übung an der Wand stehend durchführbar (der Ball wird zwischen Wand und Rücken gehalten).

## Übung 21: Fangen

Im Stehkreis (leichte Grätsche) wird ein Ball von einem Kind zum anderen geworfen und mit beiden Händen gefangen. Das fangende Kind schwingt mit dem Ball einmal nach vorne und wirft den Ball anschließend weiter.

**Z**  Gesamtkörperlockerung.

**A** Nicht sprechen. Mit Augenkontakt den nächsten Fänger anvisieren. Dies erhöht die Konzentration und fördert den Zusammenhalt der Gruppe.

## Übung 22: Waage

Die Kinder sitzen im weiten Kreis auf den Bällen. Mit kleinen Trippelschritten bewegen sie sich vorwärts in Richtung Kreismitte und liegen schließlich rücklings auf den Bällen. Mit den Füßen wird die Balance gehalten. Nach einer Weile mit kleinen Rückwärtsschritten wieder in Sitzhaltung aufrichten.

**Z** Stärkung von Bauch- und Oberschenkelmuskulatur, Trainieren von Balance und Körpergefühl.

**A** Beim Vor- und Zurückrollen nicht den Atem anhalten, sondern ruhig weiteratmen. Gelingt dies nicht, kann man geformte Ausatmung zu Hilfe nehmen (*ffff* beim Hinrollen, *schschschsch* beim Zurückrollen). Der Kopf kann in der liegenden Haltung mit den Händen unter dem Hinterkopf gestützt werden.

# 8.4  Übungslieder

Körperbewegungen lassen sich gut mit Liedern oder Liedzeilen synchronisieren, wobei die Bewegungen entweder interpretatorischen Charakter haben oder das Lied rhythmisch unterstützen. Die stimmbildnerische Wirksamkeit ist abhängig von der jeweiligen gymnastischen Forderung; sie kann von der Gesamtkörperlockerung bis zum Training spezifischer Muskulaturen reichen. Solche gymnastischen Übungslieder sind insbesondere geeignet, im Sitzen Verspannungen abzubauen und eine natürlich aufgerichtete Haltung des Oberkörpers zu erzielen.

## Übung 23: Rhythmische Arm- und Oberkörpergymnastik

**Sitz-Boogie**

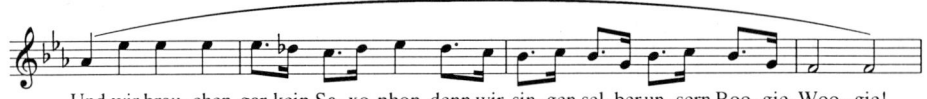

Und wir brau-chen gar kein Sa-xo-phon, denn wir sin-gen sel-ber un-sern Boo-gie-Woo-gie!

Hüp-fen da-bei fröh-lich hin und her, vor und auch zu - ruk - ki!

T/M: Hans Poser/Bewegungsvorschläge: nach Will Janle,
aus: *Der Zündschlüssel*, © Fidula-Verlag, Boppard/Rhein

Takt 1: Mit beiden Händen zweimal flach auf die Oberschenkel schlagen und zweimal in die Hände klatschen.

Takt 2: Mit den Handrücken nach oben vor der Brust kurze seitliche Bewegungen
machen, einmal die rechte Hand oben, einmal die linke Hand.

Takt 3: Beide Hände mit eingehakten Daumen schräg nach rechts und links unten
stoßen.

Takt 4: Zwei Partner drehen sich zunächst mit einer Verbeugung einander zu, danach zum Partner an der anderen Seite wenden.

Takt 5: Rechter Unterarm zeigt mit einer eleganten Bewegung nach oben, dabei
faßt die linke Hand den rechten Ellenbogen, dasselbe umgekehrt.

Takt 6: Rechte nach vorne geöffnete Hand mit dem Daumen an die Schläfe halten
und winken, dasselbe links.

Takt 7: Rechten Unterschenkel schräg nach vorne anheben, ebenso links.

Takt 8: Aufstehen und wieder hinsetzen.

**Z** Die vielfältigen Armbewegungen weiten den Brustkorb und unterstützen eine aufrechte, elastische Haltung.

**A** Das Lied darf nicht zu laut und brutal gesungen werden. Stimmausdruck und Gesten müssen zueinander passen.

## Übung 24: Sitzkreis mit gymnastischen Armbewegungen

**U gonni gonni ssa**

U gon-ni gon-ni ssa u gon - ni u gon-ni gon-ni ssa u

gon - ni  wa  wa  wa  he ko  da___  ja___  wa  wa  wa  he ko

da___  ja___  u  wi  u  wi  u  wi  pi  ki  ssi

T/M: aus Afrika überliefert

Dieses Lied wird bei mehrmaligem Durchsingen mit jeweils anderen Armbewegungen begleitet:

1. Mal: Bei jedem Viertelschlag mit der flachen Hand leicht auf den Oberschenkel schlagen: linke Hand berührt den Oberschenkel des rechten Nachbarn und rechte Hand den eigenen linken Oberschenkel; dann beide eigenen Oberschenkel; schließlich mit der linken Hand den eigenen rechten, mit der rechten Hand den linken des rechts sitzenden Nachbarn berühren etc.

2. Mal: Auf Schlag 1 mit beiden Händen auf die Oberschenkel schlagen, auf Schlag 2 die Arme kreuzen und so die Oberschenkel berühren, auf Schlag 3 wieder normal auf die Oberschenkel schlagen und auf Schlag 4 die Arme heben und mit den Fingern schnipsen.

3. Mal: Auf Schlag 1 mit beiden Händen wieder auf die Oberschenkel schlagen, auf Schlag 2 mit der linken Hand das rechte Ohrläppchen und mit der rechten Hand die Nase anfassen. Auf Schlag 3 wieder auf die Oberschenkel schlagen und auf Schlag 4 mit der rechten Hand das linke Ohrläppchen und mit der linken Hand die Nase anfassen.

**Z** Intensive Armbewegungen helfen, den Oberkörper beim Singen weit zu halten.

**A** Nicht laut singen. Keine wilden Gesten.

## Übung 25: Interpretatorische Gesten

### In dem Wald, da steht ein Haus

In dem Wald, da  steht ein Haus,  schaut ein Reh zum  Fen-ster'naus,  kommt ein Häs-chen

T/M: überliefert

Takt 1/2:     Ein Haus in die Luft zeichnen.

Takt 3/4:     Mit den gerundeten Händen ein »Fernglas« vor die Augen halten.

Takt 5/6:     Schnelle Laufbewegungen mit den Armen nachzeichnen.

Takt 7/8:     Klopfbewegungen mit den Händen an eine imaginäre Tür.

Takt 9/10:    Händeringen über dem Kopf.

Takt 11/12:   Mit den Armen und Händen ein Gewehr formen und zielen.

Takt 13/14:   Heranwinken.

Takt 15/16:   Die rechte gibt der linken die Hand (oder dem Nachbarn die Hand geben).

**Z**  Interpretatorische Gesten helfen, den Körper für das Singen elastisch zu machen.

**A**  Die Gesten nicht überzeichnen. Wilde Bewegungen führen zu Körperunruhe und mangelnder Atembeherrschung.

Das Prinzip, musikalische Verläufe gestisch oder gymnastisch zu begleiten, ist vielfältig einsetzbar. Auch Tanzspiele und Musikpantomimen mit und ohne instrumentale Begleitung sind hervorragende Hilfsmittel, um die musikalisch-rhythmische Empfindung mit Körperwahrnehmung zu verbinden. Der schöpferischen Phantasie des Stimmbildners sind hier  – bei Beachtung eines ausgewogenen Verhältnisses zwischen Einstudierungsaufwand und stimmbildnerischer Effizienz – kaum Grenzen gesetzt.

# 9.  Atmung

Jeder Mensch atmet richtig  –  im Liegen. Auf dem Rücken liegend, kann jeder an sich selbst ohne Schwierigkeiten die richtigen Atembewegungen feststellen. Erst das Aufrichten des Körpers erschwert die reflektorischen Zwerchfellbewegungen und verursacht dadurch oft Fehlverhalten beim Atmen. Um beim Singen zum natürlichen Atemverhalten zurückzugelangen, müssen wir also die in Rückenlage beobachteten Bewegungsabläufe wiederherstellen, d. h. den Brustkorb weit halten und das aktive Impulsverhalten des Zwerchfells fördern. Zunächst wird dies bei Kindern nicht einfach sein, weil man Zwerchfellbewegungen nicht direkt fühlen kann. Anfangs kann es nötig sein, die Atembewegungen auf den primitiven Bewegungswechsel zu reduzieren:

## Übung 26: Schlagworte zur Atmung

- »Einatmung  –  Bauch raus«
- »Ausatmung  –  Bauch rein«
- »Singen       –  weit bleiben«

**Z**  Wie bei den Schlagworten zur Haltung (Übung 1) sind solche schematisierten Reduzierungen der komplizierten Bewegungsabläufe oft ein nützliches Mittel, um schnell wieder zu singgerechten Atembewegungen zurückzugelangen.

**A**  Das lebendige Vorbild des Stimmbildners kann den Gefahren der vereinfachenden Schematisierung entgegenwirken. Sehr bald nach dem Erlernen der elementaren Zwerchfellbewegungen muß die Aktivität der Bauchdecke reduziert werden. Ihre muskuläre Mitarbeit erzeugt beim Singen zumeist einen zu hohen Ausatmungsdruck. Fast immer ist es nötig, die Haltekräfte des Zwerchfells während der Ausatmung zu stärken, um Überluftung oder Auspressen zu vermeiden.

## 9.1  Technische Übungen

### Übung 27: Rhythmisches Ein- und Ausatmen

In sechs kleinen Portionen einatmen (hörbar gemacht durch *f* ), gleich anschließend in sechs ebenso kleinen Portionen ausatmen auf *tsch*. Sofort wieder in sechs

Portionen einatmen ( *f* ) und sechsmal auf *tsch* ausatmen. Beide Hände liegen an den Flanken und lassen die ruckartigen Bewegungen gut erspüren.

**Z** Bewußtmachung der Zwerchfellbewegung als steuernde Kraft der Atmung.

**A** Aufrechte Haltung des Oberkörpers verhindert die Gefahr der Hochatmung. Das »*f*-Ventil« darf nur ganz locker gebildet werden, sonst erfolgt gewaltsames Einziehen von Luft. Die Übung kann auch rhythmisch variiert werden, wobei der verwendete Rhythmus nicht zu kompliziert sein sollte.

## Übung 28: Rhythmische Ausatmungsimpulse im Viervierteltakt

Dreimal kurz und kräftig *p* lautieren, auf Schlag 4 kurz einatmen. Danach wieder dreimal *p* etc. Die ganze Übung mehrmals wiederholen, auch auf *t*; eventuell auch auf *k*.

**Z** Kurze ruckartige Bauchdeckenimpulse provozieren ruckartige Zwerchfellgegenbewegungen. Durch die absichtliche Einatmung auf Schlag 4 jedes Taktes wird ein Bewußtmachungsvorgang eingeleitet, der die muskulären Gegenbewegungen deutlich spürbar werden läßt.

**A** Die Ausatmungsimpulse müssen unbedingt kurz und dürfen nicht zu schnell erfolgen, da sonst keine Provokation des Zwerchfells erreicht wird. Nach den Explosivlauten soll keine Luft mehr entweichen. Beim kurzen Einatmen auf Schlag 4 darf nicht zuviel Luft einströmen. Wenn die Übung auch mit dem Konsonant *k* durchgeführt wird, ist unbedingt darauf zu achten, daß das *k* weit genug vorne im Mund gebildet wird (Zungenrücken am harten Gaumen, nicht am Gaumensegel oder gar an der Rachenwand!).

## Übung 29: Kurze gesungene Töne mit Zwerchfellimpulsen

Umfang: *f²–d¹*. Tempo: ♩ = 88

do do do   do do do   do do do   do do do   do do do   do do do

**Z** Übungsabfolge genau wie in Übung 28, nur zusätzlich mit Stimmton; gute Übergangsmöglichkeit von der stummen zur gesungenen Atemübung. Die Anhaltephasen zwischen den kurzen Tönen erhöhen die Aufmerksamkeit auf die Zwerchfelltätigkeit. Bei der Viertelpause wird jeweils rasch eingeatmet. Diese kurzen Einatmungsimpulse nach jedem dritten Ton erzeugen ein Bewußtsein für die Balance zwischen Aus- und Einatmungsspannungen.

**A** In den Achtelpausen darf keine Luft entweichen. Beim Einatmen auf der Viertelpause nur ganz wenig Luft einfließen lassen (die rhythmische Präzision der Einatmungsbewegung ist wichtiger als die Effizienz der Luftergänzung).

## Übung 30: Kurze gesungene Töne mit Mehrfachimpulsen des Zwerchfells

Umfang: $f^2$–$d^1$. Tempo: ♪ = 120

**Z** Wie Übung 29. Durch die zweimalige ruckartige Einatmungsbewegung kommt es zu bewußterer und intensiverer Zwerchfellkontraktion.

**A** Der zweite Ton jeder Figur muß sehr kurz sein, darf aber nicht betont werden. Die Einatmungsimpulse danach sollen ruckartig und rhythmisch genau erfolgen. Luftüberfüllung vermeiden.

Sind die impulsartigen Zwerchfellbewegungen erst einmal bewußtgemacht worden, können sich Übungen mit langsamer Ausatmung anschließen (Übung 31/32).

## Übung 31: Ein- und Ausatmen auf Zählzeiten

Ruhig ausatmen, dann langsam einatmen (durch Mund und Nase gleichzeitig) und dabei stumm bis vier zählen. Nun vier Zählzeiten die Luft anhalten (mit offener Stimmritze, nur mit der Kraft der Einatmungsmuskulatur!). Danach auf vier oder acht Zählzeiten ausatmen, auch auf *s* oder *f*. Die Zählzeiten entsprechen ungefähr dem Pulsschlag.

**Z** Die extrem langsamen Atembewegungen sowie die suggestive Kraft der Anhaltephasen erhöhen das Atembewußtsein und können beruhigend wirken.

**A** Das Atemanhalten muß unbedingt mit weit offenen Atemwegen geschehen, nur mit der Kraft der Atemmuskulatur. Das Schließen der Augen während des gesamten Ablaufs verstärkt die suggestive Kraft der Übung.

Diese Atemübung beruhigt eine aufgeregte, zu unruhige Singgruppe außerordentlich. Während des Übungsablaufs sollte der Stimmbildner nicht sprechen, sondern nur mit kleinen Handbewegungen die Zählzeiten markieren. Die Stille, die so entsteht, ist wirklich schöpferisch!

Man wird tunlichst zuerst mit einer geringen Anzahl von Zählzeiten beginnen (vier Zählzeiten einatmen, vier anhalten, vier ausatmen) und langsam steigern (bis acht Zählzeiten), um Überanstrengung zu vermeiden. Bei intensiven Atemübungen mit Kindern ist immer Vorsicht geboten: Durch die starke Sauerstoffaufnahme bei so engagierter Einatmung kann sich leicht eine momentane Bewußtseinstrübung einstellen, hervorgerufen durch eine geringe Sauerstoff-Überreicherung im Blut und spürbar durch leichten Schwindel (den Kindern wird es kurzzeitig schwarz vor Augen). Man dosiere also solche Atemübungen vorsichtig und verweile nie länger bei intensivierten Einatmungsvorgängen!

## Übung 32: Gesungene Atemübung für ruhig fließenden Atem mit Anhaltephasen

Umfang: $es^2$–$c^1$. Tempo: $\textstyle\frac{1}{2}$ = 72

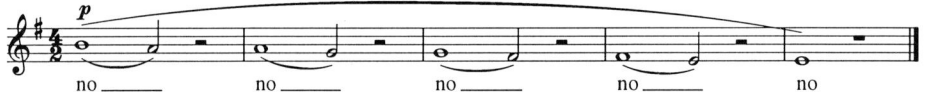

Langsam gesungene Bindungen. In den Pausen den Atem anhalten (bei offener Stimmritze, nur mit der Kraft der Einatmungsmuskulatur!). Ohne Druck nach dem Anhalten wieder beginnen, aber vor dem Ton auch keine Luft ausströmen lassen.

**Z** Durch den behutsamen Wechsel von Fließenlassen und Halten des Atems werden die Haltekräfte bewußtgemacht und trainiert.

**A** Gefühl der Weite im Gürtelbereich erspüren lernen.

Interessant sind auch Atemübungen mit synchronisierten Körperbewegungen (Übung 33/34):

## Übung 33: Rückendehnung

Oberkörper tief vorbeugen und dabei ausatmen; Arme und Kopf hängen locker. In dieser tiefgebeugten Stellung langsam und tief einatmen. Spüren, wie der Atem die rückwärtigen Lungenräume füllt. Atem anhalten (mit offener Stimmritze, nur mit der Kraft der Atemmuskulatur!) und langsam wieder aufrichten (Wirbel für Wirbel, der Kopf bleibt bis zuletzt locker hängen). Wenn der Kopf wieder aufgerichtet ist, alle Luft ausblasen.

**Z** Durch das Vorbeugen erreicht man eine Lungenweitung im Rücken, die durch die Einatmung in dieser Stellung noch verstärkt wird.

**A** Nicht während des Aufrichtens einatmen (Hochatmungsgefahr!). Kopf und Arme müssen unbedingt locker hängen, sonst besteht die Gefahr der Verspannung von Hals- und Schultermuskulatur.

## Übung 34: Flankendehnung

Mit dem linken Arm seitwärts weit über den Kopf greifen und den Oberkörper seitwärts nach rechts beugen; dabei ausatmen. In der gestreckt-gebeugten Haltung einatmen, den Atem anhalten und langsam wieder zur Mitte aufrichten. Aufrecht stehend die Luft ausblasen und den Arm zurückführen. Dieselbe Übung zur anderen Seite wiederholen.

    Variante: In der gestreckt-gebeugten Haltung einatmen, die Luft kurz anhalten, dann ausblasen, dabei wippend noch weiter zur Seite beugen. Erneut einatmen, Luft anhalten, ausblasen und wieder zur Seite wippen. Dann ein letztes Mal einatmen, Luft anhalten, aufrichten, den Arm zurückführen und locker ausatmen.

**Z** Durch das Seitwärtsbeugen erreicht man die starke Dehnung e i n e r Flanke, während die andere vom Atemgeschehen fast abgetrennt ist. Die Einatmung in der seitlichen Stellung bewirkt eine deutlich spürbare Dehnung der Zwischenrippenmuskulatur und trainiert die vernachlässigten seitlichen Atembereiche.

**A** Die Übung unbedingt nach beiden Seiten durchführen. Am besten üben Rechtshänder einmal nach links und zweimal nach rechts, Linkshänder einmal nach rechts und zweimal nach links.

# 9.2 Verpackte Übungen

## 9.2.1 Ruckartige Ausatmungsimpulse

**Z** Der Zweck von ruckartigen Ausatmungsimpulsen ist immer anschließendes Abspannen mit reflektorischer Zwerchfellkontraktion (Einatmung), die durch den Ausatmungsruck provoziert wird. In aller Regel wird dieser reflektorische Einatmungsvorgang nicht extra angesprochen, sondern entsteht von selbst aus der Abfolge: Ausatmungsruck – Abspannung – Reflektorischer Einatmungsvorgang.

### Übung 35: Fenster putzen

Eine Handinnenfläche vor das Gesicht halten und dreimal ruckartig »anspucken« (*t-t-t*). Warten, bis sich quasi das »Reinigungsmittel« auf der Fensterscheibe verteilt hat (es kommt zu Luftstillstand mit anschließender reflektorischer Luftergänzung). Mit der anderen Hand unter kreisförmigen Bewegungen »sauberwischen«. Dabei auf *s* oder *sch* ausblasen.

**A** Die ruckartigen »Anspuckvorgänge« müssen kräftig genug und von der Bauchdecke gesteuert sein, um tatsächlich Zwerchfellgegenbewegungen zu provozieren. Nach dem »Anspucken« lang genug warten, damit die Einatmungsmuskulatur trainiert werden kann. Beim anschließenden Ausblasen aufrecht stehenbleiben.

### Übung 36: Krümel wegpusten

Die Arme waagerecht vor der Brust verschränken (eine »Fensterbank« bilden). Vorstellung: Von dieser Fensterbank werden nun sechs Kuchenkrümel weggeblasen, links außen beginnend, rechts endend. Die Übung mehrmals wiederholen, auch rechts beginnend.

**A** Der Impuls zum Wegblasen der Krümel muß aus der Körpermitte kommen. Die Halsmuskulatur nicht verspannen. Den Kopf nicht vorschieben.

### Übung 37: Kerze ausblasen

Mit einem kräftigen Ruck eine echte Kerze ausblasen. Beim nächsten Versuch sind es zwei hintereinander aufgestellte Kerzen. »Wer schafft drei, vier, fünf Kerzen? Schaffst du es, so viele Kerzen auszublasen, wie du Jahre alt bist?«

**A** Der Ausblasruck muß sehr kurz sein, sonst entsteht keine Zwerchfellgegenbewegung.

## Übung 38: Hundegebell

Sich auf »allen vieren« gegenseitig anbellen: großer Hund (langsam, dunkel, tief bellen) – kleiner Kläffer (rasch hintereinander bellen, hoch, hell).

**A** Die Lautäußerungen dürfen nicht zu temperamentvoll ausfallen, um Reibungsgeräusche an den Stimmfalten zu vermeiden.

## Übung 39: Dribbling

Einen Tennisball federnd »prellen« und dabei im Raum umhergehen. Bei jedem Aufschlagen des Balles die Luft leicht ausblasen (auf *pf, f, z, s, tsch, sch*). Die Einatmung erfolgt jedesmal reflektorisch nach dem Ausblasen.

**A** Die »Prellbewegungen« mit dem Ball dürfen nicht zu rasch hintereinander erfolgen, sonst kann nach dem Ausblasvorgang nicht abgespannt werden. Diese Übung ist auch gut als Kreisspiel mit ein oder zwei Gymnastikbällen durchführbar.

## Übung 40: Kirschkern-Weitspucken

Die Zungenspitze zwischen die Lippen legen. Die Zungenspitze rasch zurückziehen und ruckartig die Luft ausblasen; dabei die Lippen nicht verschließen. Vorstellung: Kirschkern wegspucken. Beobachten, wie weit der Kern fliegt; dabei die Luft anhalten (gespanntes Zwerchfell). Der Kirschkern fällt auf den Boden (Abspannung und nachfolgende reflektorische Einatmung).

**A** Den Lippenverschluß möglichst auch am Anfang der Übung vermeiden, damit die Luft mit der Kraft der Atemmuskulatur gehalten werden muß.

## 9.2.2  Langsame Ausatmung

**Z** Zweck langsamer Ausatmungsbewegungen ist immer das Training der Rückhaltekräfte. Die Einatmungsmuskulaturen müssen während der Ausatmung gespannt bleiben, um zu rasches und ungehindertes Ausströmen der Luft zu vermeiden.

## Übung 41: Suppe kühlen

Wir halten beide Hände wie einen Suppenteller vor uns und blasen behutsam mit gespitzten Lippen auf die Handinnenflächen. Dabei kreisen wir leicht mit dem Kopf, um die ganze Oberfläche der »Suppe« mit unserem kühlenden Atem zu erreichen.

**A** Den Oberkörper weit halten, nicht vorbeugen. Der Atem muß auf den Handinnenflächen spürbar sein.

## Übung 42: Seifenblasen

Wir formen Seifenblasen – eine besonders große, einige kleinere, viele kleine.

**A** Der Kopf soll locker und aufrecht gehalten werden; nicht in den Nacken legen!

## Übung 43: Leuchtturm

Wir spielen Leuchtturm: Aufrecht stehen und den Kopf langsam zu einer Seite drehen. Dort angekommen, blasen wir die Luft ruhig aus: *ffff*. Dann drehen wir den Kopf langsam in die Mitte und blasen die Luft wieder ruhig aus. Schließlich drehen wir den Kopf zur anderen Seite etc. Der Vorgang wird mehrfach wiederholt.

**A** Alle Bewegungen locker und ruhig durchführen, nicht ruckartig. Auf aufrechte Haltung achten.

## 9.2.3 Ganzheitliche Spiele

**Z** Zweck ganzheitlicher Spielhandlungen ist es, Körperhaltung und Atmung gleichermaßen unbewußt zu formen.

## Übung 44: Eisenbahnspiel

Wir spielen Eisenbahn: Die Dampflokomotive fährt an. Die angewinkelten Arme bilden das Gestänge. Wir machen rhythmische Bewegungen mit Ausblasgeräuschen (*tsch, psch, pf*). Die Lokomotive wird schneller, wir bewegen uns im Raum. Die Fahrt geht bergauf (Anblasgeräusche langsamer, kräftiger), bergab (schneller, lockerer), durch einen Tunnel (dunkler), die Lok nähert sich dem Bahnhof (langsamer, lockerer), bleibt schließlich stehen: Dampf ablassen (langes *f, sch*); dabei die Arme locker pendeln lassen.

**A** Bei Bewegungsspielen im Gänsemarsch sollte die Lehrkraft entweder am Schluß der Schlange gehen oder nicht mitmachen, um die Übersicht zu behalten.

## Übung 45: Kirschen pflücken

Vorstellung: Wir spazieren zum Kirschbaum und strecken uns, um die schönsten Früchte zu erreichen. Zwei Kirschpärchen hängen wir uns an die Ohren. Mit den Lippen pflücken wir Kirschen vom Stengel und essen sie genüßlich. Den Kern spucken wir im hohen Bogen aus und schauen, wie weit er geflogen ist.

**Z** Impulsartige Atembewegungen werden unbewußt geformt (Lippenschürzung und Explosivkonsonanten). Die aufrechte Haltung erleichtert Zwerchfellfunktionen (Dehnbewegungen beim »Pflücken«, erhobener Kopf wegen der »Ohrringe«).

**A** Die Übung möglichst ohne zu sprechen und nicht mit zu wilden Bewegungen durchführen. Die Lippen sollen immer gut gerundet sein.

## Übung 46: An der Waterkant

Ausgehend von der Leuchtturm-Übung (siehe Übung 43) spielen wir weiter: Wellen rauschen (*schschsch*) und brechen sich am Leuchtturm (*sch-tz*). Eine Heulboje wird hörbar (*hu*-Glissando von oben nach unten), ein Dampfer fährt vorbei (*tsch-tsch*), die Schiffsglocke tönt (*rrring*). Der Leuchtturmwärter geht von Bord und kontrolliert die Funktion des Leuchtturms (wieder Kopfbewegungen mit Ausblasen).

**A** Das Imitieren von Umweltgeräuschen verführt oft zu ungenauer Artikulation. Um der lautmalerischen Absicht willen kann dies bis zu einem gewissen Grad in Kauf genommen werden, darf aber nicht zu unkontrollierten, stark reibenden Artikulationen führen.

# 9.3 Übungslieder

Rhythmisierte kurze Ausatmungsimpulse mit Explosiv- oder Zischlauten lassen sich geschickt auch in Liedrhythmen verpacken.

## Übung 47: Gezischte Liedrhythmen

**Alle Vögel sind schon da**

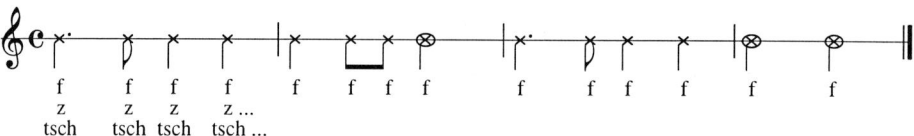

f   f  f  f      f    f  f  f       f    f  f  f   f    f

z   z  z  z ...

tsch  tsch tsch  tsch ...

vollständig notiert u. a. in *Unser fröhlicher Gesell*, a.a.O.

**Z** Kurze Ausatmungsimpulse werden automatisiert. Die Kinder konzentrieren sich auf den zu produzierenden Rhythmus und werden vom muskulären Geschehen abgelenkt.

**A** Körper ruhig halten. Konsonanten nicht zu fest bilden.

## Übung 48: Liedrhythmen raten

Ein Kind darf den Rhythmus einer Liedzeile »vorzischen«. Die anderen Kinder raten, um welches Lied es sich handelt. Wer es erraten hat, darf das nächste Lied »vorzischen«.

**Z** Die Aufmerksamkeit aller Kinder ist ständig gefordert, auch wenn das einzelne Kind selbst gerade nicht aktiv ist. Dies fördert die Spannungsbereitschaft von Atemmuskulaturen (Tonuserhöhung).

**A** Bei zu großen Spielkreisen läßt die Konzentration leicht nach.

## Übung 49: Zwerchfellimpulse mit Staccato und Pausen

**Kommt ein Ochs in fremdes Land**

**Andantino**

Kommt ein  Ochs      in frem-des Land,   kommt ein  Ochs      in frem-des Land,

kommt ein Ochs      in  frem - des Land, wird er  doch   als   ein   Rind    er-kannt!

T: überliefert/M: Christian Lahusen

**Z** Staccato-Töne zwingen die Einatmungsmuskulaturen zum ständigen Gegenhalten und Atembremsen. In den Pausen kann mit Atemimpulsen vielfältig gearbeitet werden: kurze ruckartige Einatmungsimpulse oder charakterisierende Ausatmungsgeräusche: »Kommt ein Ochs – *ks* – *ks* – in fremdes Land – *t* – « etc.

**A** Die Stimmgebung nicht brutalisieren. Eher tupfend oder flüsternd singen als laut und kraftvoll.

## Übung 50: Zwerchfellaktivierung mit Haltepausen

### Die Schnecke

1. Im - mer lang-sam, im - mer lang-sam, oh - ne Sang und oh - ne
2. Will sie ge-ßen, will sie ge - hen in die wei – te Welt hin-
3. Ist es drau-ßen, ist es drau-ßen trü - bes Wet – ter, feucht und
4. Scheint die Son - ne, scheint die Son - ne, hängt sie sich an ei - nen
5. Ih - re Wei - se, ih - re Wei - se hat die Schnek - ke so wie

Klang geht die Schnek - ke ih - ren Gang.
- aus, nimmt sie mit das gan - ze Haus.
naß, dann spa - ziert sie in dem Gras.
Baum, bleibt im Haus und rührt sich kaum.
du! Nun, so laß sie denn in Ruh'!

T: Heinrich Hoffmann v. Fallersleben/M: Elisabeth Weber,
aus: *Liederheft für die Kinderstimmbildung*, a.a.O., © bei der Autorin

**Z** Mit diesem Kanon kann die Haltekraft des Zwerchfells beim Singen gut trainiert werden. Die Pausen innerhalb der drei Kanonzeilen werden nicht zum Atmen genutzt, sondern um den Körper »staunend weit« zu halten. So erfahren die Kinder die atemzurückhaltende Kraft der Zwerchfellmuskulaturen und können versuchen, sie auch beim Singen einzusetzen. Darüber hinaus sorgt die sehnsüchtig seufzende Melodik für eine weiche Tongebung.

**A** Die Zwerchfellkontraktion nach den Haltepausen nicht gleich aufgeben, sondern mit weit gespanntem Atemgefäß wieder anfangen zu singen. Dabei den Körper elastisch lockerlassen, nicht verkrampfen.

## Übung 51: Wechsel von kurzen und langen Tönen mit Haltepausen

**Ein böses Wort**

**Nicht schnell**

Ein  bö - ses  Wort  bricht dei - nen  Kopf,  macht, daß  dein  Kopf

von  dir  fliegt  fort.  Wer sei - ne Zun - ge  zü  –  gelt, schützt sei - nen Kopf!

T: überliefert/M: Andreas Mohr,
aus: *Liederheft für die Kinderstimmbildung*, a.a.O., © beim Autor

**Z** Der konsequente Wechsel zwischen kurzen Staccati und lang ausgehaltenen punktierten Halben trainiert die Haltekräfte des Zwerchfells und verbessert die Atembeherrschung beim Singen.

**A** Immer nach vier Takten einatmen, keinesfalls schon nach zwei Takten! In den Achtelpausen den Atem staunend weit anhalten. Nicht zu schnell singen.

Weitere Lieder und Kanons, mit denen Zwerchfellaktivierung erreicht werden kann, sind im folgenden aufgeführt. Der stimmbildnerisch besonders nutzbare Ausschnitt der Lieder ist dabei kurz erläutert (siehe auch Kapitel 15 *Staccato und Koloratur*):

| | |
|---|---|
| Auf der Mauer (*Kinderlieder der Welt*, S. 31) | Die von Strophe zu Strophe zunehmenden Verkürzungen einzelner Wörter können das Atemzurückhalten trainieren. |
| Der Tanzbär (*Liederheft für die Kinderstimmbildung*, S. 61) | Non-Legato-Faktur und tänzerischer Rhythmus helfen, die Zwerchfellmuskulatur beim Singen gespannt zu halten. |

| | |
|---|---|
| Der Tischler<br>(*Liederheft für die Kinderstimm-*<br>*bildung*, S. 11) | Besonders die Silbe *zisch* provoziert ruckartige Zwerchfellgegenbewegungen. |
| Jetzt fahr'n wir über'n See<br>(*All mein Gedanken*, S. 308) | Plötzlich einsetzende Generalpausen zwingen das Zwerchfell zu erhöhter Spannungsbereitschaft. |

# 10. Resonanzweckung im Kopf, Vokalisation und Vokalausgleich

Der Begriff »Resonanzweckung« steht in diesem Kapitel für eine Reihe von stimmbildnerischen Maßnahmen, die vor allem bei der ersten Begegnung mit der noch ungeformten Kinderstimme notwendig sind.

- Die Tongebung ist flach, oft sogar plärrend. Es gilt, den Stimmen durch Aufschließen aller Resonanzräume die nötige Rundung zu verleihen, ohne die typische Helligkeit der Kinderstimme zu verfälschen.
- Die Vokale sind ungeformt und ihre Klangfarben zu unterschiedlich. Es ist notwendig, durch das Erüben einer runden Ausgangsform (runde Lippenbewegungen) und einer lockeren Unterkieferbeherrschung die nötige Angleichung der Vokale vorzubereiten.
- Die Intonation ist unsicher und oft gestört. Das Aufsuchen von festen »Vokalplätzen«, d. h. die »Einpflanzung« der Vokale in den geöffneten Resonanzraum erleichtert den Kindern die Fixierung genauer Tonhöhen und schult das Gehör.

Auch im späteren Verlauf des Stimmbildungsunterrichts ist oft die Rückkehr zu Übungen zur Resonanzweckung notwendig.

Mit Vokalisation ist das präzise Einstellen von Artikulationsformen für die einzelnen Vokalklänge in Verbindung mit Mundraumweite und Mundöffnung gemeint.

## 10.1 Technische Übungen

### Übung 52: Weiche Mundresonanz mit dunklen Vokalen

Umfang: $d^2$–$d^1$. Tempo: ♩ = 60

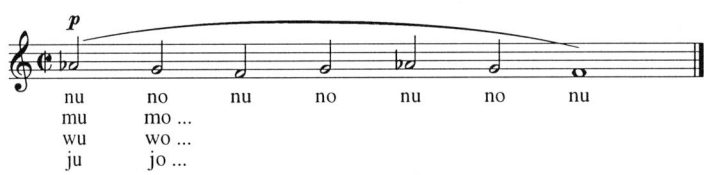

|  |  |  |  |  |  |  |
|---|---|---|---|---|---|---|
| nu | no | nu | no | nu | no | nu |
| mu | mo ... |  |  |  |  |  |
| wu | wo ... |  |  |  |  |  |
| ju | jo ... |  |  |  |  |  |

**Z**  *U* und *o* fördern das Bewußtsein für elastisch runde Lippenspannung und nach vorne gerichteten Klang. Die Randschwingung ermöglicht weiche Klänge ohne

Verspannungen. Eventueller Dumpfheit wegen zu weit im Hals gebildeter Vokale können die Klinger *m, n, w* und *j* begegnen.

**A**  Weiche, lockere Stimmgebung im Piano; sehr dichtes Legato. Innerer Mundraum muß groß empfunden werden (»heiße Kartoffel«); trotzdem mit den verschiedenen Konsonanten die hohen Kopfresonanzen erspüren.

## Übung 53: Resonanzraum und Tonbindung

Umfang: *es²–c¹*. Tempo: ♩ = 72

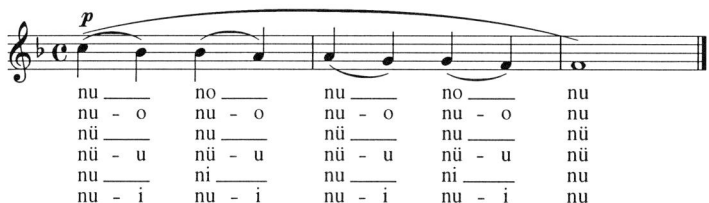

**Z**  Die Bindung zusammenliegender Töne bei erst gleichbleibendem und dann sich veränderndem Vokal hilft, genaue Vokaleinstellungen zu trainieren. *U, o* und *ü* können in Verbindung mit *n* für die nötige Mundraumweite sorgen.

**A**  Mit minimalem Luftverbrauch und erhobenem Oberkörper singen. Auf gleichmäßige Legatobindung achten!

## Übung 54: Weite des Mundraums

Umfang: *f²–b⁰*. Tempo: ♩ = 100

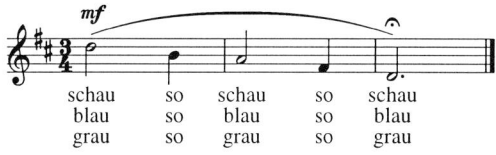

**Z**  Der Diphthong *au* kann einen großen Mundinnenraum vermitteln. Diese Mundinnenraumweite muß im *o* erhalten bleiben.

**A**  Die Zunge darf nicht zu weit in den Hals rutschen, sonst besteht Knödelgefahr.

## Übung 55: Rundung des Vokals *a*

Umfang: $f^2$–$c^1$. Tempo: ♩ = 108

do na do na do na do na do na do na do

**Z** Runde Mund- und Lippenform ermöglicht die Bildung des *a* durch einfaches Senken des Unterkiefers. Dadurch und mit Hilfe des Konsonanten *n* wird die Gefahr kehliger *a*-Bildung vermieden. Der auf- und absteigende Melodieverlauf trainiert die Beibehaltung der Vokalform bei verschiedenen Spannungszuständen des Stimminstruments.

**A** Den Mund nicht aufreißen, aber die Bewegung auch nicht auf bloße Lippenveränderungen reduzieren.

## Übung 56: Vokalraumbewußtmachung und -vereinheitlichung

Umfang: $es^2$–$d^1$. Tempo: ♩ = 72

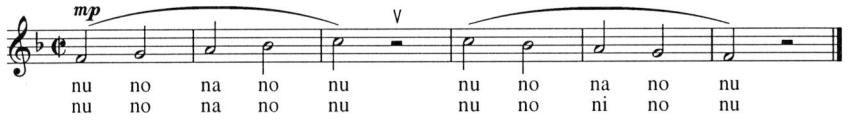

nu no na no nu     nu no na no nu
nu no na no nu     nu no ni no nu

**Z** Lockere Aufwärts- und Abwärtsbewegungen des Unterkiefers bei gleichbleibend runder Lippenform – auch beim *i*.

**A** Mehr Mundinnenraum für die höheren Töne bereitstellen. In der Pause kurz atmen und neu ansetzen; dabei den Vokalraum nicht verlieren: Durch das Einatmen in der Mitte der Übung darf sich die eingestellte Vokalweite nicht verändern.

## Übung 57: Vokalausgleich zwischen *u* und *i*

Umfang: $es^2$–$d^1$. Tempo: ♩ = 60–80

nu – i    nu – i    nu – i    nu – i    nu – i    nu – i    nu – i

**Z** Das *i* entsteht in der runden Weite des *u* durch Anheben des Zungenrückens.

**A** Die runde Mundform des *u* muß beim *i* in etwa beibehalten werden. Lippen nicht in die Breite ziehen, aber auch nicht gewaltsam eine Schnute formen.

## Übung 58: Vokalausgleich zwischen *i* und *a*

Umfang: $f^2$–$d^1$. Tempo: ♩ = 60

**Z** Gegenseitiges Durchdringen der beiden Vokale *i* und *a*. *I* muß die Weite von *a*, *a* die Konzentration des *i* enthalten.

**A** Das *i* muß immer weit bleiben. Die ganze Übung sehr weich und ohne Druck ausführen.

## Übung 59: Vokalausgleich mit acht verschiedenen Vokalklängen

Umfang: $es^2$–$b^0$. Tempo: ♩ = 72

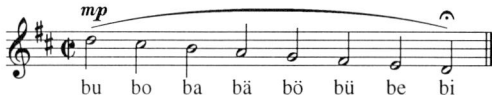

**Z** Die Reihenfolge vom dunkelsten (*u*) bis zum hellsten Vokal (*i*) erleichtert die notwendige Vereinheitlichung der Vokalräume und kann für gleichbleibende Resonanzeinstellungen bei allen Vokalen sorgen. Das vor jedem Vokal gebildete *b* hilft, die notwendige Lippenspannung zu erreichen, die die vordere Artikulation der Vokale sichert.

**A** Alle Vokale mit runder Lippenform und weitem Mundinnenraum singen. Lippen nicht in die Breite ziehen.

# 10.2 Verpackte Übungen

## Übung 60: Bienen-Summen

Wir machen das Summen einer Biene nach: *bs* (stimmhaftes *s*!). Mit ausgebreiteten Armen und flach ausgestreckten Händen fliegen wir leicht hin und her. Verschiedene Tonhöhen zeichnen die Flughöhe der Bienen nach, die Hände zeigen die Tonhöhen an.

**Z** Vordere Kopfresonanzen werden durch das stimmhafte *s* geweckt. Der Atem fließt sacht und die Stimme produziert eine weiche Randschwingung. Das *b* vor dem *s* verhindert den Stimmeinsatz mit Glottis-Schlag.

**A** Nicht zu laut summen. Verschiedene Tonhöhen terrassenförmig benützen und auch mit Glissando die ganze Stimme durchwandern.

## Übung 61: Kühe auf der Weide

Zwei Kühe »unterhalten« sich auf der Weide: *Muuuh*. Frage und Antwort, Ruf und Gegenruf und eine zärtlich leise Unterhaltung sind nur einige Möglichkeiten der Lautierung.

**Z** Erzeugen von dunklen Mundraumklängen mit Lippenrundung.

**A** Viele verschiedene Tonhöhen und Lautstärken verwenden. Bei der Durchführung der Übung als Bewegungsspiel »auf allen vieren« darauf achten, daß der Kopf nicht hochgereckt wird. Diese Übung ist natürlich auch mit vielen anderen Tierstimmen denkbar.

## Übung 62: Autorennen

Wir ahmen den hellen, metallischen Klang von Rennautos oder Motorrädern nach: *rrräng* (Zungenspitzen-*r*!) oder *bbbäng* (bilabiales *w* oder Lippenflattern): Anlasserklänge, Start, Gangschalten, um die Kurve fahren etc. sind einige Möglichkeiten, um die Silbe mehrfach mit von immer höheren »Startpositionen« ausgehenden Glissandi zu wiederholen.

**Z** Durch den hellen, weiten Vokal werden Maskenklänge geweckt. Das *ng* sorgt für Randschwingung und Nasenrachenraumresonanz. Glissandi und Repetitionen helfen zusätzlich, Resonanzeinstellungen über einen weiten Stimmumfang beizubehalten.

**A** Nicht brutalisieren. Keine Geräusche mit der Stimme machen! Am besten als Bewegungsspiel durchführen, da sonst der Atem leicht gepreßt wird.

## Übung 63: Glockentöne

Wir stellen uns in leichte Grätsche (Beine etwas mehr als beckenbreit auseinander). Nun schwingen wir langsam mit dem ganzen Körper von einem Fuß auf den anderen. Bei jedem Wechsel wird ein Glockenton geformt: *bong, dong, bomm, donn* – jedes Kind auf einer anderen Tonhöhe. Mit den Schlußkonsonanten wird weitergesummt, bis beim Seitenwechsel die Silbe erneut angesungen wird. Bei schnellerem Hin- und Herwiegen können auch hellere Silben verwendet werden: *döng, dang, däng, ding* u. ä., bis ein ganzes Glockengeläut entsteht.

**Z** Verschiedene Resonanzräume werden angeregt. Durch das Bewegungsspiel bleibt der Körper locker und elastisch.

**A** Knie nicht steif machen; immer wieder leicht durchfedern. Vom Lehrenden gesteuerte Tonhöhen können zu interessanten Zusammenklängen führen (Pentatonik, Halbtonschichtungen etc.).

# 10.3 Übungslieder

Übungslieder zur Resonanzweckung im Kopf weisen in der Regel resonanzrelevantes phonetisches Material auf und verbinden es mit einer resonatorisch dienlichen Melodik. Textliche Aussage und musikalische Formung sind gleichermaßen suggestiv förderlich.

## Übung 64: Mund- und Nasalraum in Verbindung mit weicher Randschwingung und Vordersitz

**Leise, Peterle, leise**

1. Lei - se, Pe - ter - le, lei - se, der Mond geht auf _ die Rei - se. Er hat ein wei - ßes
2. Stil - le, Pe - ter - le, stil - le, der Mond hat ei - ne Bril - le. Ein grau - es Wölk - chen
3. Träu - me, Pe - ter - le, träu - me, der Mond guckt durch die Bäu - me. Ich glau - be gar, nun

Pferd ge-zäumt, das geht so still, als ob es träumt. Lei - se, Pe-ter-le, lei - se.
schob sich vor, das sitzt ihm grad auf Nas' und Ohr. Stil - le, Pe-ter-le, stil - le.
bleibt er stehn, um Pe - ter - le im Schlaf zu sehn. Träu-me, Pe-ter-le, träu - me.

T: Paula Dehmel/M: Rolf Zimmermann,
aus: *All mein Gedanken,* © Edition Peters, Leipzig

**Z** Die Vokalstruktur der Textzeilen verbindet dunkle, runde und helle, vordere Vokale miteinander. Vorne gebildete Klinger und Explosivlaute helfen, den Klang der Stimme nach vorne oben zu führen. Die suggestive Weichheit der oben beginnenden, leicht schwingenden Melodie verhilft zum kopfstimmigen Singen und verhindert gepreßte oder reibende Stimmgebung.

**A** Die Explosivlaute nicht überhauchen. Wenn möglich, Zungenspitzen-*r* verwenden.

## Übung 65: Randschwingung und Mundraumresonanz

### Überträumt – Schlafwandel-Kanon für drei Stimmen

T: überliefert/M: Gertrude Wohlrab u. Andreas Mohr,
aus: *Liederheft für die Kinderstimmbildung,* a.a.O., © bei den Autoren

**Z** Der Kanon bezieht seine stimmbildnerische Wirksamkeit vor allem aus der suggestiven Melodik. Die Verbindung von mundraumweitenden Lauten (*ei, äu*), einer träumerisch-scherzhaften Aussage und der kreisenden Melodik (Assoziation

»Schlafwandeln«) mit dem ausgespannten Melisma auf dem wichtigsten Wort des Textes suggeriert eine warme, weiche Klanggebung mit viel Randschwingung und Mundraumresonanz.

**A** Nicht schnell singen, dabei aber immer mindestens zwei Takte auf einen Atem nehmen (nicht nach jedem Takt atmen!). Auf gute Bindung achten und die Diphthonge *ei* und *äu* mit sehr weitem Mundinnenraum singen (»den ganzen Mund voll Klang«). Die Schlußtöne der Kanonzeilen dürfen nicht zu kurz gehalten werden.

## Übung 66: Kopfstimmiges Singen mit Vordersitz

### Weihnachten

*schlicht und sehr gebunden*

1. Markt und Stra - ßen steh'n ver - las - sen, still er - leuch - tet je - des
2. An den Fen - stern ha - ben Frau - en bun - tes Spiel - zeug fromm ge -
3. Und ich wan - dre aus den Mau - ern, bis hin - aus ins frei - e
4. Ster - ne hoch die Krei - se schlin - gen; aus des Schne - es Ein - sam-

Haus. Sin - nend geh' ich durch die Gas - sen, al - les sieht so fest - lich aus.
- schmückt; tau - send Kind - lein steh'n und schau - en, sind so wun - der - still be - glückt.
Feld, heh - res Glän - zen, heil' - ges Schau - ern! Wie so weit und still die Welt!
- keit steigt's wie wun - der - ba - res Sin - gen; o, du gna - den - rei - che Zeit!

T: Josef v. Eichendorff/M: Elisabeth Weber,
aus: *Liederheft für die Kinderstimmbildung*, a.a.O., © bei der Autorin

**Z** Eine suggestiv anheimelnde Melodie hilft weich und kopfstimmig zu singen, ohne den Vordersitz zu verlieren. Dies wird auch durch den schwingenden Rhythmus unterstützt. Hier können die Kinder gut lernen, betonte und unbetonte Taktteile wahrzunehmen und im Text zu berücksichtigen.

**A** Trotz des schwingenden Rhythmus sehr legato singen und die Achtelnoten nicht stoßen. Eine Vokallinie erzeugen, die das Binden der Töne quasi durch die Konsonanten hindurch ermöglicht. Alles sehr weich und piano singen und sich in die Stimmung des Liedes hineinfühlen.

## Übung 67: Französische Nasallaute

**Lollypop**

Lol - ly - pop, Lol - ly - pop, gib mir ei - nen Lol - ly - pop

o - der ei - nen Bon - bon - bon - bon - bon - bon - bon - bon - bon.

T/M: Heike Margolis, aus: *Sing Sang Song*, rororo rotfuchs, Reinbek,
© bei der Autorin

**Z** Mit französischen Nasallauten lassen sich Vibrationen im Nasenraum deutlich wahrnehmen. Wird diese Artikulation vorübergehend stark übertrieben, kann sich ein Gefühl für das »Vorne-oben-Singen« einstellen und die Stimme von Kehlgeräuschen befreien.

**A** Übungen mit nasalierten Vokalen dürfen nicht zum Näseln führen. Unterkieferfall und Elastizität der Zungenbewegung sind besonders zu beachten.

## Übung 68: Mundraum und Weite für höhere Töne

**Mein Mädel hat einen Rosenmund**

O du, o du, o du, o — du schwarz-brau - nes Mäg - de - lein, du

la - la - la - la - la, du — la - la - la - la - la, du läßt — mir — kei - ne Ruh'.

T/M: Anton Wilhelm Florentin v. Zuccalmaglio,
vollständig notiert u. a. in: *Es tönen die Lieder*, a.a.O.

**Z** Mundraumreiche Vokale (*o, u*), verbunden mit kleinen Sprüngen nach oben, sind ein gutes Training für das Durchmischen der höheren Lage der Kinderstimme mit runden, weiten Vokaleinstellungen und helfen, die Randschwingung in höheren Lagen weich und locker einzusetzen. Die in Kinderliedern häufig vorkommende Silbe *la* erweist sich hier als gutes Mittel, um die erreichte Kopfstimmigkeit in höherer Lage mit Weite zu kombinieren, die Raum schafft für höchste Lagen.

**A** Nicht immer ist die Silbe *la* in so glücklichem Kontext anzutreffen. Häufig verleitet sie zu flachem, plärrigen Singen. Eine wichtige Voraussetzung für das Gelingen der Silbe *la* ist die aktive Zungenartikulation bei *l*. Die Vokalansätze bei *o du* müssen ohne Glottis-Schläge gebildet werden.

## Übung 69: Helle Nasalklänge

**Rennen macht mir Spaß**

T: Andreas Mohr/M: Elisabeth Weber,
aus: *Liederheft für die Kinderstimmbildung*, a.a.O.,
© bei den Autoren

**Z** Die phonetische Gestalt der Refrainsilben mit dem Vokal *ä* und umgebenden Nasalklingern ist geeignet, Nasalresonanz zu wecken. Die formale Struktur des Lieds erweist sich als pädagogisch besonders günstig durch die zeilenweise Wiederholung des Refrains. Der Klangcharakter der Melodie und der Text unterstützen die den Nasalraum trainierenden Qualitäten.

**A** Nach Möglichkeit immer Zungenspitzen-*r* verwenden. Nicht hart singen. Trotz der angestrebten hellen Klanggebung nicht mit breitgezogenen Lippen artikulieren.

## Übung 70: Nasenresonanz und Vordersitz

**Sascha**

Sa - scha geiz - te  mit den Wor - ten  ü - ber - all und  al - ler - or - ten,
konn - te  ho - he  Bo - gen spuk - ken,  fröh - lich mit den  Oh - ren zuk - ken.

Nja,  nja,  nja,  nja,  nja,  nja,  nja,  nja,  nja,  nja,  nja,  nja,  nja.

Aus Rußland/dt. T: Anton B. Kraus,
aus: *Die Zugabe*, Bd. 2, © Fidula-Verlag, Boppard

**Z** *N* und *j* stellen eine hochwirksame Verbindung zum Erzielen des Vordersitzes dar. Das nachfolgende *a* kann gut an den Resonanzplatz des vorhergehenden Konsonanten herangesungen werden. Die rasche Repetition der Übungssilbe und die absteigende Achtellinie sind für das Training gut geeignet.

**A** Den Klang nicht in die Nase pressen. Beim *a* locker den Mund öffnen; nicht nur die Zungenspitze bewegen, sondern den ganzen Unterkiefer. Die Lippen nicht breit ziehen.

## Übung 71: Vordere Artikulationen und hohe Resonanzen für Vordersitz

**Manchmal möchte man faulenzen  –  Pentatonischer Kanon zu vier Stimmen**

Manch - mal möch - te man  fau - len - zen  wie ein Gul - ly im  Son - nen - schein,

wie ein Ra - sen - mä - her im Win - ter, wie ei - ne Nacht-tisch - lam - pe bei Tag.

T: Josef Reding/M: Andreas Mohr,
aus: *Liederheft für die Kinderstimmbildung*, a.a.O., © bei den Autoren

**Z** Viele anlautende Artikulationen im Text dieses Kanons können dazu beitragen, die Vokale vorne oben zu plazieren. Besonders die *m*-Laute in der ersten Zeile bereiten die Stimme gut für den Vordersitz vor. Im weiteren Verlauf des Kanons wird der Vordersitz in immer tiefere Lagen der Stimme transportiert, besonders in der dritten Kanonzeile. Die pentatonische Klangstruktur eignet sich gut dazu, weich und schwingend zu singen.

**A** Träumerisch weiche Tongebung anstreben. Viel *m*-, *n*-, *w*-Klang erzeugen. Bei den absteigenden Kanonzeilen im Klang immer locker schwingend bleiben. Der Kanon kann auch bis zu 16stimmig gesungen werden, wenn die Stimmen jeweils nach zwei Schlägen einsetzen.

## Übung 72: Mundraum und Randschwingung

**Summ, summ, summ**

Summ, summ, summ,  Bien - chen, summ her - um!

T: Heinrich Hoffmann v. Fallersleben/M: überliefert,
vollständig notiert u. a. in: *Das Musizierliederbuch*, a.a.O.

**Z** Die dunkle Weite des *u* läßt die Mundraumresonanz gut erspüren. Stimmhaftes *s* und *m* sorgen für Randschwingung und das sachte Fließen des Atems, in Verbindung mit dem *b* darüber hinaus auch für den nötigen Vordersitz. Die stufengängig und behutsam absteigende Melodie unterstützt das weiche Schwingen der Stimmfaltenränder.

**A** Stimmhaftes *s* verwenden! Das *i* von »Bienchen« auch mit runder Mundform bilden und die Mundinnenweite des *u* möglichst beibehalten, ohne allerdings den *i*-Klang künstlich nach *ü* hin zu verfälschen.

## Übung 73: Mundweite mit Vordersitz

**Verstohlen geht der Mond auf**

Ver- stoh-len geht der Mond auf, blau, blau Blü-me-lein! Durch Sil-ber-wölk-chen

führt sein Lauf; Ro- sen im Tal, Mä- del im Saal, o schön- ste Ro - sa!

T/M: Anton Wilhelm Florentin v. Zuccalmaglio

**Z** Das Wort »blau« ergibt mit dem die Lippen bewegenden *b*, dem die Zungenspitze beschäftigenden *l* und dem Diphthong *au* eine hochwirksame Stimmbildungssilbe für Vordersitz und Mundraumweite. Im Wort »Blümelein« können diese Einstellungen gut übernommen werden. So erreicht man im Stimminstrument mehr Raum bei gleichbleibend vorderer Stimmgebung.

**A** Bei »blau, blau Blümelein« den Sprung nach oben locker nehmen, ohne den oberen Ton zu akzentuieren. Die übrigen Liedzeilen mit derselben Raumeinstellung singen.

## Übung 74: Chromatischer Kanon mit Diphthongen für Weite im Mundraum

**Weiß wie Kreide**

*weich und geschmeidig*

Weiß _____ wie Krei - de, leicht _____ wie Flaum, _____

weich _____ wie Sei - - de, feucht wie Schaum.

T: überliefert/M: Andreas Mohr, © beim Autor

**Z** Die Diphthonge *ei, au* und *eu* erzeugen viel Weite im Mundraum. Die geschmeidige chromatische Melodik verhilft zu weicher Stimmgebung mit viel Randschwingung. Die ungewohnte Melodie verlangt viel Aufmerksamkeit und Konzentration,
die auch der Resonanzierung und Vokalisation zugute kommt.

**A** So langsam wie atemtechnisch möglich ausführen und die Linien gut binden.
Leise, aber mit präziser Tongebung und genauen Tonschritten singen.

## Übung 75: Weiter Mundraum für den Ausgleich der Vokale

**Wenn die bunten Fahnen wehen**

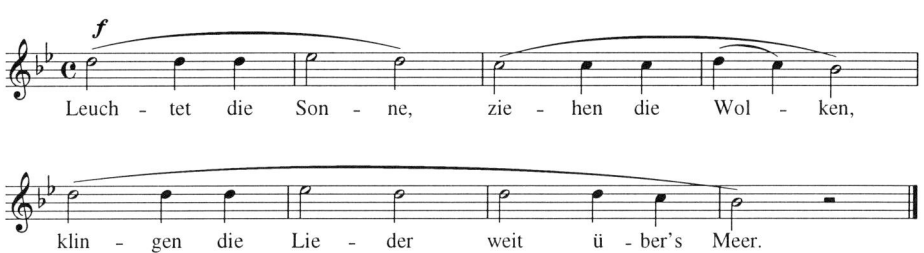

Leuch - tet die Son - ne, zie - hen die Wol - ken,

klin - gen die Lie - der weit ü - ber's Meer.

T/M: Alf Zschiesche, aus: *Es tönen die Lieder,*
© 1983 Schott Musik International

**Z** Weite Vokaleinstellungen sollen ermöglichen, auch raumärmere Vokale mit möglichst weitem Mundraum zu singen. *Eu,* offenes *o* und *ei* in der ersten Strophe sowie *a* und *au* in der zweiten können diese Weite vermitteln. Die große geschwungene Legatolinie der Melodie unterstützt das Raumgefühl und hilft suggestiv.

**A** Mit gut erhobenem Brustkorb und elastischer Körperweite kraftvoll singen, aber
nicht schreien.

## Übung 76: Ganztonkanon zum Vokalausgleich

### Dreiblättrig Kraut

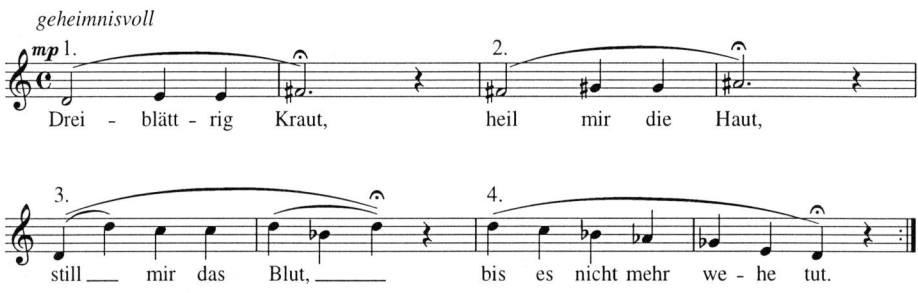

T: überliefert/M: Andreas Mohr,
aus: *Liederheft für die Kinderstimmbildung*, a.a.O., © beim Autor

**Z** Die Ganztonleiter erzieht zu präziser, vorderer Klangeinstellung. Dies ist besonders wichtig für den Vokal *a*, der häufig kehlig gesungen wird. Die Konsonantenverbindungen *dr* und *tr* (Zungenspitzen-*r*) im ersten Wort helfen, das *a* nach
vorne zu bringen. Bei dem Wort »Blut« wird der Mundraum zusätzlich aktiviert,
was eine gute Übung für den Vokalausgleich ist.

Über den Zweck als Vokalausgleich-Übung hinaus kann der Kanon gut zur Vorbereitung einer weichen, kopfstimmigen und geheimnisvollen Klangeinstellung
verwendet werden.

**A** Immer leise und mit weitem Mundraum für alle Vokale singen.

## Übung 77: Vokalausgleich zwischen dunklen und hellen Vokalen

### Der Blankensteinhusar

T/M: überliefert, vollständig notiert u. a. in: *Lied & Song*, a.a.O.

**Z**   Dunkles *u* und nasalierendes *nj* bei »dunja« bereiten das Stimminstrument auf die gerundete Weitung bei hellen, metallischen *e-* und *ä-*Lauten vor.

**A**   Die Melodik kann zum Schreien verführen; daher nicht brutal singen lassen!

## Übung 78: Wiegenlied zum Vokalausgleich

**Eia, Wiege**

Kind - lein mein,   schlaf doch ein,   weil die Stern - lein   kom - men,
und __ der Mond   kommt auch schon   wie - der   an - ge - schwom - men.

Ei - a,   Wie - ge,   Wie - ge _____ mein,

schlaf, mein   Kind - chen,   schlaf _____ doch _____ ein.

T: überliefert/M: Andreas Mohr,
aus: *Liederheft für die Kinderstimmbildung*, a.a.O., © beim Autor

**Z**   Der Refrain ist eine Übung zum Vokalausgleich. In hoher Lage mit dem Vokal *a* beginnend, führt die Melodie in behutsamen Schritten und girlandenartigen Figuren abwärts und fügt zuerst die Vokale *e* und *i*, sodann auch noch das offene *o* ein. Immer wieder führt der Text dazwischen zurück zum Vokal *a*. So kann eine optimale Raumdurchmischung für die Vokale erreicht werden.
   Der Klangcharakter des Liedes suggeriert Weichheit und Lockerheit für kopfstimmige Singweise. Das forcierte Ansingen der hohen Töne kann so vermieden werden.

**A**   Bei jüngeren Kindern sind zweitaktige Atemphrasen zu empfehlen. Bei älteren Kindern ist das Lied auch gut als Atemübung denkbar (mit viertaktigen Atemphrasen), um das Atemzurückhalten beim Singen zu trainieren.

## Übung 79: Vokalausgleich mit Jodelsilben

### Wia lustig ist's im Winter

Tri – hul – ja,    tri – hul – ja,    tri – ri – ri – a,    tri – ri – a.

T/M: aus Bayern überliefert,
vollständig notiert u. a. in: *Es tönen die Lieder*, a.a.O.

## Übung 80: Vokalausgleich mit Jodelsilben

### Glocken-Jodler

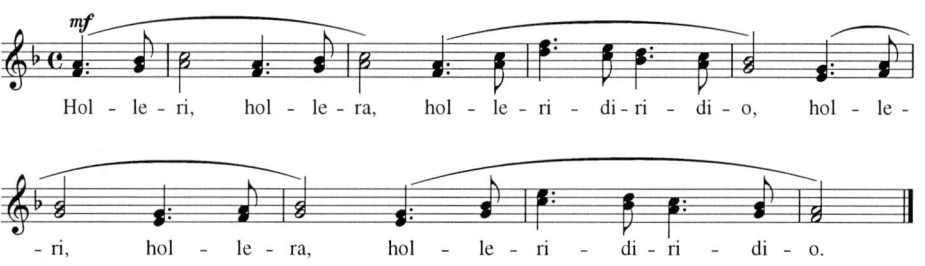

Hol – le – ri,    hol – le – ra,    hol – le – ri – di – ri – di – o,    hol – le –

– ri,    hol – le – ra,    hol – le – ri – di – ri – di – o.

T/M: aus Österreich überliefert

**Z** Jodelsilben verbinden häufig die drei Urvokale *a, i* und *u* zu Klangeinheiten und stellen daher wirksame Hilfsmittel für den Vokalausgleich dar.

**A** Das beim Jodeln übliche Hin- und Herschalten zwischen den Naturregistern ist hier nicht beabsichtigt und muß unbedingt unterbleiben! Die tieferen Töne sind ganz leicht und locker ohne besondere Lautstärke zu singen.

Im folgenden sind weitere Lieder aufgeführt, die resonatorisch wirksame Elemente im Sinne der stimmbildnerischen Beeinflussung aufweisen.

Mundraumresonanz und Randschwingung:

| | |
|---|---|
| Die schlaue Katze (*Liederheft für die Kinderstimmbildung*, S. 31) | Die Klangsilbe *miau* fördert die Mundraumweite. |
| Gute Nacht, gute Nacht, mein feines Lieb (*Es tönen die Lieder*, S. 138) | Das Anfangsmotiv erzeugt weiche Stimmgebung und sachtes Fließen des Atems. |
| Guten Abend, gut' Nacht (*Es tönen die Lieder*, S. 137) | Die Anfangszeile ist phonetisch und melodisch suggestiv wirksam für weiche Stimmgebung. |

Nasalresonanz und Vordersitz:

| | |
|---|---|
| Auprès de ma Blonde (*Der Zündschlüssel*, S. 44) | Französische Nasale, besonders in der Zeile: »Qu'il fait bon, fait bon, fait bon«. |
| Es geht eine helle Flöte (*Unser fröhlicher Gesell*, S. 252) | Anfangszeile mit vielen hellen *e*-Lauten. Gute Vokalverteilung mit schwungvoll aufsteigender Melodie. |
| Fein sein, bei'nander bleibn (*Es tönen die Lieder*, S. 125) | Das ganze Lied ist nasalierend wirksam wegen des häufig silbisch verwendeten Klingers *n*. |
| Weht ein Wind (*Liederheft für die Kinderstimmbildung*, S. 24) | Der Konsonant *w* verbindet sich mit den hellen Vokalen *e* und *i* zu einem Übungsinstrument für Nasalresonanz und Vordersitz. |
| Wenn der Frühling kommt (*Es tönen die Lieder*, S. 297) | Viele helle Vokale im Text. Häufiger Zeilenbeginn mit »Wenn« und absteigende Melodieteile helfen, den Vordersitz auch für tiefere Lagen zu sichern. |

Vokalbildung und -ausgleich:

| | |
|---|---|
| Drei Chinesen mit dem Kontrabaß (*Kinderlieder der Welt*, S. 27) | Spiel mit verschiedenen Vokalen. Gutes Mittel, um die Formung und Raumgestalt der einzelnen Vokale bewußtzumachen. |
| Du, du liegst mir im Herzen (*Es tönen die Lieder*, S. 82) | Die Anfangszeile verbindet dunkle und helle Vokale mit locker schwingender Melodik. |
| Herr, bleibe bei uns (*Gotteslob*, Nr. 18,8) | Weitende Vokale und der Diphthong *ei* helfen, für die Vokale genügend Raum zur Verfügung zu stellen. |
| Im Anfang war das Wort (*Liederheft für die Kinderstimmbildung*, S. 39) | In der Mittelzeile des Kanons wird die Vokalweite mit langen Bindungen geübt. |
| Nun laßt uns gehn und treten (*Evangelisches Gesangbuch*, Nr. 58) | Gute Vokalverteilung für das Erüben einer raumreichen Formung des Vokals *e* besonders in der ersten Strophe. |
| ottos mops (*Das Liedmobil*, S. 32) | Vorbereitende Übung für die Rundung von Vokalen. Das Lied ist melodisch extrem einfach (nur zweitönig), dabei aber rhythmisch sehr kompliziert. |
| Tomatensalat (*Das Liedmobil*, S. 64) | Vokalausgleich zwischen *o* und *a*. |
| Wohlan, die Zeit ist 'kommen (*Es tönen die Lieder*, S. 325) | Der Refrain weist vokalausgleichende Qualitäten auf. Achtung: Zungenspitzen-*r* verwenden. |

# 11. Lockerung der Artikulation und Vordersitz

Das reibungslose Ineinanderspielen der verschiedenen Artikulationsinstrumente ist eine wichtige Voraussetzung für eine klare und textverständliche Phonation. Auch der Vordersitz der Stimme ist weitgehend von genauer und unverspannter Artikulation abhängig. Neben Defiziten bei der Unterkieferbeweglichkeit machen erfahrungsgemäß besonders die vielfältigen Bewegungsmöglichkeiten der Zunge Schwierigkeiten. Das Trainieren genauer Bewegungen und das Treffen immer wieder derselben Anschlagstellen im Mund- und Rachenraum müssen hier Abhilfe schaffen.

Ein besonderes Handikap stellen Spangen für die Zahnregulierung dar. Über längere Zeit getragen, gewöhnen sich die Kinder an veränderte Raumverhältnisse im Mund und finden auch nach Beendigung der Korrekturmaßnahmen zum Teil nur schwer wieder zu den richtigen Artikulationsbewegungen zurück.

Beim längeren Repetieren von Zungen-, Lippen- oder Unterkieferbewegungen stellen sich nach einiger Zeit Ermüdungserscheinungen ein, die zu Verspannungen und Verfestigungen bei den beteiligten Muskulaturen führen können. Man muß deshalb darauf achten, artikulationslockernde Übungen nicht zu lange zu trainieren.

## 11.1 Technische Übungen

Übung 81: Vordere Artikulationen in schnellem Wechsel

Umfang: $f^2$–$b^0$. Tempo: ♩ = 132

nimm nimm nimm nimm ...
nimm nimm nomm nomm ...
nimm nimm namm namm ...

**Z**  Durch den raschen Wechsel von *n* und *m* sowie den dazwischen sozusagen zufällig entstehenden Vokal wird der Klang der Stimme nach vorne oben gelenkt.

**A**  Die ganze Übung sehr locker und leicht singen; die Artikulationen müssen ganz unverspannt erfolgen. Den obersten Ton nicht mit Gewalt ansetzen. Schneller

Wechsel zwischen *n* und *m*; den Vokal dazwischen nur rasch durchlaufen, nicht lange aussingen.

## Übung 82: Vordersitzübung zur Therapie von kehligem *a*

Umfang: $f^2-d^1$. Tempo: ♩ = 80

ni    ni    ni    ni    ni  -  a    na    na    na    na

**Z**  *N* und *i* sollen ihre hohen Resonanzen und ihren konzentrierten Sitz dem *a* zur Verfügung stellen. Bei der aufsteigenden Linie wird der Sitz konsequent beibehalten. Der Wechsel zum *a* erfolgt ohne Zwischenschritte und deshalb mit der gleichen Resonanzkonzentration. Dies verhindert das Zurückrutschen des *a* in den Hals.

**A**  Das *i* muß in weitem Mundraum gesungen werden, das *n* darf nicht in die Nase gedrängt werden. Der Übergang von *i* nach *a* soll absolut nahtlos und ohne Lautstärke- oder Tonhöhenveränderung erfolgen.

## Übung 83: Schnell repetierte Artikulationsbewegungen

Umfang: $g^2-c^1$. Tempo: ♩ = 80–100

lo lo lo lo lo lo lo lo   lo lo lo lo lo lo lo lo   lo   lo   lo   lo   lo
do do do do ...
bo bo bo bo ...
go go go go ...
lo la lo la ...
do da do da ...
bo ba bo ba ...
go ga go ga ...

**Z**  Häufig hintereinander ausgeführte schnelle Bewegungen eines Artikulationswerkzeugs lösen muskuläre Verspannungen und verbessern die Präzision.

**A**  Die Bewegungen müssen klein sein. Alle mimischen Muskulaturen möglichst locker lassen! Der Unterkiefer soll bei allen Aktionen leicht mitmachen.

## Übung 84: Bewegungstraining von Zungenspitze und Zungenrücken

Umfang: $f^2$–$c^1$. Tempo: ♪ = 144–192

lin-ge lan-ge   lin-ge lan-ge   lin-ge

**Z**  Die oft wiederholte, klare Bewegungsabfolge (Zungenspitze – Zungenrücken) hilft, die Zunge zu entspannen und allzu rückwärtige Zungenaktivität zu vermeiden.

**A**  Das *ng* nicht zu weit hinten, sondern mit sehr lockerer Zunge hoch am weichen Gaumen bilden. Die Zunge dabei nicht an den Gaumen andrücken. Der Unterkiefer muß der Zungenbewegung immer locker folgen können, darf also nicht fest und unbeweglich werden.

## Übung 85: Lippen- und Zungenspitzentraining

Umfang: $fis^2$–$c^1$. Tempo: ♩ = 132–160

Blu-blu- blu -men-duft,   Blü-blü- blü- ten-duft,   tie- tie- tie- fe Not.

**Z**  Lockere Bewegungen von Lippen und Zungenspitze auch bei sich verändernder Raumeinstellung.

**A**  Die Lippen dürfen beim *b* nicht zupressen. Die Mundinnenweite des *u* muß beim *ü* und *i* weitgehend erhalten bleiben. Die ganze Übung leicht federnd singen, nicht laut.

## Übung 86: Kurze helle Glockenklänge

Umfang: $f^2$–$c^1$. Tempo: ♩ = 72–104

ding ding ding ...
dong dong dong ...
dang dang dang ...
ding dong dang ...

**Z** Der nasale Raum des *i* und die hohe Nasenrachenraumresonanz des *ng* sind Hilfsmittel für das Erspürenlernen eines hohen Stimmsitzes. Die Kompressionsspannung des *i* kann zusätzlich dem kehligen Klang entgegenwirken; *o* und *a* erhalten so den nötigen Vordersitz.

**A** Das *i* weit genug bilden. Die Zunge beim *ng* nicht an den Gaumen andrücken. Fühlen, wie der ganze Kopf beim Klinger *ng* in Vibration gerät.

# 11.2 Verpackte Übungen

Die hier vorgestellten Übungen sind überwiegend sogenannte »Zungenbrecher«. Bei solchen Übungen ist vor allen Dingen auf die lockere, unverspannte Artikulation zu achten. Kinder wollen es häufig besonders richtig machen und benützen dafür alle möglichen Hilfsbewegungen. Ruckartige Kopfbewegungen im Rhythmus der Musik und allerlei mimische Verspannungen bis hin zu Grimassen sind die Folge. Hier sollte – bei aller spielerischer Freiheit – auf möglichst natürliche Singweise sorgfältig geachtet werden.

## Übung 87: Zungenbrecher für Lippen und Zungenspitze mit dunklen Vokalen

Umfang: $f^2$–$d^1$. Tempo: ♩ = 112–152

In  Ulm und  um  Ulm und  um  Ulm her - um.

**Z** Wechsel von Unterkiefer-, Lippen- und Zungenbewegungen in Verbindung mit dem lippenrundenden *u*.

**A** Die Achtelnoten sehr locker und unbetont nehmen. Alle Artikulationsbewegungen sollten möglichst klein und unverspannt sein. Keine Glottis-Schläge vor den Vokalansätzen!

## Übung 88: Zungenbrecher für vordere Artikulation in Verbindung mit $\ddot{a}$-Lauten

Umfang: $es^2 - c^1$. Tempo: ♩ = 132–160

Wer hat das Speck-be-steck zu spät be - stellt?

Erschwerte Variante:

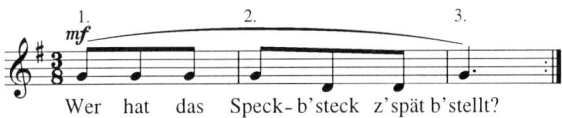

Wer hat das Speck-b'steck z'spät b'stellt?

**Z** Starke Konzentration auf Zungenspitze und Lippenverschluß. In Verbindung mit den offenen $\ddot{a}$-Lauten verhilft die Übung zu präziser vorderer Artikulation.

**A** Lippen beim $\ddot{a}$ nicht breit ziehen, sondern gut gerundet lassen.

## Übung 89: Zungenbrecherkanon für Zungen- und Lippenbewegungen

Umfang: $f^2 - b^0$. Tempo: ♩ = 100–138

Der Cott - bu – ser Post - kut-scher putzt den Cott - bu- ser Post-kutsch-ka - sten.

**Z** Training für den schnellen Wechsel zwischen Zungenspitzen-, Zungenrücken- und Lippenbewegungen.

**A** Das *k* nicht rückwärtig (mit Verschluß an der Rachenwand) artikulieren, sondern hoch am Gaumen. Nicht zu rasch singen.

## Übung 90: Vodersitzübung mit Märchentext

Umfang: *es²–d¹*. Tempo: ♩ = 72
Diese Übung verwendet einen Satz aus dem Grimmschen Märchen *Aschenbrödel*.

Ruk - ke - di - ku,     Blut  ist  im  Schuh.

**Z** Lippenrundendes *u* und Konsonanten, die Zungenrücken bzw. Zungenspitze bewegen, sowie die Dichtheit der chromatischen Melodik verbinden sich zu einer nützlichen Übung für vordere Artikulation und Vordersitz.

**A** Sehr legato und nicht schnell singen. Ausdrucksvolle Sprache!

## 11.3 Übungslieder

### Übung 91: Zungenrückentraining

**Dackelwackeltanz**

Ja,    ich   wak- kel wie ein Dak- kel, ja, ich  wak- kel wie ein Dak- kel, ja, ich
Wenn ich   wak- kel, wak- kel, wak- kel wie ein  Dak- kel, Dak- kel, Dak- kel, denkt die

wak - kel    wie    ein    Dak - kel   mit    dem    Po,   *(gesprochen)* das geht so:
O    -    ma        gleich,   ich    müßt   aufs    Klo,   *(gesprochen)* so'n Quatsch!

Mei - nen   Kopf streck ich nach vorn,   und   ich   wak - kel mit den Ohrn.   Mei - ne
Kommt der    Va - ti  dann her - ein,   fragt ganz dumm: »Was soll  das sein?«,   sa - ge

T/M: Klaus Neuhaus,
© Aktive Musik Verlagsgesellschaft mbH, Dortmund

**Z** Die Artikulationsverbindungen in den Wörtern »Dackel« und »wackel« eignen sich gut für ein Training der mittleren Bereiche des Zungenrückens. Insbesondere das *k* wird häufig rückwärtig verschoben artikuliert, so daß die Kombination mit die Zungenspitze bewegenden Konsonanten wie *d* und *l* und labiodentaler Formung des *w* korrigierend helfen kann. Das mundöffnende *a* ist ebenfalls förderlich.

**A** Die relativ tiefe Lage und der geringe Tonumfang des Liedes darf nicht zu bruststimmigem Singen verleiten.

## Übung 92: Artikulationskanon für das Training der Zungenspitze

### Zwischen den Zwetschgenbäumen

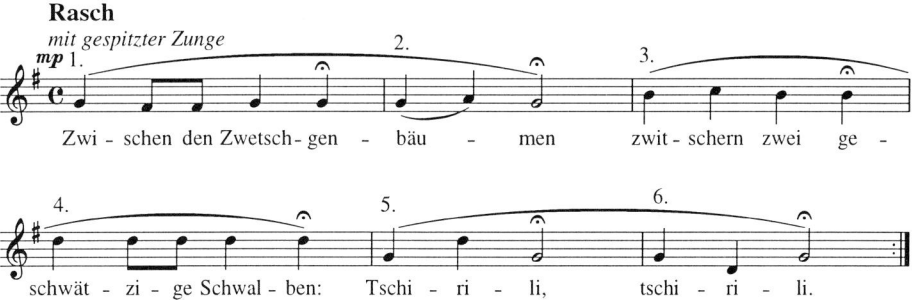

T: überliefert/M: Andreas Mohr, © beim Autor

149

**Z** Die Konsonanten des Textes sind ein Trainingswerkzeug für die Zungenspitze. In Verbindung mit den hellen Vokalen *i*, *e* und *ä* sowie der rasch fortschreitenden, federnden Melodie kann die Artikulation gelockert und der Vordersitz der Stimme gesichert werden.

**A** Sehr schnell und mit größter Leichtigkeit singen. Nicht die Lautstärke ist wichtig, sondern lockere, federnde Präzision der Tonansprache.

## Übung 93: Lockerung von Zungenspitze und Unterkiefer

### Wer auf den Zehenspitzen steht

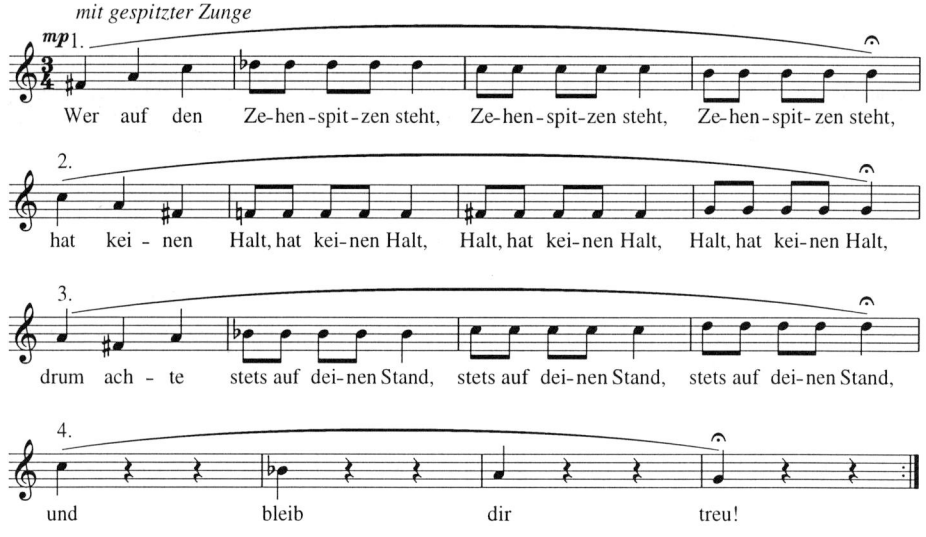

T: überliefert/M: Andreas Mohr, © beim Autor

**Z** Die Lockerung der Artikulationswerkzeuge ist die primäre Absicht dieses Kanons. Der zügige Wechsel von Zungenspitzenaktivität und Unterkieferbewegung hilft, die Formung der Sprachlaute zu präzisieren, und beseitigt überflüssige sowie ungenaue Bewegungen. Die melodische Faktur des Kanons verwendet schnelle Repetitionen, um größtmögliche Wirkung zu erreichen.

**A** Bei raschen Repetitionsbewegungen besteht die Gefahr der stimmlichen »Verrohung«. Ästhetisch geformter Klang ist immer wichtig.

## Übung 94: Vordersitz in tiefer Lage

**Der Cowboy Jim**

Der Cow-boy Jim aus Te - xas, der tags auf sei-nem Pferd saß, hat ei-nen Hut aus Stroh und dar-in saß ein Floh. Jip-pi - jeh,_____ jip-pi - jeh,_____ jip-pi - jeh, jeh, jeh, jeh, jeh._____

T/M: Frederik Vahle, aus: *Der Liederspatz*, © Verlag „pläne", Dortmund

**Z** Die mit Unterbrechungen absteigende Melodik und vordersitzfördernde phonetische Bestandteile ( *j, r, i, e* ) sind die Wirkmechanismen des Liedrefrains. Für die Beibehaltung des Vordersitzes in tiefer Lage sind besonders die Tonverlängerungen auf *jeh* hilfreich.

**A** Nicht zu tief anstimmen! Der saloppe Text und die animierende Melodik verführen zu ungehobelter, unästhetischer Singweise.

## Übung 95: Zungenbrecherlied

**Der Klapperschnabelstorch**

Mit dem Klap-per-schna-bel, horch, klap-pert laut der Klap-per-storch, zieht die

Gum-mi- stie- fel an, daß er auch ins Was-ser kann, und dann geht er mit dem lan- gen Klap-per-

- schna-bel Frö-sche fan-gen. Mit dem Klap-per-schna-bel, horch, klap-pert laut der Klap-per-storch.

T: Frantz Wittkamp/M: Dorothée Kreusch-Jakob,
aus: *Das Liedmobil*, dtv/Bärenreiter-Verlag, München/Kassel, © bei den Autoren

**Z** Der Text stellt eine schnelle Sprechübung nach Art eines Zungenbrechers dar. Besonders Anfang und Schluß des Liedes unterstützen das Training durch günstige Melodieführung.

**A** Rückwärtige Artikulationen sind besonders kritisch zu beobachten. *K* und *ch* müssen hoch am Gaumen geformt und dürfen nicht zu fest angedrückt werden. Die tiefen Töne der letzten Liedzeile nach dem Oktavsprung sollen leicht und locker gesungen werden.

## Übung 96: Artikulationstraining von Zungenspitze, Zungenrücken und Lippen

**Ein Jäger längs dem Weiher ging**

Mein lie-ber Jä-ger, gu-ter Jä-ger, lauf...

T/M: überliefert, vollständig notiert u. a. in: *Es tönen die Lieder*, a.a.O.

**Z** Schnelle Wechsel von *l, b, j, g, t* und *f* in wellenförmiger Melodik mit raumöffnenden Vokalen (*ei, ä, au*).

**A** Unterkiefer nicht verspannen, sondern immer locker mitbewegen.

152

## Übung 97: Vordersitz mit *l* und hellen Vokalen

### Lebet wohl

Le - bet wohl, le-bet wohl, a - dieu! Kommt gut nach Haus und schlaft euch aus und

bleibt recht hübsch und schön, bis wir uns wie - der - seh'n. _____

T/M: Hans Poser, aus: *Der Zündschlüssel,* © Fidula-Verlag, Boppard/Rhein

**Z** Der Liedbeginn in hoher Lage verbunden mit den vorderen Artikulationen bildet eine sinnvolle Übung für den Vordersitz, der in den sequenzierten Tonfolgen des 4. bis 6. Taktes gut beibehalten werden kann. Die Schlußtakte helfen mit lippen- und zungenspitzenaktiven Konsonanten, den Vordersitz auch in tieferer Lage zu bewahren.

**A** Das *l* am Anfang gut gespannt artikulieren. Nach dem *l* die Zungenspitze rasch nach unten bewegen. Bei den hellen Vokalen *e* und *i* die Lippen nicht breit ziehen.

## Übung 98: Lippen- und Zungentraining

### Maus

Kanon zu beliebig vielen Stimmen, die an jeder Stelle einsetzen können.

Pi pi pi pi pi pi — pi pi pi pi, da kommt die Maus.

Klin - ge - lin - ge - ling, klin - ge - lin - ge - ling, ist der Herr zu Haus?

T: überliefert/M: Elisabeth Weber.
aus: *Liederheft für die Kinderstimmbildung,* a.a.O., © bei der Autorin

**Z** Zwei verschiedene Klangsilben trainieren repetierend wichtige Sprechwerkzeuge und Artikulationsstellen. Mit der Silbe *pi* wird eine rasche Mundöffnung geübt, die Unterkieferbeweglichkeit und Lippenspannung erfordert. Die Silbenfolge *klinge-lingeling* ist ein gutes Training für Zungenspitze und Zungenrücken. Besonders im vielstimmigen Kanon stellt sich ein hervorragender Übungseffekt ein.

**A** Lippen immer rund lassen, nicht breit ziehen. Der Unterkiefer soll sich immer locker mitbewegen.

## Übung 99: Vordersitz bei niederdeutscher Artikulation

### Öwer de stillen Straaten

T: Theodor Storm/M: Ernst Licht, © Verlag Robert Lienau, Berlin

**Z** Die Konsonantenkombination *st* (gesprochen *s-t*, nicht *sch-t*!), die die Zungenspitze aktiviert, hilft die Vokale weit vorne oben zu bilden. Die suggestive Weichheit der Legato-Melodik unterstützt den Vordersitz und sorgt für gute kopfstimmige Durchmischung.

**A** Die rückwärtigen Artikulationen des *k* bei »klar de Klokkenslag« oben am Gaumen bilden, nicht an der Rachenwand.

## Übung 100: Perpetuum-mobile-Kanon zur Unterkieferlockerung

**Ein Viergespann**

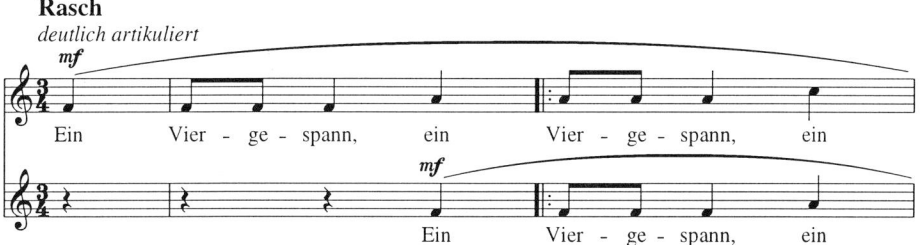

T: überliefert/M: Andreas Mohr, © beim Autor

**Z** Unterkieferlockerung und Zungentraining stehen hier im Vordergrund. Rasche Artikulationen in schnellen Wiederholungen stellen das Arbeitsmaterial dar.

**A** Der Kanon wird beliebig oft wiederholt und schließt mit der Fermate in Takt 4. Der Septakkord kann nach einer langen Fermate mit dem gemeinsam gesprochenen Text »holt die Zunge nicht ein« aufgelöst werden.

## Übung 101: Vordersitz für den Vokal *a*

### Wach auf, mein Herz

T/M: Horst Weber, aus: *Der Zündschlüssel*, © Fidula-Verlag, Boppard/Rhein

**Z** Die Schlußzeile dieses Kanons stellt eine perfekte Vordersitzübung dar: Abwärts-führende Melodik und vordersitzfördernde Konsonanten helfen, die Vokale vorne zu bilden und den Klang der Stimme »in die Maske« zu leiten.

**A** Kein Glottis-Schlag bei »auf«. In der ersten Zeile des Kanons das *i* im Wort »singe« weit genug bilden.

## Übung 102: Trainingslied für den Vokal *a*

### Badende Amsel

da. Sie plansch-te und platsch-te und mach-te viel Krach. Plitsch, platsch.

Das sah auch_ ein_ Ka - ter, vor_ Hun - ger_ ganz_
der dach - te,_ die_ Am - sel, die_ fliegt_ gleich_ aufs_

schwach,<br>Dach, } schwa-bi - da, schwa-bi da, schwa-bi - da-bi-da-bi-da-bi - da,

da. Das lass'_ ich doch lie - ber und stell' ihr nicht nach. Mi - au!

T/M: Gertrude Wohlrab u. Andreas Mohr,
aus: *Liederheft für die Kinderstimmbildung*, a.a.O., © bei den Autoren

**Z** Die Häufung des Vokals *a* im Text zwingt beim Singen immer wieder zur bewußten Bildung mit gerundeten Lippen und gut geöffnetem, aber nicht aufgerissenem
Mund. Alle Zeilen enden auf ein betontes Reimwort mit *a*. So kann die Vokalbildung optimal kontrolliert werden. Die Melodie mit lockeren Achtelbewegungen
und im Schwung zu nehmenden Sprüngen verhindert Verkrampfungen und verhilft immer wieder zu einem lockeren Öffnen des Mundes.

Besonders förderlich ist der Refrain: Die Klangsilben *schwabida* vereinigen optimal die für die Formung des *a* wichtigen Aktivitäten. Eine schwungvolle, etwas
saloppe Singweise kann diesen Formungsprozeß unterstützen und macht Spaß.

**A** Nicht brutal beginnen. Lieder in F-Dur mit auftaktigem Beginn auf *c¹* können zu
bruststimmiger Singweise verleiten, wenn zu laut und ungehobelt begonnen wird.
Das rasche Durchmessen eines relativ großen Tonumfangs begegnet hier dieser
Gefahr, jedoch ist es nützlich, darauf hinzuweisen, unten immer federnd locker
und leicht zu beginnen.

## Übung 103: Echolied zum Trainieren des Vokals *a*

**Also hat Gott die Welt geliebt**

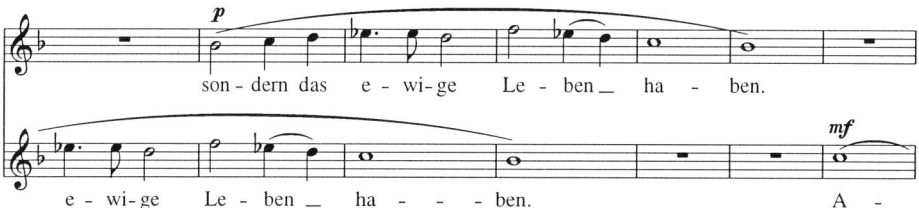

T: biblisch/M: Andreas Mohr,
aus: *Liederheft für die Kinderstimmbildung*, a.a.O., © beim Autor

**Z** Das Lied weist zwei stimmbildnerische Absichten auf. Zum einen ist die textliche Eigenart, daß viele Sätze mit dem Vokal *a* beginnen, kompositorisch genutzt, indem immer wieder von oben angesetzt wird, um dadurch das *a* leichter vorne bilden zu können. Diese Zeilenanfänge setzen anfänglich in oberer Mittellage ein ($c^2$), später dann auf dem oberen $f$ ($f^2$) und erüben so die Bereitstellung der notwendigen Weite für die hohe Lage. Raschere Abschnitte verhindern durch Lockerung der Artikulation Verkrampfungen. Am Ende des Liedes kann mit dem längeren Melisma auf »Amen« das Beibehalten des vorderen Sitzes bei absteigender Tonfolge geübt werden.

Ein zweites stimmbildnerisches Merkmal des Liedes ist die Dynamik. Konsequent echoartig gestaltet oder in abwechslungsreicher Folge mit Echo, Vorausecho, Decrescendo und Crescendo trainiert das Lied die Sicherheit in der Dynamik und hilft, Intonation und Klangintensität unabhängig von Dynamikgraden zu beherrschen. Die angegebenen Dynamikzeichen sind Vorschläge, die nach eigenem Ermessen geändert werden können.

**A** Die Vokalansätze durchweg ohne Glottis-Schlag bilden. Dies ist besonders wichtig bei den Textanfängen auf $f^2$ (»auf daß alle«, »Amen«). Ein vorausgehender Luftstau mit gedachtem Hauch öffnet die Stimmritze und kann ein gewaltsames Aufsprengen verhindern.

Gut aufeinander hören und klangsensibel reagieren, um die dynamischen Abfolgen (Echowirkungen, abwechselnde Steigerungen etc.) sinnvoll gestalten zu können. In der Höhe nicht schreien, sondern die Klänge mit gut geweiteter Kehle raumreich formen.

## Übung 104: Katzenmusik-Kanon zum Training des Vokals *i*

### Das Kätzchen Griesegrau

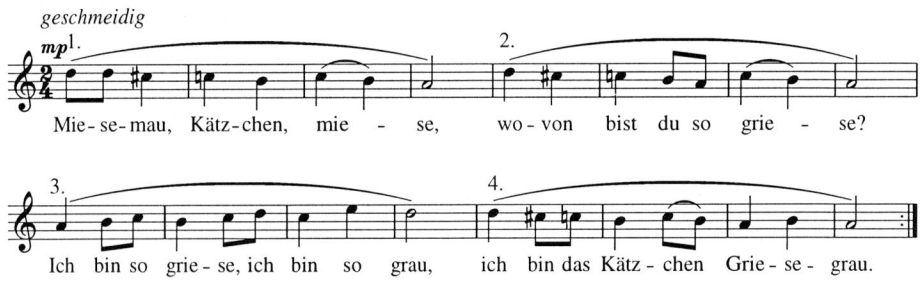

T: überliefert/M: Andreas Mohr,
aus: *Liederheft für die Kinderstimmbildung*, a.a.O., © beim Autor

**Z** Vordersitzqualität, raumreiche Bildung des Vokals *i* und Vokalausgleich bilden die wichtigsten stimmbildnerischen Eigenschaften dieses Kanons. Der Text stellt mehrmals eine Verbindung des Vokals *i* mit dem Diphthong *au* her. So können die Vordersitzqualitäten des *i* und die den Mundraum weitenden Eigenschaften des *au* gut voneinander profitieren. Die meist chromatisch absteigende Melodik verlangt dichte Bindung und vermittelt weiche, geschmeidige Tongebung in mittleren Dynamikbereichen. Die Halbtonreibungen in der kanonischen Ausführung stellen ein reizvolles Klangelement dar, das die Helligkeit des Vokals *i* musikalisch unterstützt.

160

**A** Trotz der intensiven Nasalraumförderung das *i* nicht in die Nase drängen (offenes Näseln). Sehr dichtes Legato singen.

Weitere Kanons und Lieder für die Erarbeitung von Vordersitz:

| | |
|---|---|
| Auf, auf zum fröhlichen Jagen (*Es tönen die Lieder*, S. 34) | Die Silbenfolge im Refrain *Tridihejo* ist ein gutes Übungswerkzeug für Vordersitz. |
| Es Burebüebli mah-n-i nit (*Es tönen die Lieder*, S. 98) | Eine der beliebtesten Refrain-Silbenfolgen ist das *Fidirallala*. Bei elastisch gespannter Artikulation des *l* und guter Unterkieferbeweglichkeit stellt sie eine brauchbare Übung für den Vordersitz dar. |
| Fröhlich fangt alle an (*Unser fröhlicher Gesell*, S. 12) Frohlocket all' (*Der Kanon*, S. 71) Froh zu sein (siehe auch Kap. 17) (*Unser fröhlicher Gesell*, S. 142) Frühe, früh am Morgen (*Es tönen die Lieder*, S. 132) | Anfangsartikulation mit *fr* hilft bei Benützung des Zungenspitzen-*r*, den Klang der Stimme in die hohen Kopfräume zu lenken (»in die Maske singen«). |
| My Bonnie is over the Ocean (*Der Zündschlüssel*, S. 42) | Englische Liedtexte sind häufig besonders gefährlich wegen der vielen eher rückwärtig gebildeten Vokale und Konsonanten und wegen des oft leicht vorgeschobenen Unterkiefers beim Singen derartiger Texte. Im Refrain dieses Liedes verbinden sich vorne artikulierte Konsonanten (*b*, *t*) und resonatorisch günstige Klinger (*m*, *ng*) mit im Englischen schwieriger vorne zu |

|  | bildenden Lauten ($r$, $a$, $k$) zu einem günstigen Trainingstext. |
| --- | --- |
| Schön ist die Welt<br>(*Es tönen die Lieder*, S. 259) | Die abwärts führende Melodik der zweiten Liedzeile hilft, vordere obere Resonanzeinstellungen in untere Lagen zu transportieren. In allen Strophen wird diese Qualität durch vordere Artikulationen unterstützt. |

Weitere Kanons und Lieder als Artikulationsübungen:

| | |
| --- | --- |
| Aber unsereiner<br>(*Der Zündschlüssel*, S. 32) | Das ganze Lied ist als Sprechübung geeignet. |
| Auf einem Baum ein Kuckuck saß<br>(*All mein Gedanken*, S. 310) | Die Silbenfolge *Simsalabimbambasaladusaladim* ist für die Lockerung der Artikulation nützlich. |
| C-a-f-f-e-e<br>(*Der Kanon*, S. 176) | Die dritte und vierte Kanonzeile ist eine gute Sprechübung. |
| Das Heidenröslein<br>(*Es tönen die Lieder*, S. 254) | Die Zeile: »Röslein, Röslein, Röslein rot« ist eine gute Übung für die Benutzung des Zungenspitzen-$r$ beim Singen. |
| Der Storch<br>(*Liederheft für die Kinderstimmbildung*, S. 56) | Die Silbenfolge *klapperdiklapp* verbindet vordere und rückwärtige Artikulationen zu einem günstigen Trainingsinstrument. |
| Dunkel war's, der Mond schien helle<br>(*Liederheft für die Kinderstimmbildung*, S. 60) | Rasche, syllabische Textverteilung bei absteigender Melodik. |

| | |
|---|---|
| Heißa, Kathreinerle (*Es tönen die Lieder*, S. 148) | Der Refrain kann als Sprechübung benutzt werden. |
| Kommt und laßt uns tanzen, springen (*Der Kanon*, S. 13) Wann und wo sehen wir uns wieder (*Kanonsammlung*, S. 1) | Gute Übungskanons für Unterkieferbeweglichkeit. |
| Pidewidewit (*Liederheft für die Kinderstimmbildung*, 59) | Lippen- und Unterkieferbeweglichkeit wird mit der Silbenfolge »pidewidewit« bei absteigender Melodik trainiert. |
| Ticktack! – Uhrenkanon (*Der Kanon*, S. 190) | Als Übung für palatale *k*-Artikulation denkbar, jedoch besonders im süddeutschen Sprachraum immer gefährlich wegen zu kehliger Artikulation und Klanggebung. |
| Wenn ich Dichter wär (*Neue Kinderlieder*, S. 17) | Die durchgehende Achtelbewegung in der zweiten Liedhälfte stellt eine gute Sprechübung dar. |

# 12. Lockerung der tiefen Lage

Wie schon wiederholt angesprochen, ist das wichtigste stimmbildnerische Ziel bei der Formung der tiefen Lage von Kinderstimmen, die reine Vollstimmfunktion ohne Beteiligung der Randschwingung zu vermeiden. Es wird bei allen Übungen für die Tiefe also um lockeres, ungepreßtes und unforciertes Ansingen tiefer Töne gehen.

Beim Abwärtssingen darf nicht ruckartig in Vollstimmfunktion umgeschaltet werden. Ebenso soll in tiefer Lage nie mit ungehindert lauten Klängen ohne Atemzurückhaltung und ästhetische Formung begonnen werden.

## 12.1 Technische Übungen

### Übung 105: Vordersitz in der Tiefe

Umfang: $d^2$–$a^0$. Tempo: ♩ = 80

nü  nü  nü  nü ...
no  no  no  no ...
na  na  na  na ...

**Z** Das mehrmalige Zurückkehren zum höchsten Ton und das Enden der Übung auf demselben erleichtert das Beibehalten der oberen vorderen Klangeinstellung auch bei absteigenden Linien und unter erschwerten Vokalbedingungen.

**A** Erst wenn die Geschmeidigkeit der Linie ohne Registerwechsel mit den Vokalen *o* und *ü* erreicht ist, darf die Übung mit *a* versucht werden. In der Tiefe nicht laut singen und den Atem gut zurückhalten.

### Übung 106: Leichte Tonansätze in der Tiefe

Umfang: $es^2$–$b^0$. Tempo: ♩ = 72

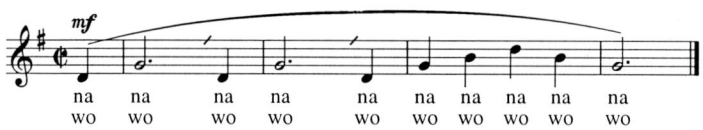

na    na      na    na      na    na  na  na  na    na
wo    wo      wo    wo      wo    wo  wo  wo  wo    wo

**Z**  Locker federnde Tonansprache bei den auftaktigen tiefen Tönen verhindert das Ansingen im ungemischten Brustregister.

**A**  Zwischen den tiefen und den hohen Tönen darf kein Bruch entstehen. In der Tiefe leicht und leise genug ansetzen. Den Kopf ruhig halten.

## Übung 107: Streng gebundenes Absteigen

Umfang: $f^2$–$a^0$. Tempo: ♩ = 60

**Z**  Die Tonrepetitionen und das dichte Legato helfen, den Bruch beim Absteigen in die Tiefe zu vermeiden. Der Umlaut *ü* kann für den nötigen Vordersitz sorgen.

**A**  Auf konsequente Bindung der Töne achten! Das *ng* benutzen, um die hohen Resonanzen auch bei tieferen Tönen im Klang zu behalten. Vorsicht beim Erreichen der Schlußrepetition: die tiefsten Töne nicht fallenlassen, sondern mit viel Zwerchfellspannung halten (»auf einem Tablett tragen«).

## Übung 108: Hoher Sitz und weiter Mundraum bei tiefen Tönen

Umfang: $es^2$–$a^0$. Tempo: ♩ = 92

**Z**  Die psychische Qualität der Übungswörter mit ihren vielfältigen Assoziationsmöglichkeiten hilft in Verbindung mit der suggestiven Melodik weiche und weite Mundraumklänge auch bei tiefen Tönen zu erreichen. Mit der in allen Übungswörtern enthaltenen Konsonantenverbindung *nj* kann man die oberen Kopfräume gut aufschließen und so für den nötigen Vordersitz sorgen.

**A**  In der Tiefe nicht laut singen, sondern sehr raumreich mit guter vorderer Artikulation. Die Anfangskonsonanten präzise vorne bilden.

## 12.2 Verpackte Übungen

### Übung 109: Glissandi im Wolfsrudel

Vorstellung: Ein Rudel Wölfe sitzt im Kreis und heult den Mond an: alle durcheinander oder gemeinsam mit hohen Glissandi auf *hwuu* beginnen. Die Glissandi enden ganz tief und sehr leise. Einzelne Wölfe brummen leise vor sich hin: *humm, hmm, homm.* Ein Junges spielt heftig mit den Ohren des Vaters und quietscht dabei vergnügt und leise: *mimm, ming.* Der Vater brummt ein paar Mal vernehmlich: *rrong, rröng* und ruft das Junge zur Ordnung.

**Z**  Die Glissandi auf dunklen Vokalen sollen die Geschmeidigkeit der Stimme in allen Lagen verbessern. Das *hw* sollte als Hauchlaut mit locker aufeinanderliegenden Lippen ausgeführt werden. Die hellen *i*-Laute ermöglichen es, im Gesamtklang den Anschluß an die hohen Resonanzen leichter wahrzunehmen.

**A**  In der tiefen Lage immer locker lautieren, nie laut! Darauf achten, daß zwischen hoher und tiefer Lage kein Bruch entsteht. Die tiefen Töne müssen so locker gebildet werden, daß der Anschluß an Vordersitz und Randschwingung immer gewahrt bleibt.

### Übung 110: Meditative Klänge

Vorstellung: In einem fernöstlichen Tempel: Wir sitzen oder hocken im Fersensitz. Es ist halbdunkel. Der Lehrer imitiert mit der Stimme den Klang eines Gongs. Einzelne Kinder nehmen den Klang des Gongs auf und führen ihn weiter: *Mongngng, bongngng.* Der Gong ertönt weiter, und auf ein vereinbartes Zeichen wird ein zweiter Klang eine kleine Terz tiefer hinzugefügt: *wungngng, lungngng.* Ein dritter und vierter Gong-Klang wird ein bzw. zwei Ganztöne höher als der erste Klang hinzugemischt: *rüngngng, döngngng.* In verschiedenen Abständen werden die Silben wiederholt und immer auf *ng* weitergesummt.

**Z**  Weit schwingende, liegende Töne in pentatonischer Schichtung wirken in Verbindung mit den runden, mundraumweiten Vokalen und dem nasalen *ng* suggestiv auf die Lockerheit der tiefen Lage.

**A** Vielfältige rhythmische und tonale Abstufungen wählen. Die Wirksamkeit der Übung ist abhängig von der Kraft der Imagination.

## Übung 111: Schlagzeugensemble

Wir imitieren ein Schlagzeugensemble. Mit verschiedenen Silben (*dong*, *bamm*, *wumm*, *ronn* etc.) erzeugen wir Klänge wie von Trommeln, Pauken und anderen Schlaginstrumenten. Mit verschiedenen Tonhöhen und Rhythmen lassen sich vielfältige Zusammenklänge produzieren.

**Z** Die kurzen, rhythmisch akzentuierten Übungssilben lassen sich gut einsetzen, um in der tiefen Lage die notwendigen elastischen Spannungen zu erzeugen, und beugen einer allgemeinen Erschlaffung im Brustkorbbereich vor. Die Imagination des Schlagzeugs kräftigt die Stimmfaltenmuskulatur und fördert die Kompressionsspannung. Die Weite der verwendeten Vokale öffnet den Brustraum und entwickelt die Körperresonanz.

**A** Auf keinen Fall zu laut singen! Das Brustregister darf nicht ohne Randschwingung produziert werden. Bei aller impulsiver Kraftentfaltung müssen die Klänge immer weich beginnen und enden. Diese Übung muß sorgfältig überwacht werden, um harte Klänge zu vermeiden.

## 12.3 Übungslieder

Übungslieder zum Erlernen des richtigen Umgangs mit der tiefen Lage der Kinderstimme müssen immer gelöste und ungepreßte Tongebung unterstützen. So dienen solche Lieder häufig nicht nur dem lockeren Ansingen tieferer Töne, sondern sind auch für die hohe Lage nützlich. Leider sind viele Kanons, Kinder- und Volkslieder für die Kinderstimme viel zu tief notiert, so daß die Kinder kaum in der Lage sind, die notwendige Lockerheit zu erzeugen, und daher notgedrungen bruststimmig singen müssen. Dies führt – wie schon dargelegt – häufig zur Isolierung des Brustregisters mit den bekannten schädigenden Folgen. Es ist also unbedingt notwendig, die Lieder in einer für die Kinderstimme akzeptablen Lage zu singen.

## Übung 112: Hampelmann

**Hampelmann**

Ham - pel - mann, komm, tanz mit mir, tanz mit mir, tanz mit mir

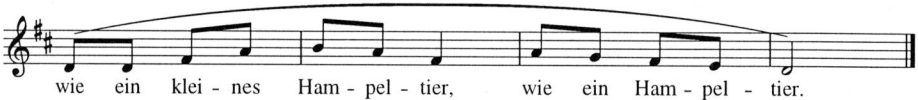

wie ein klei - nes Ham - pel - tier, wie ein Ham - pel - tier.

T: Klaus W. Hoffmann/M: nach einer amerikanischen Volksweise,
© Verlag „pläne", Dortmund

**Z** Die aufsteigende Melodie führt in drei sequenzierten Passagen wieder zum Grundton zurück. Kleine Übungsschritte sind sinnvoll, um den in der Höhe erreichten Vordersitz bei den tieferen Tönen beibehalten zu können. Die Vokalverteilung in der ersten Strophe (»tanz mit mir«) hilft, die unteren Töne weit vorne zu bilden. Die umgekehrte Vokalverteilung in der zweiten Strophe (»mir die Hand«) stellt eine erschwerte Variante dar.

**A** Der geringe Ambitus des Liedes kann zu rein bruststimmiger Singweise verführen! In der Tiefe locker und nicht laut beginnen.

## Übung 113: Randschwingung für die tiefste Lage

**Schaukel, Wind**

Schau - kel, schau - kel, schau - kel, Wind,

schau - kel, schau - kel, schau - kel mein Kind.

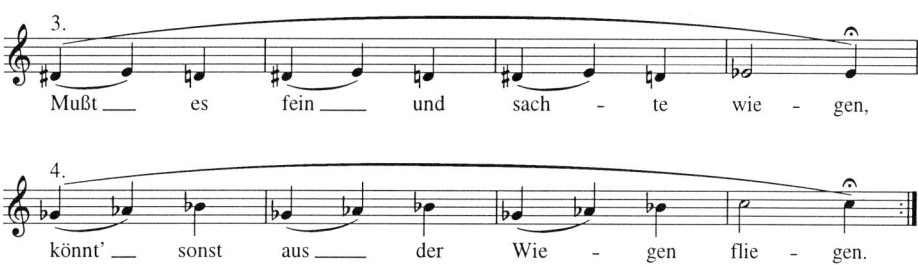

Mußt __ es fein __ und sach - te wie - gen,

könnt' __ sonst aus __ der Wie - gen flie - gen.

T: überliefert/M: Andreas Mohr, © beim Autor

**Z** Klangcharakter und Textaussage suggerieren eine sachte, empfindsame Tongebung. Weich strömendes *sch* und mundraumweitendes *au* formen einen warmen,
offenen Klang, der in Verbindung mit chromatisch absteigenden Linien die
Stimme sensibilisiert und geschmeidig macht. Dies ist die Voraussetzung für die
gute Durchmischung der tiefen Lage der Kinderstimme mit Randschwingung.

**A** Den weichen Stimmklang in den beiden letzten Kanonzeilen nicht verlieren, son-
dern immer mit der gleichen weiten Raumeinstellung weitersingen. Auf dichtes
Legato achten. Den ganzen Kanon auch abwärts transponiert singen (bis etwa eine
Quart tiefer).

## Übung 114: Lockere Sprünge nach unten

### O du lieber Augustin

O du lie-ber Au-gu-stin, Au-gu-stin, Au-gu-stin, o du lie-ber

Au-gu-stin, al-les ist hin! s'Geld ist weg, s'Madl ist weg, al-les weg,

al-les weg, o du lie-ber Au-gu-stin, al-les ist hin!

T/M: aus Österreich überliefert

**Z** Bei Melodieverläufen von oben nach unten können im Sprung zu erreichende tiefe Töne gut an die hohen Einstellungen der Stimme »angehängt« werden. So wird das Umschalten in ungemischtes Brustregister verhindert.

**A** Die tiefen Töne nicht loslassen, sondern in der Atemlinie führen. Betonungen der tiefen Töne vermeiden.

## Übung 115: Lockere Oktavsprünge

**Pack den Koffer**

T: Lieselotte Holzmeister/M: nach einem holländischen Volkslied,
aus: *Der Zündschlüssel*, © Fidula-Verlag, Boppard/Rhein

**Z** Die locker repetierten tiefen Anfangstöne jeder Phrase ermöglichen ein federndes Abspringen zum oberen Oktavton und verhindern, daß in zu bruststimmiger Mischung begonnen wird.

**A** Wirklich leicht und locker beginnen! Den Sprung mit Schwung nehmen. Die Artikulation der vier tiefen Achtel soll präzise vorne und unverspannt erfolgen.

## Übung 116: Rhythmische Dreiklangsbrechungen

**Wenn mer sonntags in die Kirche gehn**

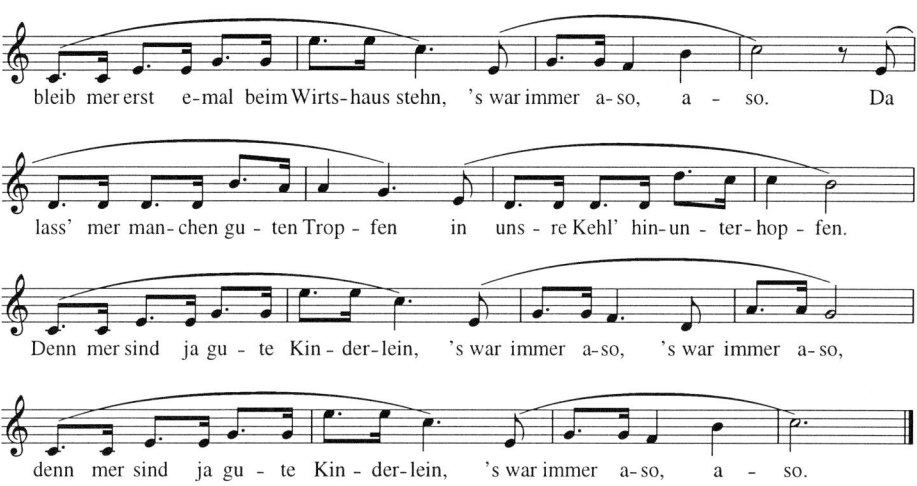

bleib mer erst e-mal beim Wirts-haus stehn, 's war immer a-so, a - so. Da

lass' mer man-chen gu - ten Trop - fen in uns - re Kehl' hin-un - ter-hop - fen.

Denn mer sind ja gu - te Kin - der-lein, 's war immer a-so, 's war immer a-so,

denn mer sind ja gu - te Kin - der-lein, 's war immer a-so, a - so.

Aus Schlesien/Textfassung: Lothar Lechner,
aus: *Es tönen die Lieder*, © 1953 Schott Musik International Mainz

**Z** Der rhythmisch durchlaufene Dreiklang bereitet gut die locker-elastische Spannung für die hohen Töne vor und hilft, die tiefen Töne schlank genug zu singen.

**A** Der ganze Takt vor dem Sextsprung ist als Auftakt aufzufassen. Nicht schwerfällig, sondern rhythmisch prägnant und federnd singen.

Weitere Lieder, mit denen Lockerheit in der Tiefe erübt werden kann:

| | |
|---|---|
| Als wir jüngst in Regensburg waren (*Es tönen die Lieder*, S. 24) | Den Refrain locker und tänzerisch beginnen. |
| Und wieder blühet die Linde (*Es tönen die Lieder*, S. 280) | Die Silbe *tirallala* im Refrain und der rasche Sextsprung aufwärts mit nachfolgendem lockerndem Abwärtssprung hilft, in der tiefen Lage zu beginnen. |
| Vom Aufgang der Sonne (*Die Kanonrunde*, S. 8) | In der Tiefe schlank beginnen und die oberen Töne schon »im Auge haben«. |

# 13. Höhentraining

Wie schon in Kapitel 6 dargelegt, kommen zwei methodische Wege für das Trainieren der hohen Lage der Kinderstimme in Frage. Schwungübungen macht man am besten mit gebrochenen Drei- oder Vierklängen sowie mit schnell durchlaufenden Leitern. Erst wenn die hohen Töne mit kurzer Verweildauer und auf unbetonter Taktzeit erarbeitet sind, empfiehlt sich das Üben mit betonten und verlängerten Spitzentönen. Das langsame und allmähliche Erreichen hoher Töne in Legatolinien und im Piano kann dagegen parallel zu den Schwungübungen erfolgen.

## 13.1 Technische Übungen

Sehr verbreitet sind Schwungübungen in Dreiklangsbrechungen mit angesprungenen Spitzentönen und oft dreisilbigen phonetischen Strukturen, meist aus Wörtern geformt, die einen besonderen Impuls für die Höhe geben: »Die Sonne«, »Die Tonne«, »Die Wonne«, »Amore«, »Andiamo« etc. Im folgenden füge ich dieser Gattung einige Varianten mit unbetonten Spitzentönen hinzu:

### Übung 117: Lockeres unbetontes Ansingen hoher Töne

Umfang: $as^2–c^1$. Tempo: ♩ = 60

**Z**  Durch das Erreichen des Spitzentons auf unbetonter Taktzeit wird ein Engwerden im Hals vermieden. Der höchste Ton kann locker und leicht angesungen werden.

**A**  Die Sprünge gut binden, keine Luft zwischen den Tönen.

## Übung 118: Variante mit mehreren hohen Tönen

Umfang: $a^2$–$c^1$. Tempo: ♩. = 80

|         |          |         |         |          |         |
|---------|----------|---------|---------|----------|---------|
| Wo?     | Wo? __   | Wo?     | Wo?     | Wo? __   | Wo?     |
| So!     | So! ___  | So!     | So!     | So! ___  | So!     |
| So      | -  -     | ja      | So      | -  -     | ja      |

**Z** Die hohen Töne werden nicht als absolute »Endstationen« betrachtet. Die Kinder gewöhnen sich daran, über hohe Töne »hinwegzusingen«.

**A** Die Achtelnoten gut binden. Vor den Achteln nicht absetzen.

## Übung 119: Suggestive Rufwörter

Umfang: $b^2$–$c^1$. Tempo: ♩ = 72

|          |      |      |      |
|----------|------|------|------|
| Fen - ja | -    | -    | la   |
| Su - san | -    | -    | ne   |
| A - mo   | -    | -    | re   |
| Gi - raf | -    | -    | fe   |

**Z** Wörter, die auf eine schwungvolle Melodie quasi »gerufen« werden können, dienen dazu, spontan und unverspannt hohe Töne zu erreichen. Dabei eignen sich Melodien mit unbetonten Spitzentönen besonders gut für Anfänger und jüngere oder bruststimmgefährdete Kinder.

**A** Nicht schreien. Vom Quintton gut abspringen und die nachfolgende Passage im Schwung rasch durchlaufen. In der Tiefe sehr locker singen. Den Kopf ruhig halten.

Große Arpeggien sind seit jeher in der Gesangstechnik sehr beliebt. Kindern macht das harmonische Arpeggio (aufwärts Tonika, abwärts Dominante) mit akkordischer Begleitung durch den Lehrer viel Spaß – in fortgeschrittenerem Stadium auch über große Distanzen (Übung 120–124).

## Übung 120: Schnelles Durchmessen des Oktavraums

Umfang: $h^2-b^0$. Tempo: $\quarternote = 72$

**Z** Das Erreichen der Spitzentöne erfolgt zwanglos aus dem Duktus der melodischen Linie. Der Vokalwechsel soll anfangs möglichst nicht auf dem höchsten Ton erfolgen, sondern erst wenn die melodische Linie abwärts führt.

**A** Sehr rasch üben, aber darauf achten, daß die einzelnen Töne nicht nachlässig gebildet werden. Nur auf den ersten Schlag jedes Taktes eine Betonung setzen, alle anderen Töne locker nachlaufen lassen.

## Übung 121: Schnelles Durchmessen eines großen Tonraumes

Umfang: $c^3-b^0$. Tempo: $\dotted\quarternote = 92$

**Z** wie Übung 120

**A** Beim Erreichen der hohen Lage den Mund deutlich weiter öffnen und die Lippenspannung reduzieren. Vorsicht: den Mund nicht gewaltsam aufreißen.

## Übung 122: Weiches Ansingen hoher Töne im Legato

Umfang: $g^2$–$c^1$. Tempo: ♩ = 104

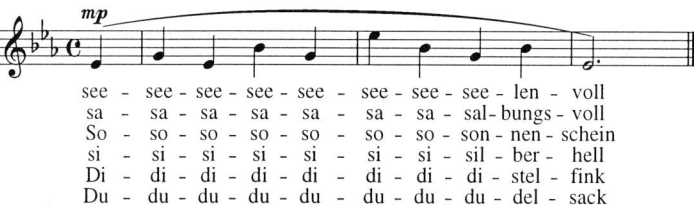

```
see - see - see - see - see - see - see - see - len - voll
sa  - sa  - sa  - sa  - sa  - sa  - sa  - sal- bungs-voll
So  - so  - so  - so  - so  - so  - so  - son- nen - schein
si  - si  - si  - si  - si  - si  - si  - sil - ber - hell
Di  - di  - di  - di  - di  - di  - di  - di - stel - fink
Du  - du  - du  - du  - du  - du  - du  - du - del - sack
```

**Z** Suggestive Übungswörter und eine behutsam ansteigende Melodie helfen, die oberen Töne weich und ohne Druck zu erreichen.

**A** Die Vokale möglichst weit bilden. Den oberen Ton nicht zusätzlich akzentuieren. Kein Crescendo nach oben. Sehr gebunden singen.

## Übung 123: Variante mit unbetontem Spitzenton

Umfang: $a^2$–$b^0$. Tempo: ♩ = 92

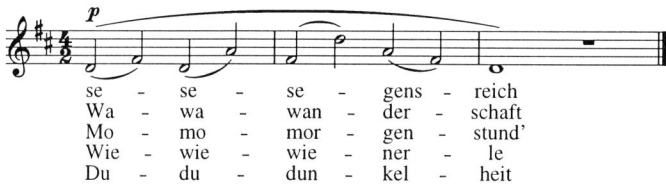

```
se  - se  - se  - gens - reich
Wa  - wa  - wan - der  - schaft
Mo  - mo  - mor - gen  - stund'
Wie - wie - wie - ner  - le
Du  - du  - dun - kel  - heit
```

**Z** wie Übung 122

**A** Dichte Bindungen ohne *h* zwischen den Tönen. Unterkiefer locker lassen und nach oben hin den Mundinnenraum vergrößern.

## Übung 124: Schnelles Arpeggio mit Sext

Umfang: $f^3$–$b^0$. Tempo: ♩ = 88

wo — wa — wa — wa — wo

**Z** Das schnelle Arpeggio mit Sext hilft, die muskulären Einstellungen der Stimme während des Singens nicht oder kaum mehr zu verändern. Der Vokal *a* sorgt für die nötige Weite in der Höhe.

**A** Sehr rasch singen, aber nicht ungenau werden. Immer leicht und eher leise beginnen. Diese Übung sollte nicht chromatisch aufwärts transponiert, sondern mit wechselnden Transpositionen möglichst ohne System ausgeführt werden, um immer locker zu bleiben.

Allmähliches Sich-Herantasten an höhere Töne ist für die Kinderstimme sicher schwierig, da kein Schwung und keine körperliche Bewegung die musikalische Linie unterstützt. Dennoch ist das Beherrschen von weichen, mit Randschwingung durchmischten hohen Tönen unabdingbar, um Verspannungen und Kehlenge in der Höhe zu vermeiden (Übung 125/126).

## Übung 125: Weiche aufsteigende Linie in Moll

Umfang: $b^2$–$c^1$. Tempo: ♩ = 100

| wu — wu | wu — wu | wu — wu — | wu — wu |
| wo — wo | wo — wo | wo — wo — | wo — wo |
| so — ja | so — ja | so — ja — | so — ja |

**Z** Vokale, die die Randschwingung fördern, und vordersitzbildende Konsonanten verhelfen zu einer lockeren und weichen Stimmgebung. Die stufengängige, leicht rhythmisch bewegte Melodie verhindert Verkrampfung und bereitet im Stimminstrument die nötige Offenheit und Weite für die oberen Töne vor.

**A** Nicht laut singen. Nach oben hin kein Crescendo, sondern eher noch weicher und entspannter singen.

## Übung 126: Vokalise auf *ü*

Umfang: $g^2$–$c^1$. Tempo: ♩ = 80

**Z**  Die weich geschwungene Melodie mit ihren behutsamen rhythmischen Wechseln sowie der vorne gebildete Umlaut *ü* sind gute Hilfsmittel zur Förderung der Rand-schwingung für die hohe Lage.

**A**  Pianissimo und mit minimalem Luftverbrauch singen. Darauf achten, daß das *ü* im Mundraum genügend Weite hat. Kein Glottis-Schlag vor dem *ü*!

# 13.2 Verpackte Übungen

Bei Übungen für die Höhe besteht die »Verpackung« meist aus Wörtern oder Wort-verbindungen, die mit dazu passender Melodik elementare Körperspannungen erzeugen und so Elastizität und Lockerheit der zu trainierenden Muskulaturen ver-bessern. Die im vorigen Abschnitt mitgeteilten technischen Übungen haben zum Teil bereits solche Aspekte berücksichtigt. Noch einen Schritt weiter gehen Übun-gen, die bekannte Melodie- oder Textmodelle einsetzen, mit deren Hilfe sich bei Kindern assoziativ die richtigen Spannungen im Körper einstellen, um hohe Töne locker zu erreichen. Besonders hilfreich scheinen mir in diesem Zusammenhang Kinderreime und Ausschnitte aus Märchentexten.

## Übung 127: Schwungübung mit Märchentext

Umfang: $b^2$–$b^0$. Tempo: ♩ = 100

Der Wind, der Wind, das himm-li - sche Kind.

**Z**  Der zweimalige schwungvolle melodische Anstieg und vordersitzfördernde pho-netische Bestandteile (»Wind«) bereiten die Höhe vor. Der höchste Ton wird auf weitem Vokal erreicht und nur kurz gehalten. Die Achtelbewegung abwärts sorgt für die nötige Entspannung. Der Text provoziert assoziativ günstige Voreinstellungen des Stimminstruments.

**A**  Nicht laut singen. Viele klingende Konsonanten verwenden (*w*, *m*). Achtelbindungen ohne *h*.

## Übung 128: Melodische Variante mit Ganztonschritten

Umfang: $as^2$–$c^1$. Tempo: ♩ = 100

Der Wind, der Wind, das himm - li - sche Kind.

**Z**  Der übermäßige Dreiklang und die absteigende Ganztonleiter konzentriert den Klang der Stimme nach vorne oben und sorgt für gute Kompressionsspannung.

**A**  Trotz der Aufmerksamkeit auf die ungewöhnliche Melodik locker und elastisch singen.

## Übung 129: Märchentext mit randschwingungsfördernden Elementen

Umfang: $g^2$–$c^1$. Tempo: ♩. = 80

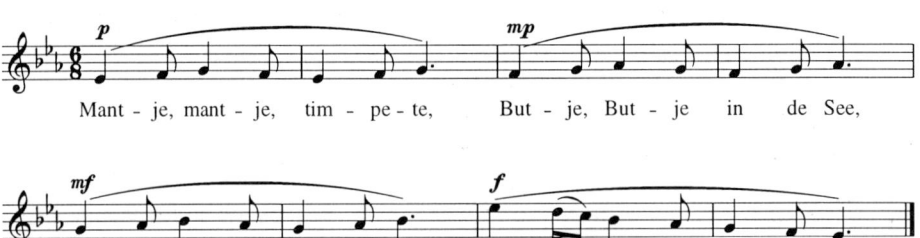

Mant - je, mant - je, tim - pe - te, But - je, But - je in de See,

mi - ne Fru, de Il - se - bill, will nich so, as ik woll will.

**Z** Die phonetische Kombination *tj* hilft, den Vordersitz für die Höhe zu sichern. Mit dem häufig vorkommenden Vokal *i* findet man leicht die richtigen Einstellungen für das Ansingen hoher Töne.

**A** Nicht zu laut anfangen und die ganze Übung terrassendynamisch steigern. Den Kopf nicht hochrecken. Hals und Kehle weit halten.

### Übung 130: Im Sprung erreichte unbetonte hohe Töne

Umfang: *g²–c¹*. Tempo: ♩ = 120

Der Wie-de-hopf, der Wie-de-hopf hat Haar am Hals und kein's am Kopf!

**Z** Unbetonte Spitzentöne helfen, Verspannungen beim Ansingen zu vermeiden. Helle Vokale sorgen für den nötigen Vordersitz. Der etwas saloppe Text unterstützt die lockere Tongebung.

**A** Nicht zu laut singen. Trotz der Nähe zur Rufstimme muß das Schreien unbedingt vermieden werden.

## 13.3 Übungslieder

### Übung 131: Bindung mit dem Vokal *i*

**Ach Mädchen, nur einen Blick**

Ach Mäd-chen, nur ei - nen Blick!__ Ein' Druck von dei - ner Hand__ wär'

Se - lig-keit__ für mich, _____ wär' Se - lig-keit__ für mich! __

T/M: überliefert

**Z** Bei »Seligkeit für mich« wirkt das melodische Material mit zunächst absteigender Linie und leicht rhythmischer, tänzerischer Faktur entspannend, bevor mit einem schwungvollen Dreiklang der Spitzenton erreicht wird. Die Textverteilung ermöglicht auf dem Abschwung vorne gebildete und weitende Vokale und Konsonanten. Der Aufschwung ist mit dem Wort »mich« günstig textiert, um Vokalraum in der Höhe beizubehalten.

**A** Unterkiefer locker lassen und beim melodischen Anstieg den Mund kontinuierlich weiter öffnen.

## Übung 132: Oktavsprung nach oben

**Das Igelchen**

T: Marieluise Ritter/M: nach M. Ritter, © Patmos-Verlag GmbH, Düsseldorf

**Z** Die letzte Zeile ist die stimmbildnerisch wichtigste. Durch mehrmalige Repetition vorbereitet, wird der Oktavton im Schwung erreicht. Das *u* in der Höhe verhindert harte, brutale Klänge.

**A** Nicht zuviel *h* vor dem höchsten Ton. Mit körperlichem Gegenschwung (federnd in die Knie gehen u. ä.) helfen, den Oktavsprung locker zu nehmen. Den Kopf ruhig halten.

## Übung 133: Größer werdende Sprünge nach oben

**Das Krakadau**

Kennst du viel-leicht das Kra - ka - dau? Kri - Kra - Kra - ka - dau? Es

ist nicht gelb, es ist nicht blau, es ist nicht leis', es macht Ra - dau! Wie

du, wie du, wie du ge - nau, das Kri - Kra - Kra - ka - dau!

T: Nortrud Boge-Erli/M: Dorothée Kreusch-Jacob,
aus: *Das Liedmobil*, dtv/Bärenreiter-Verlag, München/Kassel, © bei den Autoren

**Z** Mit allmählich größer werdenden Sprüngen sollen vom immer gleichen Grundton aus federnd die höheren Töne erreicht werden; dadurch wird das unverspannte Ansingen höherer Töne erleichtert.

**A** Die hohen Töne nicht zusätzlich akzentuieren.

## Übung 134: Stufengängiges Erreichen hoher Töne

**Grüß Gott, du schöner Maien**

Frau Nach - ti - gall mit Schal - le

T/M: überliefert, vollständig notiert u. a. in: *Es tönen die Lieder*, a.a.O.

**Z** Der stufengängige Anstieg mit der anschließenden schwungvollen Bindung ist ein gutes Training für hohe Lagen, ohne Verspannungen hervorzurufen. Der höchste Ton ist unbetont und kurz, so daß die Stimme anschließend sofort entspannen kann.

**A** Unten leicht und federnd beginnen, nicht laut. Mit dem *fr* in »Frau« den Vordersitz für die hohe Lage vorbereiten.

## Übung 135: Mit Kraft in hoher Lage singen

### Ich will Pfannkuchen

Mut- ti kocht zu Mit- tag, ich komm' zur Tür her-ein, schau- e in den Topf und fang'_

_ gleich an zu schrein: Ich will Pfann - ku - chen, _

im- mer nur Pfann - ku - chen _ und nicht _ Spi- nat mit

Ei, o wei, _ o wei, o wei!

T/M: Geraldino, © Gerd Grashaußer

**Z** Der Refrain dieses Liedes verführt wie viele neue Kinderlieder und Songs in der Unterhaltungsmusik zu harter und überlauter Stimmgebung. Sicherlich ist es nicht der richtige Weg, den Kindern das Singen solcher Stücke generell zu verbieten. Vielmehr kommt es darauf an, ihnen zu zeigen, wie man derartige Lieder mit Spaß singen kann, ohne gleich Heiserkeit oder andere die Stimme belastende Folgen in Kauf nehmen zu müssen. Einsatz von Kraft ist generell nicht schädlich, lediglich das Umschlagen in »Gewalt« ist zu vermeiden. Die hohe Lage des Refrains und der Vokal *u* helfen, die Stimme nicht zu hart einzusetzen.

**A** Das Gespür für eine trotz aller Lautstärke und Spontaneität immer ästhetisch geführte Stimme muß geweckt und kontrolliert werden. Das Wort »ich« ohne Glottis-Schlag beginnen und die *i*-Laute des Textes nicht breit formen. Mit elastischen Körperbewegungen der Gefahr von Stimmhärte entgegenwirken.

## Übung 136: Lustiger Nachlaufkanon mit viel Schwung für hohe Töne

### Ich möcht' für tausend Taler nicht

T: überliefert/M: Andreas Mohr, © beim Autor

**Z** Der Schwung der Aufwärtsbewegung zu Beginn der Melodie verstärkt sich noch durch die nachlaufenden Stimmen und hilft, den Spitzenton leicht, unverspannt und mit weitem Mundraum anzusingen. Bei der nachfolgenden Parallelstelle »sonst lief ich mit dem Rumpf herum« kann dann der hohe Ton leichter im selben weiten Raum gelingen. Immer wieder wird der Spitzenton quasi spielerisch erreicht, bis schließlich der Klangraum hoher Töne nicht mehr durch verengende Vokale gefährdet ist.

**A** Auf keinen Fall die hohen Töne mit Gewalt erzeugen wollen. Den Kopf ruhig halten und bei Sprüngen nach oben nicht hochrecken. Nicht zu laut singen.

## Übung 137: Federnd repetierte hohe Töne

**Im Märzen der Bauer**

er pflü – get den Bo – den, er eg – get und sät

T/M: überliefert, vollständig notiert u. a. in: *Es tönen die Lieder*, a.a.O.

**Z** Oben angesetzte, immer wieder zu erreichende Töne verhelfen zu schlanker, entspannter Tongebung. Die Vorstellung des Trampolinspringens kann diese Lockerheit noch verstärken.

**A** Die Spitzentöne nicht betonen. Sehr leicht und federnd singen.

## Übung 138: Gebundener Anstieg mit Vokal *a*

**Kein Feuer, keine Kohle**

weiß, _____ von der nie – mand nichts weiß.

T/M: überliefert, vollständig notiert u. a. in: *Es tönen die Lieder*, a.a.O.

**Z** Mit der weiten Vokaleinstellung von *a* und dem vordersitzfördernden *w* kann der schwungvolle Anstieg gut gelingen. Der Diphthong *ei* fordert ein helles, vorne gebildetes *a* als Primärvokal und schließt mit einem ebenfalls für vordere Stimmgebung gut geeigneten *e*. Auch das stimmlose *s* am Ende des Wortes leistet einen hilfreichen Beitrag für vordere Artikulation in der Höhe.

**A** Keine Luft zwischen den Tönen verlieren. Gut binden! Möglichst nach dem höchsten Ton nicht atmen, sondern die Schlußzeile des Liedes noch anbinden.

## Übung 139: Lockere Repetitionen

**Wenn die Bettelleute tanzen**

Ei, so geht's, so geht's, ei, so geht's, so geht's, wak-keln Ko-ber und der Ran-zen.

T/M: überliefert, vollständig notiert u. a. in: *Es tönen die Lieder*, a.a.O.

**Z** Artikulationslockernde Repetitionen in raschem Tempo bereiten den Anstieg vor, der unverspannt gelingen kann. Auch der Beginn dieses Liedes ist als Vorübung für das Singen in hoher Lage gut geeignet.

**A** Alle Konsonanten präzise und weit vorne bilden. Überflüssige Artikulationsbewegungen vermeiden.

Weitere Lieder und Kanons zum Trainieren der hohen Lage:

| | |
|---|---|
| Ade zur guten Nacht (*Es tönen die Lieder*, S. 18) | Der Beginn der zweiten Liedhälfte stellt eine gute Schwungübung dar. |
| Es tönen die Lieder (*Der Kanon*, S. 194) | Die letzte Zeile ist eine Schwungübung mit der Silbenfolge *Tralala*. |
| Herr, deine Güte (*Liederheft für die Kinderstimmbildung*, S. 35) | Die Schlußzeile des Kanons hilft, auch bei ungünstigeren Vokalen Weite in der Höhe zu bewahren. |
| In einem kühlen Grunde (*Es tönen die Lieder*, S. 184) | Die Bindung bei »verschwunden« ist eine gute Übung für Randschwingung und Weichheit in der Höhe. |
| Nun sei uns willkommen (*Kanonsammlung*, S. 10) | Die mittlere Zeile führt rasch stufengängig nach oben und langsam wieder abwärts. |

| | |
|---|---|
| Wach auf, mein's Herzens Schöne<br>(*Es tönen die Lieder*, S. 290) | Zuerst wird die obere Lage im Schwung erreicht, im Verlauf des Liedes dann nochmals stufengängig. |
| Wacht auf!<br>(*Der Kanon*, S. 179) | Die zweite Kanonzeile ist eine gute Schwungübung. |
| Wenn sich die Igel küssen<br>(*Neue Kinderlieder*, S. 127) | Die zweite Liedhälfte suggeriert weiches, behutsames Singen in hoher Lage. |
| Wer recht in Freuden wandern will<br>(*Es tönen die Lieder*, S. 310) | Die zweite Liedhälfte übt Weite in der Höhe und hilft mit Schwung und Bindungen. |

# 14. Förderung der Randschwingung und des Legatos

Viele der bisher vorgestellten Übungen weisen neben den spezifischen Eigenschaften natürlich auch Legato-Qualitäten auf, oft in direkter Verbindung mit einer Anregung der Randschwingung. Insbesondere die Übungen zur Resonanzweckung im Kopf (siehe Kapitel 10) sind fast alle gleichermaßen für die Innervierung der Randschwingung und das Trainieren von Legato geeignet. In diesem Kapitel sollen daher nur solche Übungen vorgestellt werden, die ihr Augenmerk auf spezielle Anforderungen bei Randschwingung und Legato legen. Dabei handelt es sich vor allem um das Beibehalten der weichen Randschwingungseinstellung trotz »störender« Konsonanten sowie um die sorgfältige Ausgestaltung der Nahtstellen zwischen den Tönen.

## 14.1 Technische Übungen

### Übung 140: Suggestive Wortbedeutungen

Umfang: *g²–b⁰*. Tempo: ♩ = 72

| o _____ | du _____ | o _____ | du _____ | o _____ | du _____ |
| so _____ | wohl ... | | | | |
| so _____ | schön ... | | | | |
| so _____ | süß ... | | | | |
| wie _____ | wohl ... | | | | |
| wie _____ | schön ... | | | | |
| wie _____ | süß ... | | | | |
| wie _____ | lieb ... | | | | |

**Z** Die assoziativen Wortbedeutungen und der ausschwingende Melodiebogen lassen die Mundraumweite, die weiche Randschwingung und die intensive Bindung der Töne besonders gut gelingen. Die Wortverbindungen sind im wachsenden Schwierigkeitsgrad angeordnet, um die weiche Bindung auch unter ungünstigeren Raumverhältnissen beherrschen zu lernen.

**A** Intensive Bindung der Vokale ohne Unterbrechung durch die Konsonanten. Hier hilft das Bild von der »Wäscheleine« (siehe Kapitel 6.5).

## Übung 141: Stimmhaftes *s* im Klangstrom

Umfang: $g^2–b^0$. Tempo: ♩ = 92

si - a   si - a   si - a   si - a   si - a   si - a   si

**Z** Das Klingenlassen von stimmhaftem *s* erfordert ein besonders sensibles Umgehen mit der Ausatmung. Dies kann in Verbindung mit den Vokalen die Rand-schwingung fördern und die Aufmerksamkeit auf die Bindungen lenken.

**A** Durch weite Einatmung (»Staunen«) ein tief gespanntes Zwerchfell erwirken. Oberkörper weit halten. Die Zungenspitze muß beim *s* einen sicheren Sitz an den unteren Schneidezähnen finden.

## Übung 142: Fallende Terzenbindungen

Umfang: $f^2–b^0$. Tempo: ♩ = 60

nu ____ no ____   nu ____ no ____   nu ____ no ____   nu ____ no
nu - o   nu - o   nu - o   nu - o   nu - o   nu - o   nu - o   nu

**Z** Bindung der Töne erst mit gleichbleibendem Vokal, dann mit Vokalwechsel. Durch den Terzengang der Melodie wird die Bindung etwas erschwert.

**A** Die tieferen Töne nicht lauter singen als die höheren. Keine Luft zwischen den Tönen entweichen lassen.

## Übung 143: Kontinuierlich größer werdende Sprünge

Umfang: $f^2–b^0$. Tempo: ♩ = 60

o   du   o   du   o   du   o   du   o   du   o   du   o   du
o   ja   o   ja   o   ja   o   ja   o   ja   o   ja   o   ja

**Z** Hier wird das Binden größerer Sprünge geübt. Der immer wieder erreichte hohe Ton kann wie eine Art »Oberleitung« empfunden werden und so das Kehligwerden der tieferen Töne verhindern.

**A** In der Tiefe nicht lauter singen als in der Höhe. Den Kopf ruhig halten.

## Übung 144: Weiche Bindungen in Moll und mit vermindertem Dreiklang

Umfang: $g^2-b^0$. Tempo: $\downhalfnote$ = 72

**Z** Die melodischen Mittel suggerieren Weichheit und unterstützen die Bindung bei schwierigeren Sprüngen.

**A** Zwischen den Tönen darf keine Luft entweichen. Besonders der Tritonus-Sprung muß ganz dicht genommen, darf aber auch nicht verschmiert werden. Dabei ist es nützlich, sich vorzunehmen, den Ton vor dem Sprung so lang auszuhalten, bis vom Metrum her der nächste Ton zwingend gesungen werden muß. So hat man keine Zeit, den Sprung mit »schmierenden« Zwischentönen auszufüllen.

## Übung 145: Chromatische Leiter abwärts

Umfang: $f^2-b^0$. Tempo: $o$ = 44

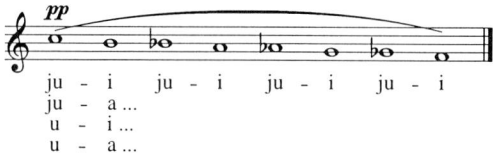

**Z** Wie alle Übungen mit ungewöhnlichen Melodieverläufen dient auch die vorliegende dem sehr exakten Voraushören und damit der Gehörerziehung beim Singen. Das dichte Beieinanderliegen der Halbtonschritte ist darüber hinaus ein gutes Hilfsmittel zum nahtlosen Binden, besonders bei Vokalanschlüssen ohne Konsonanten.

**A**  Die ganze Übung sehr leise und mit minimaler Luft singen. Alle Vokale im weiten, runden Mundraum hervorbringen.

## 14.2 Verpackte Übungen

Zur Erzeugung von weicher Randschwingung und gut gebundenen Tönen eignen sich viele verpackte Übungen. Improvisationen mit allerlei Klangexperimenten können helfen, die Stimme diesbezüglich bewußter einzusetzen. Dabei wird vor allem die Qualität der Ausatmung kontrolliert sowie ein Bewußtsein für das Binden von Tönen gefördert.

An zwei Beispielen möchte ich die grundsätzlichen Einsatzmöglichkeiten solcher Klangimprovisationen aufzeigen, ohne dabei weiter ins Detail zu gehen. Mit Phantasie und Spielfreude läßt sich nach diesem Prinzip eine Fülle von Übungsspielen erfinden.

Vor allem für jüngere Kinder sind Tastspiele besonders hilfreich; die dabei gemachten spezifischen Erfahrungen werden in Klänge umgesetzt.

### Übung 146: Improvisationsmodell für Tastspiele

Ein Kind ertastet mit verbundenen Augen glatte und rauhe Oberflächen sowie harte und weiche Materialien. Mit Stimmklängen versucht es, die Eigenschaften der ertasteten Strukturen zu beschreiben. Die anderen Kinder, denen das Material ebenfalls nicht bekannt ist, erraten es aus dem mitgeteilten Stimmklang. Wer richtig geraten hat, darf als Nächster tasten.

**Z**  Der besonders bei jüngeren Kindern noch sehr fein entwickelte Tastsinn kann Sensibilität für behutsame Klangentwicklung und weiche Tonbindungen schaffen. Das Bemühen um adäquate klangliche Nachzeichnung ertasteter Eindrücke erzieht zu sorgfältiger und ästhetisch geformter Singweise.

**A**  Der Stimmbildner sollte im Vorfeld solcher Übungen mit den Kindern grundsätzliche Möglichkeiten des Nachahmens außermusikalischer Vorgänge mit Stimmklängen geübt haben sowie Klangsilben und Melodieverläufe für bestimmte Eindrücke verabreden, um die Spielhandlung nicht zu komplizieren. Dabei ist es im Sinne des Übungszwecks förderlich, die Kinder grundsätzlich zum klanglichen Übersetzen nichtmusikalischer Phänomene anzuregen.

Auch Bilder oder Bildfolgen sowie Märchen und Geschichten eignen sich hervorragend für die improvisierte Begleitung mit Stimmklängen. Dabei ist es nützlich, für bestimmte szenische Elemente sozusagen »standardisierte« Klangmodelle zu erlernen, die im Ablauf der Geschichte dann automatisch abgerufen werden können.

## Übung 147: Improvisationsmodell zur Begleitung einer Märchenhandlung mit Stimmklängen

Hänsel und Gretel gehen durch den Wald. Der Wind rauscht leise in den Blättern (Pianissimo-Glissando auf *hwü, hwi, hwe* mit kleiner Amplitude). Ein Hase wird aufgeschreckt und macht sich aus dem Staub (leicht rhythmisierte Explosivlautfolge mit *hopp, hopp*). Es wird immer dunkler (die »Windsilben« wandeln sich zu *hwu, hwo*). Ein Uhu ruft (*buhu* mit größerer Glissandoamplitude und mezzopiano). Die Kinder kommen auf eine Lichtung (das »Windglissando« bricht ab), entdecken das Knusperhäuschen (freudiges vielstimmiges *aaahh*), laufen darauf zu (der *aaahh*-Cluster geht in wellenförmige Glissandi über) etc.

**Z**    Die imaginierte oder auch real gespielte Handlung suggeriert Klänge und Klangfolgen. Dies fördert eine sorgfältige Tonerzeugung und verbindet stimmtechnische Vorgänge mit gedanklicher Vorstellung.

**A**    Besonders Tonanfänge und Tonverbindungen kontrollieren. Nicht hart singen, sondern immer auf Klangschönheit bedacht sein.

Solche Klangbegleitungen lassen sich für Spielhandlungen aller Art, aber auch als Illustration von Bildern oder Bildfolgen vielfach einsetzen. Mit einigem Geschick bietet sich dem Stimmbildner hier eine gute Möglichkeit, den Kindern Sensibilität für die Wirkung von Klängen zu vermitteln und ihnen dadurch den Zugang zur Ästhetik des Singens zu öffnen.

# 14.3 Übungslieder

In fast jedem Volkslied, Kanon oder Kinderlied finden sich Elemente, die eine gute Tonbindung erfordern und so zu Übungen für Randschwingung und Legato werden können. Der Stimmbildner wird solche Liedausschnitte in seiner täglichen Arbeit nutzen und an ihnen die besondere Stimmqualität der Randschwingung sichern und üben.

## Übung 148: Seufzerverbindungen

**Müde Kuh**

*seufzend*

Muh, _____ muh, _____ stöhnt die mü - de Kuh. _____

*mf*

Fres - sen, sau - fen und noch mehr. Ach, wie ist das Le - ben schwer!
Milch und Sah - ne ge - be ich. Und was bleibt dann noch für mich?
Je - den Tag muß man was tun, kann nicht ein - mal rich - tig ruh'n!
Gras und Blu - men gibt man mir. Ach, ich bin ein ar - mes Tier!

*p*

Muh, _____ muh, _____ stöhnt die mü - de Kuh. _____

T: Andreas Mohr u. Elisabeth Weber/M: E. Weber,
aus: *Liederheft für die Kinderstimmbildung*, a.a.O., © bei den Autoren

**Z**  Der Refrain weist randschwingungsfördernde Qualitäten auf. Die absteigende Seufzermelodik und die dunkel fließende Übungssilbe *muh* sind die herausragenden stimmbildnerischen Bestandteile. Der assoziative Charakter des Refrains führt zu Entspannung; die Kopfstimme wird geweckt und verstärkt. Die mittleren Zeilen des Liedes wirken durch ihre syllabische Formung und den lustig-ironischen Inhalt einer völligen Entspannung entgegen und helfen, die elastischen Mindestspannungen der Stimme beizubehalten.

**A**  Den Refrain recht seufzend vortragen. Viel *m* und *u* formen und deren Klangeigenschaften im folgenden Text zu bewahren versuchen.

## Übung 149: Legato bei absteigender Linie

**Hab' ein Vöglein gefunden**

Hab' _____ ein Vög - lein ge - fun - den _____ im Fe - der - bett, im

T: überliefert/M: Hanns Eisler, © VEB Deutscher Verlag für Musik, Leipzig

**Z** Die absteigende Linie der letzten Zeile ist ein gutes Trainingsmittel für Legato und Randschwingung in tiefer Lage. Die anlautenden Konsonanten *f* und *b* verhindern das Kehligwerden der Klänge; die hellen Vokale *ö, e, ä* sorgen für Vordersitz und hohe Resonanz. Die Achtelbewegungen der vorletzten Liedzeile helfen, locker in der tieferen Lage zu singen.

**A** Trotz der vielen hellen Vokale mit runder Lippenstellung und weitem Mundraum singen. Die Achtel nicht stoßen.

## Übung 150: Ganztonleiter gebunden

**Nebel**

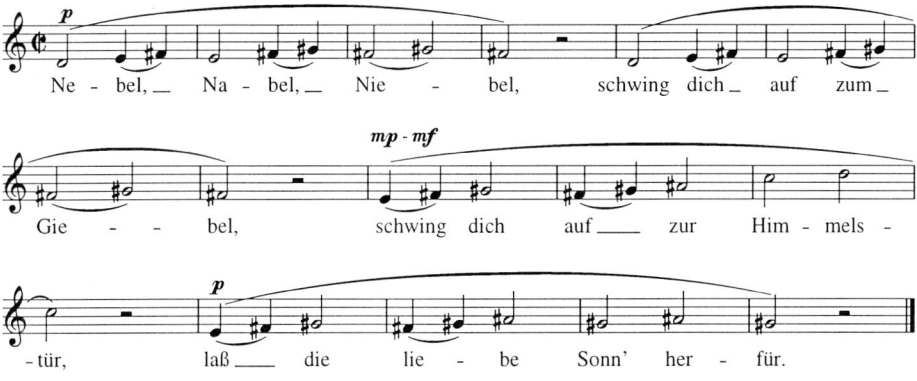

T: überliefert/M: Elisabeth Weber,
aus: *Liederheft für die Kinderstimmbildung*, a.a.O., © bei der Autorin

**Z** Die streng gebaute Ganztonmelodik in aufwärts führenden Linien ist wegen der notwendigen genauen Vorauseinstellung der Töne ein gutes Mittel für die Gehörerziehung; darüber hinaus fördert sie auch den vorderen Stimmsitz und die Nasalresonanz. Dies wird noch verstärkt durch die mehrmalige Verwendung des Konsonanten *n* in der ersten Liedzeile. Alle diese Einstellungen des Stimminstruments dienen dem intensiven Legato und der weichen, kopfstimmigen Singweise.

**A** Immer gut binden. Nicht schnell singen. Alle Zeilen leise beginnen.

## Übung 151: Weiche Randschwingung mit lockeren Artikulationen

**Susela**

T: überliefert/M: Elisabeth Weber,
aus: *Liederheft für die Kinderstimmbildung*, a.a.O., © bei der Autorin

**Z** Das gesamte Lied ist eine ausgezeichnete Übung für weiche Randschwingung und Legatolinien. Die stimmbildnerischen Qualitäten der Klangsilben *susela* und *dusela* sind eindeutig: Die stimmhaften Konsonanten *s*, *l* und *d* sowie der dunkle Vokal *u* und der sanft fließende Atem regen die Randschwingung an. Die suggestive Kraft der Melodik mit den weich aneinandergereihten Repetitionen und der latent mitschwingenden Pentatonik erzeugt eine warme Klangfarbe. Der Taktwechsel zwingt vorübergehend zu etwas präziserer Tongebung, bleibt aber durch die absteigende Linie mit den Vokalklängen *u*, *ei*, *au* immer kopfstimmig und

194

mündet sofort wieder in den schwingenden Sechs-Achtel-Charakter des Wiegen-
lieds.

**A**  Die *s*-Laute in *susela* und *dusela* immer sehr fließend und absolut stimmhaft hervorbringen! Nicht zischen und sehr gebunden singen.

## Übung 152: Randschwingung mit weichen Bindungen

### O du stille Zeit

T: Joseph v. Eichendorff/M: Cesar Bresgen,
© Voggenreiter Verlag, Bonn-Bad Godesberg

**Z**  Die abschwingende Melodie mit der weichen Bindung ist wichtigstes stimmbildnerisches Element der Übungsszeile »gute Nacht«. Das *u* läßt die Randschwingung
leicht einsetzen und sichern, so daß der letzte Ton auf »Nacht« nicht bruststimmig
gefährdet ist.

**A**  Das *g* weit genug vorne oben bilden. Nicht lauter werden bei der absteigenden
Linie. Den letzten Ton gut geführt halten.

## Übung 153: Legato-Kanon in Moll

### Halt dich an den Weiden

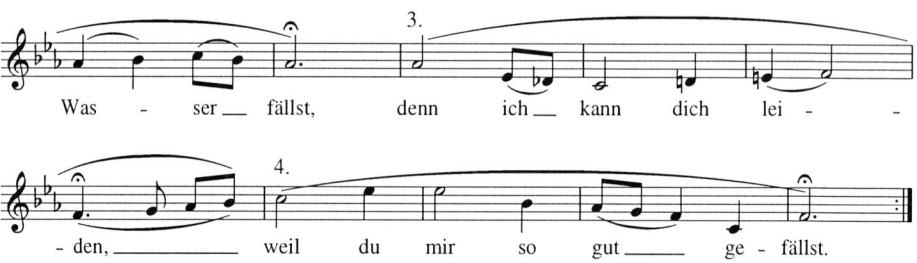

Was - ser fällst, denn ich kann dich lei - -
- den, weil du mir so gut ge - fällst.

T: überliefert/M: Andreas Mohr, © beim Autor

**Z** Der empfindsame Charakter des Lieds, die geschwungene Melodieführung und der sanft wiegende Rhythmus stellen ein Trainingswerkzeug für das Legato-Singen dar. Lang gehaltene Töne wirken unterstützend, ebenso wie kürzere und längere Bindungen auf weiten Vokalen.

**A** Das Tempo ist so zu wählen, daß immer eine ganze Kanonzeile auf einen Atem gesungen werden kann. Dann behutsam verlangsamen, um die Atemkapazität zu steigern.

Weitere Lieder und Kanons, mit denen Legato und Randschwingung geübt werden können:

| | |
|---|---|
| All mein Gedanken<br>(*Unser fröhlicher Gesell*, S. 373) | Die erste Zeile zwingt zu lang gehaltenen Vokalen und präzisen, aber nicht zu langen Konsonanten. Die *i*-Laute weit genug halten! |
| Alles schweiget<br>(*Der Kanon*, S. 120) | Die Melodie mit ihren großen Spannungsbögen eignet sich gut zum Trainieren von Haltekräften im Legato. Die großen Sprünge dürfen die Linien nicht unterbrechen, der Stimmklang muß immer weiterströmen. Tiefe Töne nicht fallen lassen, sondern gut in der Linie halten. In der Tiefe nicht laut singen und in |

| | |
|---|---|
| | der Höhe sehr locker bleiben. Der große Tonumfang des Kanons stellt eine gute Disziplinierungsübung dar: Der Stimmklang der tiefen Lage soll sich nicht wesentlich von der höheren Lage unterscheiden. |
| Bleib bei uns<br>(*Der Zündschlüssel*, S. 29) | Bindung auf dem Wort »Frieden« in der letzten Zeile. Das ganze Lied suggeriert weiche, gebundene Tongebung. |
| Bunt sind schon die Wälder<br>(*Es tönen die Lieder*, S. 51) | Die Sprünge in der dritten und letzten Zeile stellen Schwierigkeiten dar. In der vierten und fünften Zeile kann die für die Sprünge notwendige Randschwingung und Bindung geübt werden. |
| Der Mond ist aufgegangen<br>(*Es tönen die Lieder*, S. 64) | Das ganze Lied vermittelt Weite, Getragenheit und Weichheit. Lange Vokale singen; »durch die Konsonanten hindurch« binden. |
| Die Blümelein, sie schlafen<br>(*Es tönen die Lieder*, S. 72) | Randschwingung in hoher Lage kann mit der zweiten Liedhälfte geübt werden. |
| Die Meise von Riga<br>(*Der Zündschlüssel*, S. 55) | Ligaturen auf *a-ja*. |
| Du bist du<br>(*Das Liedmobil*, S. 78) | Ausgehend von dem chromatischen Takt in der vorletzten Liedzeile, kann man weiches, kopfstimmiges Singen in der Tiefe trainieren. |

| | |
|---|---|
| Es geht eine dunkle Wolk' herein (*Es tönen die Lieder*, S. 107) | Die vorletzte Zeile erfordert gute Bindung beim Oktavsprung. |
| Herr, laß auf Erden (*Kanonsammlung*, S. 7) | Der ganze Kanon wirkt suggestiv auf Weichheit und gebundene Tongebung. |
| Morgen muß ich fort von hier (*Es tönen die Lieder*, S. 224) | Bindung von mehreren Tönen auf dem Vokal *a* erfordert Vordersitz und locker weiche Tongebung. |
| O wie wohl ist mir am Abend (*Großes Deutsches Liederbuch*, S. 18) | Mit weicher Randschwingung in tiefer Lage beginnen. |
| Segne, Vater, diese Gaben (Dankt dem Herrn für seine Gaben) (*Kanonsammlung*, S. 6) | Die Sprünge in der ersten Zeile gut binden. Die tiefen Töne nicht fallenlassen. |
| Sieh nur, die Sterne (*Neue Kinderlieder*, S. 133) | Weich geschwungene Linien im ganzen Lied. |

# 15. Staccato und Koloratur

Die Ausführung des Staccatos besteht aus zwei gegensätzlichen Atembewegungen, die in ihrem Zusammenspiel und in der reibungslosen Aufeinanderfolge einen Großteil dessen ausmachen, was man allgemein unter Atemkontrolle, Minimalluft, Stütze etc. versteht. Der Beginn eines Staccatotons geht von einer kurzen, vitalen Ausatmungsbewegung, einem kleinen »Ruck« der Ausatmungsmuskulatur aus. Ehe jedoch der Atem richtig zu fließen beginnt, wird er ebenso elementar und vital wieder gebremst. Diese Aufgabe hat die Zwerchfellmuskulatur, die mit einer präzise einsetzenden Kontraktionsbewegung die eben begonnene Ausatmung sofort wieder stoppt. Das Staccato stellt sich also als ein ständiger Wechsel von Ausatmungs-»Ruck« und Einatmungskontraktion dar.

In diesem Ablaufschema der Atmung wird nun ein genau synchronisierter Stimmritzenverschluß verlangt, wobei zu beachten ist, daß die Stimmfalten vor Beginn des Staccatotons geöffnet sein müssen (Hauchstellung), um den gefährlichen Glottis-Schlag zu vermeiden. Hier bekommt die Staccatoübung eine wichtige gehörerzieherische Aufgabe, da die an den Stimmfalten eingestellte Tonhöhe nach dem Ansingen des Tons aufgrund der Kürze nicht mehr korrigiert werden kann.

## 15.1 Technische Übungen

Erfahrungsgemäß macht Kindern das unmittelbar nach Beginn des Staccatotons einsetzende »Bremsmanöver« der Zwerchfellmuskulatur die meisten Schwierigkeiten. Unkontrolliert ausgeblasene Restluft bei geöffneten Stimmfalten, Ungenauigkeiten oder gar Glottis-Schläge am Tonende zeigen dies deutlich. Besondere Aufmerksamkeit muß also auf das Ende von Staccatotönen gerichtet werden, um mit den Übungen auch tatsächlich die beabsichtigte Wirkung auf die Atemfunktionen zu erzielen.

## Übung 154: Kurz angesungene Töne

Umfang: $f^2$–$b^0$. Tempo: ♩ = 100

do   do   do do do do   do do do do do do   do
do   o ...
dünn dünn ...
dinn dinn ...

**Z** Die Staccatofunktion »erzieht« die Zwerchfellmuskulaturen zum Beibehalten der notwendigen Haltespannungen.

**A** Alle Töne gleich kurz singen und genau voraushören. Vor den reinen Vokalansätzen kein *h*, aber auch kein Glottis-Schlag! Die Übung auch mit betonten Spitzentönen im Sechs-Achtel-Takt durchführen.

## Übung 155: Kurz angesungene Töne mit Pausen

Umfang: $g^2$–$d^1$. Tempo: ♩ = 100

| | |
|---|---|
| do do do do do do do | do do do do do do do |
| do o ... | do o ... |
| bo bo ... | bo bo ... |
| bo o ... | bo o ... |
| o o ... | o o ... |
| do da ... | do da ... |
| do a ... | do a ... |
| bo ba ... | bo ba ... |
| bo a ... | bo a ... |

**Z** Zusätzlich zur Staccatofunktion helfen die Pausen, die Zwerchfellmuskulaturen zu beherrschen.

**A** Zwischen den Tönen darf keine Luft entweichen. Die Töne vor den notierten Pausen müssen ganz kurz sein.

## Übung 156: Schnelle Tonwechsel

Umfang: $a^2$–$c^1$. Tempo: ♩. = 100

| sin | - | get ___ | sin | - | get ___ | sin | - | get ___ | sin | - | get |
| sin | - | get ___ | san | - | get ___ | sin | - | get ___ | san | - | get |

**Z** Die raschen Ton- und Silbenwechsel zwingen die Zwerchfellmuskeln dazu, auch bei den gebundenen Figuren die notwendige Spannung beizubehalten.

**A** Keine Luft zwischen den Tönen! Das Zwerchfell muß gespannt alle Tonwechsel mitvollziehen. Vokale im weiten Mundraum bilden, dabei Vordersitz nicht verlieren.

## Übung 157: Schnelle Tonwechsel im Terzabstand

Umfang: $b^2$–$c^1$. Tempo: ♩. = 92

| sin | - | get ___ | sin | - | get ___ | sin | - | get ___ | sin | - | get |
| sin | - | get ___ | san | - | get ___ | sin | - | get ___ | san | - | get |

**Z** Wie Übung 156. Die Terzenbewegungen zwingen die Stimmfalten zu genauen Toneinstellungen.

**A** Alle Töne genau vorausdenken und präzise einstellen.

## Übung 158: Übungsschema zum Koloraturtraining

Umfang: $f^2$–$c^1$. Tempo: ♩ = 92–132

o o o __ o o o __ o o o __ o

Umfang: $a^2$–$c^1$. Tempo: ♩ = 92–144

**Z** Der Wechsel von abgesetzten und gebundenen Tönen zwingt dazu, die Halte-kräfte der Zwerchfellmuskulatur auch im Legato aktiv einzusetzen.

**A** Die Vokalansätze ohne Glottis-Schlag und ohne Luft zwischen den Tönen singen. Die Ligaturen nicht verschmieren. Das Übungsschema kann vielfältig variiert werden: drei gebundene, ein abgesetzter Ton; vier gebunden, vier abgesetzt; punktiert etc.

### Übung 159: Schnelle Tonwechsel mit suggestiven Übungswörtern

Umfang: $g^2$–$c^1$. Tempo: ♩. = 92

Do - na___ no - bis___ pa - cem.
Laßt __ uns ___ fröh - lich ___ sin - gen!

**Z** Die Vokalverbindungen eignen sich gut dazu, Weite und Vordersitz auch in der Koloraturfunktion beizubehalten.

**A** Keine Luft zwischen den Tönen. Die beiden letzten' Töne der Übung nicht »her-unterfallen« lassen.

## 15.2 Verpackte Übungen

Staccatoübungen lassen sich gut in Spielformen verpacken, die das Reaktionsver-mögen der Kinder trainieren und die präzise Vorauseinstellung eines Tones ver-bessern.

## Übung 160: Ton weitergeben

Ein Kind nach dem anderen singt einen kurz abgesetzten Ton einer Tonleiter oder vorgegebenen Melodie, so daß eine fortlaufende Reihe ohne Unterbrechungen entsteht. Alle Töne müssen gleich kurz und gleich laut sein (»wie die Perlen einer Kette«).

**Z** Die Aufteilung von Melodien auf mehrere Sänger übt das Konzentrationsvermögen und bedingt ein genaues Mit- und Voraushören. Tonanfang und Tonende sind dabei besonders aufmerksam zu bilden.

**A** Anfangs übe man mit metrischen Melodien und einfachen Silben (*bomm, donn,* etc.). Im fortgeschritteneren Stadium lassen sich auch kleine Liedmelodien und kompliziertere Texte auf mehrere Kinder verteilen.

## Übung 161: »Stille Post« mit Tönen

Ein Kind singt dem Nachbarn leise einen Ton oder eine Melodie ins Ohr. Der Nachbar gibt das Gehörte singend an den Nächsten weiter, bis das Ende der Reihe erreicht ist. Das erste Kind vergleicht nun singend seine Vorgabe mit der Fassung des letzten Kindes.

**Z** Genaues Hinhören und Reproduzieren des Gehörten ist der wichtigste Übungszweck. Meist unterscheiden sich Anfangs- und Schlußfassung erheblich.

**A** Spielsituation locker gestalten und nicht verkrampfen. Dieses Spiel ist über die Weitergabe von Staccatotönen hinaus eine gute Möglichkeit, Konzentration und Reaktion der Kinder spielerisch zu stärken.

## Übung 162: »Zieltonsingen«

Staccatoübungen mit angesprungenen Spitzentönen (siehe Übung 154) lassen sich gut in Zielscheibenspiele verpacken. Genaues Treffen des Zieltones ergibt 100 Punkte; je weiter sich der gesungene Ton vom Ziel entfernt, desto weniger Punkte bekommt man.

**Z** Genaues Voraushören und präzise Atemführung sind für solche Übungen nötig, da der Zielton aufgrund seiner Kürze nach dem Erklingen nicht mehr korrigiert werden kann.

**A** Keine brutale Stimmgebung. Besonders Knaben vergessen vor lauter Ehrgeiz häufig, mit der Stimme locker und elastisch umzugehen.

# 15.3 Übungslieder

### Übung 163: Dialog zwischen Staccato und Legato

**Der junge Frosch**

1. Es war ein Frosch, der war noch jung, das Spre-chen tat ihn quä-len; 'ne
2. Er stol-per-te durch je-des Wort, man konnt' ihn nicht ver-ste-hen, die

Bie-ne kam da-her des Wegs und wollt' ihm was er-zäh-len:
Bie-ne, die flog wie-der fort, der ar-me Frosch blieb ste-hen.

*Biene:*          *Frosch:*

Summ, summ, summ,     summ, summ, summ.     Gua, gua,     gua, gua,     gua.

*Biene:*          *Frosch:*

Summ, summ, summ,     summ, summ, summ.     Gua, gua,     gua, gua,     gua.

T/M: Elisabeth Weber, aus: *Liederheft für die Kinderstimmbildung*, a.a.O., © bei der Autorin

**Z** Artikulationslockerung und Zwerchfellinnervation steht im ersten Teil des Liedes im Vordergrund. Der Refrain zeichnet sich durch eine Kombination von resonanzfördernden und randschwingungsbildenden Elementen (*summ*) mit zwerchfell- und artikulationstrainierenden Passagen (*gua gua*) aus. Die Melodie des Refrains führt in leicht repetierten Schritten behutsam abwärts und kann das Umschalten in das Brustregister verhindern.

**A**  Das Lied sehr frisch und lebendig vortragen, mit gut geformter Artikulation, aber ohne Übertreibungen. Die Dynamik im mittleren Bereich halten, nicht zu laut singen. Im Refrain viel Wert auf die klingenden Konsonanten (*s* und vor allem *m*) legen. Bei der Silbe *gua* darauf achten, daß das *g* weit genug vorne oben am Gaumen gebildet wird und nicht an der Rachenwand. Der Vokal *a* muß im vorderen Resonanzbereich des Kopfes klingen und darf nicht kehlig werden.

## Übung 164: Zwerchfellimpulse und Zischlaute

### Wer gegen den Wind spuckt

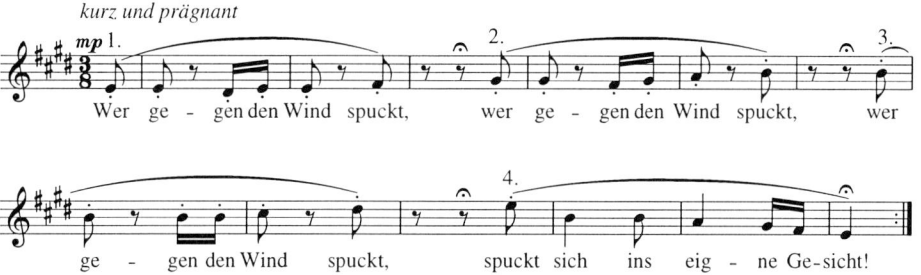

Wer ge - gen den Wind spuckt, wer ge - gen den Wind spuckt, wer ge - gen den Wind spuckt, spuckt sich ins eig - ne Ge-sicht!

T: überliefert/M: Andreas Mohr,
aus: *Liederheft für die Kinderstimmbildung*, a.a.O., © beim Autor

**Z**  Staccatofaktur und Pausen sind die wichtigsten stimmerzieherischen Elemente in diesem Kanon. Zu dem das Zwerchfell innervierenden Rhythmus tritt ein artikulatorisch prägnanter Text, der rasche und knappe Formung verlangt.

**A**  Bei aller gebotenen Kürze der Staccatotöne nicht die einzelnen Silben und Wörter abreißen. Je kürzer Silben gesungen werden, desto länger müssen deren Vokale erklingen. Nicht hart, sondern immer federnd, locker und elastisch singen.

## Übung 165: Staccatolied

### Das Büblein hat ein Rößlein

Das Büb-lein hat ein Röß-lein, will rei - ten auf das Schlöß-lein.
Das Röß-lein will nicht lau-fen, das Büb-lein will's ver - kau - fen.

Hopp, hopp, hopp,      hopp, hopp, hopp,   o   Röß – lein, lauf Ga – lopp!
Trab, trab, trab,      trab, trab, trab,   da   wirft's das Büb – lein    ab!

T: überliefert/M: Elisabeth Weber,
aus: *Liederheft für die Kinderstimmbildung*, a.a.O., © bei der Autorin

**Z**    Non-Legato-Übung für Zwerchfellspannung und Zurückhalten des Atems. Mit der Übungssilbe *hopp* kann die Abfolge von Bauchmuskulaturkontraktion, Verschluß-laut und nachfolgendem Abspannen mit reflektorischer Lufterergänzung gut trainiert werden.

**A**    Alles staccato singen. Nicht »lahm« werden, sondern stets elastisch bleiben. Alle Artikulationen weit vorne bilden.

## Übung 166: Staccato-Bewegungen und Koloraturtraining

### Es schlägt eine Nachtigall

Es   schlägt — ei – ne — Nach – ti – gall an   ei – nem Was – ser – fall

und   ein Vo – gel — e – ben – falls, der — nennt ——— sich Wen – de – hals,

Jo – hann    Ja – kob    Wen – de – hals.

T: Eduard Mörike/M: überliefert

**Z**    Der Beginn der ersten und zweiten Kanonzeile trainiert mit knappen, gestoßenen Wechselnoten die Zwerchfellhaltekräfte. In der abwärts führenden Tonleiter der zweiten Zeile werden diese Kräfte zum lockeren Koloraturensingen benötigt.

**A**    Die Ligaturen bei »nennt sich« nicht schmieren und in der tieferen Lage nicht brust-stimmig nehmen. Bei Bedarf diese Stelle auch erst im Staccato üben.

## Übung 167: Etüde für Punktierungen 1

### Es war einmal ein Hans juchhe

1. Es war ein-mal ein Hans juch-he, der hat-te ei-ne Gans juch-he. Die
2. Geiß hat gel-be Schuh juch-he. Da nahm er sich 'ne Kuh juch-he. Die
3. Huhn flog ü-bern Zaun juch-he. Da nahm er sich zwei Frau'n juch-he. Die

Gans war ihm zu weiß juch-he. Da nahm er sich 'ne Geiß juch-he. 2. Die
Kuh, die wollt' nichts tun juch-he. Da nahm er sich ein Huhn juch-he. 3. Das
ha-ben sich be-schwert juch-he. Da kauft er sich ein Pferd juch-he, das

trägt ihn jetzt ein klei-nes Stück. A-de, leb wohl, du Hans im Glück!

T: Janosch/M: John O'Brien-Docker,
aus: *Die Maus hat rote Strümpfe an*, Beltz Verlag, Weinheim/Basel, © bei den Autoren

**Z** Das ganze Lied ist konsequent durchpunktiert, so daß eine ständige federnde Anspannung der Zwerchfellmuskulaturen erforderlich ist. Aus- und Einatmungsmuskulaturen werden so trainiert, elastisch aufeinander zu reagieren.

**A** In der tiefen Lage mit den Haltekräften nicht nachlässig werden und nicht bruststimmig singen. Der tänzerische Charakter und der fröhliche Text kann zu allerlei Körperbewegungen anregen.

## Übung 168: Koloraturrefrain

### Engel über unsern Feldern

1. En-gel ü-ber _ un-sern Fel-dern ha-ben be-gon-nen _ Lob-ge-sang,
2. Sag, wen mei-nen die En-gel-chö-re, die ich ver-nahm und _ die ich sah?
3. Sie ver-kün-den _ in die Run-de un-sern Er-lö-ser, _ Got-tes Sohn.

und das E-cho _ aus den Wäl-dern gibt ihn zu-rück mit _ sü-ßem Klang:
Wel-cher Sie-ger, _ wel-che Eh-re hat es ver-dient, dies _ Glo-ri-a?
Ja, die freu-den-rei-che Kun-de sin-gen sie laut im _ Ju-bel-ton:

Aus Frankreich/dt. T: Wolfgang Mohr,
aus: *Liederheft für die Kinderstimmbildung*, a.a.O., © für dt. T: Andreas Mohr

**Z** Der Refrain mit dem Wort »Gloria« enthält eine Vokalisationsübung für den Vokal *o* in Form einer absteigend sequenzierten Koloratur. Klare Tontrennung ohne Einfügen eines *h* kann ebenso erübt werden wie dichte Legatobindung.

**A** Der Quintsprung abwärts nach den sequenzierenden Achtelläufen darf nicht dazu führen, die beiden tiefen Töne unachtsam zu singen und in massige, bruststimmige Tongebung umzuschalten. Gegenbewegung denken, die tiefen Töne quasi »auf einem Tablett tragen« und nicht »vor die Füße fallen lassen«.

## Übung 169: Leichte Koloraturen im Wechsel mit Legatolinien

### Und das Wort ward Fleisch

- men,   A  –  –  men,    A  –  –  –  men.

T: biblisch/M: Andreas Mohr, © beim Autor

**Z** Strenges Legato bei den Zeilen mit Fortschreitungen in halben Noten und lockere, leichte Tongebung in den Zeilen mit Achtelbewegungen stellen das Übungsmaterial dieses Kanons dar. Die Koloraturen sind durchweg Tonleiterausschnitte und ermöglichen einen guten Einstieg in das Geläufigkeitstraining.

**A** Kein *h* zwischen den Tönen produzieren. Nicht laut singen, sondern immer mit elastisch gespanntem Zwerchfell.

## Übung 170: Geläufigkeitsetüde

### Gemüs' und Fleisch

Krebskanon für acht Stimmen (vier vorwärts und vier rückwärts)

*leicht und fließend*

1. Ge  –  müs' _____ und ___ Fleisch _____ be –  2.

– kommt _____ nur  der,  der  sei  –  –  – ne ___  3.

Sup  –  –  pe  aß _____ vor – her.  4.

*Die 5. bis 8. Stimme beginnt rückwärts:*

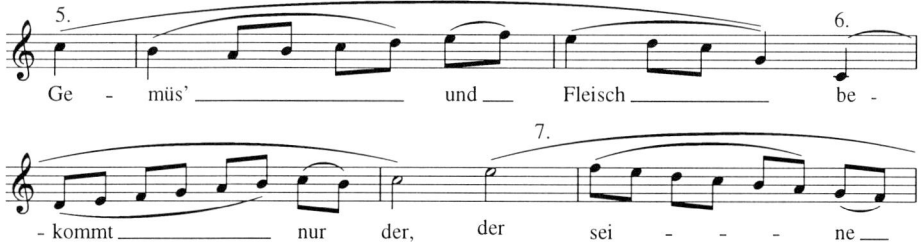

5. Ge  –  müs' _____ und ___ Fleisch _____ be –  6.

– kommt _____ nur  der,  der  sei  –  –  – ne ___  7.

T: überliefert/M: Andreas Mohr, © beim Autor

**Z** Tonleiterstudien sind nötig, um Leichtigkeit beim Singen zu erreichen. Eingekleidet in einen Krebskanon, machen die Übungen mehr Spaß und helfen, die notwendige Geläufigkeit und ein lockeres Ansingen hoher Töne zu erreichen.

**A** Alles ganz spielerisch singen: nicht laut, nicht fest, nicht schwerfällig. Der Kanon kann mit beliebigen anderen Texten versehen und auch auf reinen Vokalen oder Silbenkombinationen gesungen werden.

## Übung 171: Etüde für Punktierungen 2

### Meine Biber haben Fieber

T/M: Wolfgang Hering u. Bernd Meyerholz
© Fidula-Verlag, Boppard/Rhein

**Z** Die Punktierungen zwingen die Zwerchfellmuskulatur immer wieder zu elastischen Kontraktionen und verhelfen so zu einem gesteuerten Atembewußtsein.

**A** Die langen Töne an den Zeilenenden nicht loslassen! In der tiefen Lage locker und leicht intonieren.

Weitere Lieder, mit denen Staccato- und Koloraturensingen trainiert werden kann:

| | |
|---|---|
| Alleweil ka mer net lustig sei (*Es tönen die Lieder*, S. 21) | Leicht punktierte Achtelbewegungen und Sprünge helfen, das Zwerchfell gespannt zu halten. |
| Es klappert die Mühle (*Es tönen die Lieder*, S. 114) | Die Klangsilben *klipp-klapp* müssen mit weit oben vorne gebildetem *k* gesprochen werden. Mit dem *p* gut abfedern. |
| Ich will den Herrn loben allezeit (*Der Kanon*, S. 97) | Die stark durchstrukturierte Komposition verhilft beim mehrstimmigen Durchsingen zu leichter Tongebung mit guter Zwerchfellspannung. |
| Lokolieschen (*Das Liedmobil*, S. 90) | Suggestive Klangwörter und eine syllabische Achtelbewegung sorgen für gespannte Zwerchfellmuskeln und federnde Artikulation. |
| Viele Künste (*Unser Liederbuch*, Bd. II, S. 4) | Die Koloratur in der letzten Zeile wird durch Punktierungen gut vorbereitet. |
| Wer andern eine Grube gräbt (*Kanonsammlung*, S. 12) | Der witzige Text und die stufengängige Melodik ermuntern zu unverspanntem Staccatosingen. |

# 16. Dynamik

Die Modifikation der Lautstärke von gesungenen Tönen basiert auf Veränderungen der schwingenden Masse der Stimmfalten in enger Verbindung mit den mitschwingenden Räumen. Kindern fällt dabei der allmähliche Wechsel von einer Lautstärke in die andere besonders schwer, und hier wieder in erster Linie das Abschwellen von Tönen oder Tonfolgen, was häufig nur als ein abruptes Leisesingen gelingt. Aber auch das gleichmäßig fortlaufende Produzieren gleich lauter oder gleich leiser Klänge stellt sich als Schwierigkeit dar.

Stimmphysiologisch ist die Funktion des Registerausgleichs gefordert. Die schwingende Masse der Stimmfalten muß nicht nur für jeden Dynamikgrad und jede Tonhöhe passend genau und stimmhygienisch einwandfrei eingestellt, sondern auch flexibel änderbar sein, um ein gleichmäßiges Crescendo und Decrescendo produzieren zu können.

## 16.1 Technische Übungen

### Übung 172: Crescendo und Decrescendo

Umfang: $g^2$–$g^0$. Tempo: $\quad$ = 92

**Z** Die als natürlich empfundene Synchronisation von Aufwärtsbewegungen mit Crescendo und Abwärtsbewegungen mit Decrescendo wird behutsam steigernd bewußtgemacht. Das Verweilen auf dem langen Ton ohne Lautstärkeveränderung stärkt die Haltekräfte. Der relativ große Tonumfang der Übung hilft, die mittelstimmige Registermischung beizubehalten, und kann im Zusammenwirken mit den dynamischen Vorschriften Registerbrüche vermeiden.

**A** Nicht verkrampfen. Die dynamischen Bezeichnungen genau beachten, auch die kleinen Decrescendi und Crescendi am Schluß der Übung. Den Brustkorb gegen

Ende der Übung nicht einfallen lassen. Nach Möglichkeit die ganze Übung auf einen Atem singen.

## Übung 173: Crescendo und Decrescendo mit leisem Spitzenton

Umfang: $as^2$–$b^0$. Tempo: ♩ = 80

**Z** Ähnliche Übungsziele wie in Übung 172. Das Decrescendo auf dem langen Halteton erfordert gut organisierte Haltekräfte der rückwärtigen Zwerchfellmuskulatur.

**A** Das *i* muß immer im weiten Mundraum gesungen werden. Das *a* darf nicht in den Hals rutschen.

## Übung 174: Ganztonleiter

Umfang: $f^2$–$b^0$. Tempo: ♩ = 72

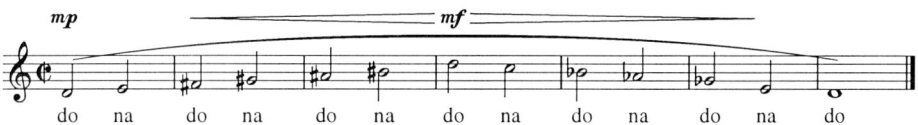

**Z** Die Ganztonleiter erfordert sorgfältiges Fortschreiten mit genauen Voreinstellungen für die Tonhöhen. Die Synchronisation von Crescendo – aufwärts und Decrescendo – abwärts zwingt zu bewußter, allmählicher Veränderung der für die Dynamik erforderlichen Einstellungen des Stimminstruments.

**A** Leise beginnen. Sich selbst beim Singen gut zuhören und auf sorgfältige Bindung der Töne achten. Beim Absteigen nicht plötzlich leiser singen, sondern das Decrescendo gut führen.

## Übung 175: Ganztonleiter zweistimmig

Umfang: $f^2$–$b^0$. Tempo: ♩ = 66

**Z** Wie Übung 174. Die zweistimmige Fassung verlangt neben der »normalen« Synchronisation der Dynamik auch ein Crescendo bei abwärts gehender und ein Decrescendo bei aufwärts gehender Melodik. Hier ist die gute Führung der Linien und saubere, schlanke Stimmgebung notwendig, um Registerbrüche zu vermeiden.

**A** Oberkörper weit und das Zwerchfell während der ganzen Übung gut gespannt halten. Keine Nickbewegungen mit dem Kopf machen.

# 16.2 Verpackte Übungen

Bewußtsein für verschiedene Dynamikgrade läßt sich gut mit Spielhandlungen wecken, in denen Naturgeräusche, Tierlaute oder Echos vorkommen. Auch mechanische Geräusche wie Eisenbahn, Windrad oder Wassermühle können verwendet werden. Schließlich nehmen Glockenklänge eine besondere Stellung ein, weil mit ihnen auch einfache mehrstimmige Übungen gestaltet werden können. Viele Übungsbeispiele zur Haltung und Atmung (siehe Kapitel 8 und 9) lassen sich mit dynamischen Anforderungen verbinden und können auch für das Üben des Registerausgleichs eingesetzt werden.

## Übung 176: Glockentöne im Wind

Einige Kinder formen Windklänge (*hwu, hwü*), an- und abschwellend mit leichten Glissandi. Andere Kinder singen mit Glockensilben (*ding, dong, dang* etc.) einen pentatonischen Akkord. Je nach »Windrichtung« wird der Akkord schwächer oder stärker.

**Z** An- und abschwellende Klänge können weich und ohne straffe rhythmische oder metrische Formung erlebt werden. So stellt sich ein Gefühl für im Körper entstehende Klänge und deren dynamische Veränderungen ein.

**A** Den pentatonischen Akkord nicht zu tief nehmen, um bei lauten Klängen die Bruststimmigkeit nicht überzubetonen. Die Kinder sollten sich bei diesem Klangspiel auch körperlich bewegen (im Wind wiegen; wie eine Glocke schwingen etc.).

## Übung 177: »Doppler-Effekt«

Wir machen ein Polizeiauto nach, das mit eingeschaltetem Martinshorn an uns vorbeirast. Wir singen auf die Silbenfolge *da-dü* eine verminderte Quint mehrmals auf- und abwärts. Dabei bewegen wir einen ausgestreckten Arm von der Seite langsam nach vorne. Je weiter der Arm nach vorne kommt, desto lauter wird das Signal. Auf dem Lautstärke-Höhepunkt drehen wir uns schnell mit ausgestreckten Armen einmal um unsere eigene Achse und singen das Signal plötzlich eine Terz tiefer und viel leiser.

**Z** Die Crescendobewegung wird mit spannungsvoller Gestik begleitet. Das Drehen um die eigene Achse löst die Spannung im Körper und verhilft zu lockerem Pianosingen in tieferer Lage.

**A** Bei den Signalklängen nicht schreien (nicht *ta-tü*, sondern *da-dü*!). Reibende Geräusche vermeiden.

## Übung 178: Echo-Rufe

Zwei Kinder oder zwei Gruppen stellen sich weit entfernt auf und singen einander zu. Das Echowort wird in der vorgesungenen Melodik wiederholt, aber leise. Die Aufgaben tauschen.

- »Wie heißt der Bürgermeister von Wesel?«    »Esel!«
- »Was essen die Studenten?«    »Enten!«
- »Wie spät ist es in Magdeburg?«    »Achte durch!«
- »Was gibt es zum Reis?«    »Eis!«

**Z** Die antwortenden Kinder müssen sowohl tonal als auch dynamisch auf die vorgesungene Melodie reagieren und auch phonetisch-deklamatorisch den vorgegebenen Klang aufnehmen und reproduzieren.

**A** Die Sätze in verschiedenen Melodien singen lassen. Auch selbst vorsingen und die Kinder antworten lassen. Neue Sätze erfinden und die Antworten selbst finden lassen.

# 16.3 Übungslieder

## Übung 179: Crescendo und Decrescendo im melodischen Schwung

**Drunten im Unterland**

T: Gottfried Weile/M: überliefert

**Z** Die schwungvolle Melodik ermöglicht An- und Abschwellen über mehrere Töne ohne abrupte Lautstärkenwechsel.

**A** Die Crescendi mit Mundraumvergrößerungen unterstützen. Bei den Decrescendi das Zwerchfell gut gespannt halten.

## Übung 180: Dynamische Bewegung in wiegender Melodik

### Es war einmal eine Ziege

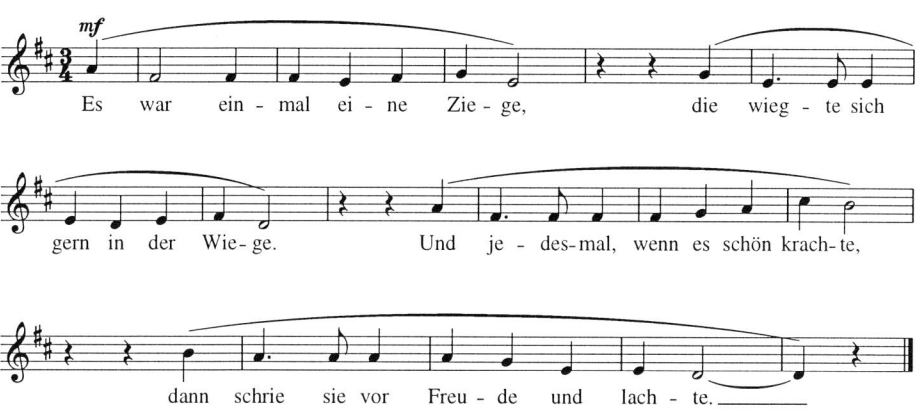

T/M: Johannes Kuhnen, aus: *Sing Sang Song*, rororo rotfuchs, Reinbek,
© beim Autor

**Z**  Die amüsanten Texte machen vielfältigen dynamischen Ausdruck möglich. Je nach textlicher Aussage läßt sich die Zeile jubelnd, forsch, schwungvoll, frech oder weich, zurückhaltend, vorsichtig oder sacht singen. Auch artikulatorisch ergeben sich viele verschiedene Möglichkeiten.

**A**  Nicht schreien. Den schwungvollen Charakter der Melodie für elastische Körperbewegungen ausnützen.

## Übung 181: Dialog mit Piano und Forte

### Ich ging mal in die Stadt

kauf- te  ei- nen  Kä- se.    Ich auch!    Der Kä- se, der  stank!  ».................«

T: überliefert/M: Elisabeth Weber,
aus: *Liederheft für die Kinderstimmbildung*, a.a.O., © bei der Autorin

**Z** Die zeilenweise wechselnde Dynamik fordert erhöhte Aufmerksamkeit auf die Haltekräfte der Atmung. In den leisen, quasi geflüsterten Zeilen werden besonders die Rückhaltekräfte des Zwerchfells geübt. Die beiden Fortetöne bei »Ich auch« erfordern genau dosierte, punktuell einsetzende Ausatmungskraft, ohne daß der Luftdruck die Stimmfalten gewaltsam auseinanderdrängt, was zum Glottis-Schlag führt. Besonders beim hohen Einsatz von »Ich auch« muß vorher das Stimminstrument weit gehalten werden. Dies ist gut zu üben bei dem nur gedachten »Ich auch!« am Schluß des Liedes, indem man so tut, als wolle man anfangen zu singen, es aber im letzten Moment doch nicht tut. Die im Körper entstehende Haltespannung der Zwerchfellmuskulatur kann den Glottis-Schlag verhindern.

**A** Das Lied in zwei Gruppen singen lassen. Die Pianozeilen des Liedes geheimnisvoll leise und mit guter Artikulation singen. Weitere Texte erfinden und die Gruppen wechseln. Nicht laut singen, aber mit Witz und Temperament.

## Übung 182: Echodynamik

### Und in dem Schneegebirge

1. Und  in dem Schnee - ge  -  bir - ge,     da  fließt ein  Brünn - lein __

kalt,      und  wer  das Brünn - lein    trin - ket,     und

wer  das Brünn - lein    trin - ket,     wird  jung und nim - mer   alt.

T/M: überliefert

**Z** Bei vielen Liedern läßt sich die Wiederholung einer Zeile als Echo darstellen. In den verschiedenen Strophen kann die Wiederholung leiser oder lauter gestaltet werden.

**A** Einen deutlichen Dynamikunterschied hörbar machen. Nicht leiser oder lauter w e r d e n, sondern sofort lauter oder leiser s e i n.

## Übung 183: Glissando-Kanon für den Registerausgleich

### Wir placken, wir hacken

T: überliefert/M: Andreas Mohr, © beim Autor

**Z** Der Vokal *a* ist wegen seiner Bruststimmigkeit und der häufig rückwärtigen Bildung besonders schwierig zu singen. Hier soll durch das viermalige Vorschalten des Vokals *i* (»wir placken ..., wir hacken ...«) und durch das Staccato in den ersten beiden Kanonzeilen vor allem die vordere Bildung des *a* geübt werden. Im zweiten Teil des Kanons wird mit Hilfe der beiden Glissandi das Abgleiten der Stimme in Brustregisterfunktion verhindert und durch das Legato die mittelstimmige Registermischung gesichert.

**A** Nicht laut singen, aber mit rhythmischer Präzision. Bei den Staccatotönen bei »placken« und »hacken« das *ck* nicht nach dem Vokal *a* ansprechen, sondern erst vor der Endsilbe *en* (also pla-cken, ha-cken). Die Silbentrennung im Text erfolgt hier nach phonetischen, nicht nach orthographischen Richtlinien. Beim Abwärtsglissando nicht ins Brustregister umschalten. Das Aufwärtsglissando mit schlanker und leichter Tongebung beginnen.

## Übung 184: Forte und Piano in raschem Wechsel

### Lügenlied

T: überliefert/M: Elisabeth Weber,
aus: *Liederheft für die Kinderstimmbildung*, a.a.O., © bei der Autorin

**Z**  Statische, akzentuierte Anfangs- und Schlußtöne wechseln mit lockeren Achtel-repetitionen und stark bewegten Parlandi. Die Spannungseinstellungen des Stimminstruments bei verschiedenen Dynamikgraden lassen sich so gut trainie-ren. Das Grundmuster des Liedes kann vielfältig abgewandelt und mit neuen Tex-ten versehen werden. Es ist auch möglich, die jeweils nächste Strophe einen Ganz-ton höher anzustimmen.

**A**  Plötzliche dynamische Wechsel bedürfen sorgfältiger Vorbereitung. Der Forte-Be-ginn muß stabil und akzentuiert erfolgen, aber nicht brutal oder reibend. Die nachfolgenden Pianissimo-Parlandi sind elastisch zu artikulieren und rhythmisch prägnant zu formen, ohne Verluftung oder Nachlässigkeit in der Textverständlich-keit. Das Forte am Schluß kann schlagartig einsetzen, darf aber nicht hart werden. Wenn die folgenden Strophen jeweils einen Ganzton höher angestimmt werden, sollte man das Lied in G-Dur beginnen.

## Übung 185: Decrescendo und Crescendo

**Meine Mu**

T: überliefert/M: Elisabeth Weber,
aus: *Liederheft für die Kinderstimmbildung*, a.a.O., © bei der Autorin

**Z** Die chromatisch auf- und absteigenden Linien eignen sich gut zum Erlernen von Crescendo und Decrescendo. Bei immer gleich guter Bindung der Töne nimmt die dynamische Intensität der Töne ab oder zu, ohne daß sich der Klangraum der Stimme – besonders beim Leiserwerden – verringert oder der Luftdruck – besonders beim Lauterwerden – allzusehr zunimmt. Das dreimalige seufzerartige Ansingen jeder Zeile erzieht zum bewußten Reproduzieren.

**A** Die Halbtonschritte immer gleichmäßig klein nehmen und dicht binden. Auch bei den Tonrepetitionen nicht stoßen. Sehr weich, nicht zu laut singen und sich selbst beim Singen immer zuhören.

# 17. Einsatzmöglichkeiten des Kanons

Der Kanon ist in vielen musikpädagogischen Bereichen einsetzbar. Er ist in der Regel kurz und überschaubar, meist in gefälliger Melodik und durch parallele melodische Phrasen leicht einzustudieren. Zudem kann mit der durch den Kanon hergestellten Pseudomehrstimmigkeit auf einfache Weise die stimmliche Selbständigkeit der Singenden verbessert und trainiert werden.

Daß der Kanon auch in der Kinderstimmbildung mit großem Nutzen eingesetzt werden kann, ist noch längst nicht genügend bekannt und entbehrt noch jeder Systematisierung. Ich möchte daher eine kleine Anleitung geben, wie man gewinnbringend mit Kanons stimmbildnerisch arbeiten kann.

Neben den Wirkungen des phonetischen und musikalischen Materials auf die Organe und Muskulaturen der Stimme kommt es beim Singen von Kanons oft zu einer Reihe von psychischen Vorgängen, die zumindest teilweise unmittelbare oder mittelbare Auswirkungen auf die Organfunktion haben.

## 17.1 Der Kanon als kombinierte Stimmbildungsübung

Die einfachste Verwendungsmöglichkeit des Kanons in der Kinderstimmbildung ist gegeben, wenn textlich und musikalisch ein Abschnitt vorhanden ist, der original oder kaum verändert zur stimmbildnerischen Übung werden kann, und gleichzeitig die übrigen Kanonteile in den stimmtechnischen Zusammenhang passen. Das ist nicht so selten der Fall, wie man annehmen möchte.

### Übung 186: Nacht bricht an

T/M: Karl Marx,
aus: *Schläft ein Lied in allen Dingen*, © Bärenreiter-Verlag, Kassel

Die unmittelbar stimmbildnerisch verwendbare Zeile ist die letzte: Die rand-schwingungsfördernde Stimmgebung wird durch den Vokal *u* in »gute« angeregt. Der weiche Klang wird im folgenden in die Randschwingung weniger begün-stigenden Vokale des Textes (vor allem das *a* in »Nacht«) transportiert, so daß eine einheitliche Tongebung erreicht werden kann. Die Wiederholung des Textes (»gute Nacht«) verstärkt diese Wirkung noch. Konsonantisch finden wir ebenfalls Unterstützendes: Der weiche *g*-Einsatz öffnet den rückwärtigen Mundraum und hebt den Gaumen. Allerdings ist darauf zu achten, daß die *g*-Artikulation vorne oben erfolgt und nicht hinten im Hals, da sonst die Zunge leicht auf den Kehlkopf drückt und es zu einem gurgelnden, knödelnden Klang kommt. Der Klinger *n* vor dem Vokal *a* in »Nacht« hilft zusätzlich, den Vokalsitz vorne zu behalten und kann das Abrutschen des Vokals *a* in den Hals verhindern. Schließlich hat auch die *t*-Ab-sprache einen stimmbildnerisch günstigen Einfluß, weil durch die kurze energi-sche Artikulation impulsartige Gegenkontraktionen der Zwerchfellmuskulaturen provoziert werden, die zur Beibehaltung einer soliden Zwerchfellspannung dien-lich sein können.

Die sanft fließende, gebunden abfallende melodische Linie unterstützt den wei-chen Klangcharakter der Randschwingung, ebenso der Wechsel von Bindung und syllabischer Faktur. Besonders nützlich ist das kleine aufsteigende Element der Melodie am Anfang der Linie (Takt 6). Die für das Abwärtssingen notwendigen Haltespannungen werden so besonders gut aktiviert.

Die weiteren Kanonzeilen, insbesondere die zweite, passen im Charakter gut zu den stimmbildnerischen Qualitäten der Schlußzeile. Die Takte 2 bis 4 unterstützen den Übungszweck vor allem suggestiv-atmosphärisch durch die pendelnde Melo-dik. Eine weitmachende, glockentönig wirksame Silbe (*donn, bonn, domm, bomm*) verstärkt dies:

In der vorletzten Zeile (Takt 4–6) sind besonders spannungssteigernde Elemente enthalten, die gut benützt werden können, um den notwendigen Vordersitz für den hohen Schlußton dieser Phrase zu trainieren. Um die Gefahr des Festsingens oder Engwerdens in der Höhe zu verringern, wird die Zeile mit der ersten (Takt 1/2) kombiniert. Diese dient wegen der langen liegenden Melodik – nur kurz und lockernd unterbrochen durch die Wechselnote – vor allem dem weiten, offenen Stimmsitz. Zuerst mit der Silbe *na* (Beginn des Wortes »Nacht«) gesungen, bereitet die Zeile Weite und Offenheit für das Singen vor.

Beim Singen auf Text sollte man gut darauf achten, daß auch das offene *i* in »bricht« die Weite des *a* beibehält, also nicht zu spitz oder zu schrill wird (Vokalausgleich). Es entsteht eine kombinierte Übung zur Vorbereitung für die Höhenspannung:

|      |       |      |      |      |      |      |      |      |      |
|------|-------|------|------|------|------|------|------|------|------|
| Na   | na    | na   | nimm | nimm | nimm | nimm | nimm | nimm | na   |
| Na   | na    | na,  | bis  | der  | Mor  | - gen | wie  | - der | lacht |
| Nacht | bricht | an,  | bis  | der  | Mor  | - gen | wie  | - der | lacht |

Nun kann man mit gutem klanglichen Erfolg den ganzen Kanon singen lassen, wobei von den Kindern dieselbe Aufmerksamkeit erwartet werden muß, wie bei der Erarbeitung der einzelnen Übungsschritte.

## Übung 187: Das dumme Schaf

Das dum-me Schaf ist halb so dumm wie du, du, du, du, du, du, doch dop-pelt brav.

T/M: Karl Marx, © Bärenreiter-Verlag, Kassel

Dieser Kanon ist sehr ähnlich wirksam wie *Nacht bricht an*. Die zweite Kanonhälfte enthält diesmal eine fast komplette stimmbildnerische Übung:

|    |    |    |    |    |    |      |      |      |      |
|----|----|----|----|----|----|------|------|------|------|
| du | du | du | du | du | du | du   | du   | du   | du   |
| du | du | du | du | du | du | donn | donn | donn | donn |
| du | du | du | du | du | du | dumm | dumm | dumm | dumm |

Absteigende Melodik, variierte Rhythmik und eine leicht explosive Silbe machen diese Zeile zu einem Trainingsinstrument für lockere, vordere Stimmgebung in Kopfstimmqualität mit guter Zwerchfellspannung. Wieder ist einer der verbleibenden Kanonteile spannungsfördernd und präzise führend:

na na na na
das dum - me Schaf

Die folgenden drei Takte haben wiederum pendelnden, d. h. lockernden Charakter:

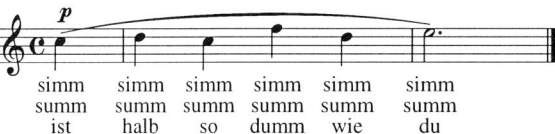

simm simm simm simm simm simm
summ summ summ summ summ summ
ist halb so dumm wie du

Die weich fließende Silbe *summ* bzw. *simm* (stimmhaftes *s*!) kann in Verbindung mit der Pendelmelodik das Stimmorgan trotz der aufsteigenden Linie entspannt genug halten und so helfen, Verkrampfungen bei hohen Tönen zu vermeiden.

## 17.2 Der Kanon als suggestives Klangmittel

Manche Kanons haben in ihrer Faktur etwas klanglich Zwingendes. Durch die kanonische Wiederholung entstehen suggestive Wirkungen auf die Singenden. Diese Suggestion geht dabei entweder von klangintensiven Wortbildungen oder Silben aus (*bimm, bamm, dong, shalom* etc.) oder aber von einer besonderen musikalischen Machart (Pentatonik, Moll, Pendelmelodik, gebrochene Dreiklänge, Wiegerhythmus etc.).

### Übung 188: Abendstille überall

Der Kanon bezieht seine suggestive Wirkung aus der sanft fließenden, girlandenartig pendelnden Melodik in weich schwingendem Rhythmus. Der Abendfrieden vermittelnde Text tut dazu ein übriges. Beginnen können wir hier wieder mit dem Schluß:

singt ih – re Wei – se kla – gend und lei – se durch das Tal.
mohn mohn _ mohn _ mohn mohn _ mohn _ mohn mohn mohn

T: Fritz Jöde/M: Otto Laub,
aus: *Der Musikant,* © Möseler Verlag, Wolfenbüttel

Die Wiegebewegung der Wechselnoten muß in langsamem Tempo, im Piano und sehr gebunden gesungen werden. Langvokalige Silben wie *saam, sahn, sohn, mohn, mahn,* in Zweierbindungen unterlegt, verstärken diese Wirkung.

Der Anfang des Kanons kann zunächst auf reine Vokale (*u, o, a*) gesungen werden, um die Intensität der Bindung gut zu erspüren. Bei wiederholtem mehrstimmigem Singen des Kanons unter Beachtung der vorher geübten weichen und gebundenen Klanggebung wird die Stimme nachhaltig geschmeidiger.

## Übung 189: Shalom chaverim

Sha – lom cha – ve – rim, sha – lom cha – ve – rim, sha – lom, sha – lom. Le

hit – ra – ot, le hit – ra – ot, sha – lom, sha – lom.

T/M: aus Israel überliefert

Auch hier ist es in erster Linie die Führung der Melodie, die – verbunden mit der suggestiven Weite des Wortes »Shalom« – die Stimme beeinflußt. Allein das mehrmalige mehrstimmige Klangerlebnis läßt ohne viel Vorausüben die Kinder ein gutes Gefühl von Weitung erfahren, das dem Klangausgleich der Vokale *a* und *i* (»Shalom« – »hitraot«) zugute kommt. Aus der Kanonmelodie gewonnene Ostinati mit dem Text »Shalom« können unterstützend wirken.

## Übung 190: Hejo, spann den Wagen an

Dieser Kanon (T/M: überliefert, vollständig notiert u. a. in: *Kein schöner Land*, a.a.O.) ist ähnlich wirksam wie *Shalom chaverim*. Auch hier kann ein Ostinato die Stimmung des Ganzen unterstützen und eine Grundatmosphäre von Weite, Resonanzreichtum, Ruhe und Getragenheit aufbauen:

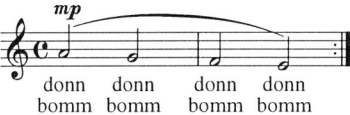

donn    donn    donn    donn
bomm    bomm    bomm    bomm

Darüber spannt sich in vokalisch gedehnten, legato gesungenen Repetitionen die Kanonmelodie. Ein zweiter Ostinato kann die Achtelbewegung in leichten Wechselnoten markieren:

linn    linn linn linn linn linn linn    linn    linn linn linn    linn
dünn    dünn dünn dünn dünn dünn dünn    dünn    dünn dünn dünn    dünn
summ    ga    li    ga    li    ga    li    summ    ga    li    ga    li

## Übung 191: Ein Stimm beginnt im Abend sacht

Auch in den Registerbereich kann die suggestive Wirkung eines Kanons reichen. In diesem Beispiel werden die Kinder durch helle und straffe Melodieführung und die vielen *i*-Laute zu Beginn des Textes zum mittelstimmigen Singen angeregt. Ein regelrechtes Trainingsstück für schlanke, metallische, aber nicht harte Stimmgebung ist die dritte Zeile:

nun    sin-gen die bei-den und    ru-fen im Chor

T/M: Siegfried Borris, vollständig notiert u. a. in *Kanonsammlung*, a.a.O.

Sehr gut ist auch die Vokalverteilung im Text, da auf höhere Töne raumreichere Vokale zu singen sind.

## 17.3 Der Kanon als Verpackung für stimmtechnische Detailübung

Die dritte Einsatzart des Kanons in der Kinderstimmbildung ähnelt etwas der ersten. Dort wird der Kanon zur kombinierten stimmbildnerischen Übung, hier sind es bestimmte stimmtechnische Schwierigkeiten, eng umrissene Einzelaufgaben, die ihr Übungsmaterial aus einem Kanon beziehen. Nur einzelne Passagen eines Kanons eignen sich dafür; sehr selten ist einmal ein ganzer Kanon quasi als Etüde genau auf ein stimmtechnisches Problem zugeschnitten. Je kleiner der stimmbildnerisch relevante Ausschnitt, desto stärker wird er zur bloßen Übung und desto geringer sind etwaige Wirkungen des sonstigen Kanonumfelds.

### Übung 192: Froh zu sein bedarf es wenig

Zwei Details sind in diesem Kanon stimmbildnerisch interessant: die phonetische Struktur von »froh«, die – bei Gebrauch des Zungenspitzen-*r* – eine gute vordere Artikulation ermöglicht und deshalb dem Vordersitz der Stimme dienen kann, sowie der melodische Verlauf des Kanons, der in geschickter Weise Spannung und Entspannung mischt und am Ende sogar mit einem gut übbaren Oktavsprung aufwartet. Der Kanon ist so erfreulich kurz, daß man ihn ganz singen kann und dabei die vordere Artikulation mit dem Wort »froh« noch ein zweites Mal trainiert. Gleich darauf stellt der Oktavsprung ein zusätzliches Übungsdetail dar:

T/M: August Mühling, vollständig notiert u. a. in: *Unser fröhlicher Gesell*, a.a.O.

Hier kann bei gleichem Text die lockere, den tieferen Ton quasi abfangende Stimmgebung für den Oktavsprung optimal gelingen.

### Übung 193: Höret drüben überm Hang

Kanons mit lautmalerischen Silben im Text sind häufig als stimmbildnerische Übung geeignet. Hier ist es die Silbenfolge *tralala*, die – wieder bei Verwendung des Zungenspitzen-*r* – Vordersitzqualitäten entwickelt.

tra    la    la  la  la  la    la  la  la  la  la

T/M: überliefert, vollständig notiert u. a. in: *Kanonsammlung*, a.a.O.

Die Melodie unterstützt das Bemühen um Vordersitz und vordere Artikulation durch Wechsel der Richtungen und kurze, schnell aufeinanderfolgende Töne. Der Kanon liefert darüber hinaus keine spezifisch stimmbildnerischen Qualitäten.

## Übung 194: Es schlägt eine Nachtigall

Eine gute Trainingsmöglichkeit für Staccato und Koloratur bietet dieser Kanon (siehe Ü 166) wegen der zweimal auftauchenden Achtel-Wechselnoten, die man gut in verschiedenen Staccato-Intensitäten üben kann, um im Koloraturensingen sicherer zu werden.

do      do      o  do  o  do  o    do  o  do  o  do
do      do      o  o   o  o   o     o   o  o   o  o
(es  schlägt ___  ei  -  ne ___  Nach - ti - gall)

Sicherlich wird man bei derartig speziellen stimmbildnerischen Problemen kaum ohne dafür zugeschnittene stimmtechnische Übungen auskommen. Hier kann der Kanon nicht ersetzen, sondern nur bereichern.

## Übung 195: Vokalkanon

Eine besondere Einsatzmöglichkeit des Kanons in der Kinderstimmbildung besteht darin, daß man spezielle stimmtechnische Übungen in Kanonform kleidet:

M: Andreas Mohr, © beim Autor

Ebenso wie Drei- und Mehrklänge oder Akkordketten in der Gruppenstimmbildung mehrstimmig gesungen und verschoben werden, kann auch die kompositorische Technik des Kanons im Übungsmaterial Verwendung finden. Besonders gut eignet sich dieses Prinzip für die Erarbeitung des Vokalausgleichs, um das Zusammenklingen der Vokale auch im Gruppenverband zum ohrenfälligen Klangerlebnis werden zu lassen. Nirgendwo sonst kann eine Singgruppe eindrucksvoller erfahren, wie die Vokale ineinander klanglich verschmelzen als in einem solchen Vokalkanon. Insgesamt wird der Kanon fünfmal nacheinander gesungen, das erste Mal auf *m*, dann auf *u* etc. oder beginnend mit *n*, dann auf *a* etc.

# Literatur

## 1. Stimmbildnerische Fachbücher

Aderhold, Egon: *Sprecherziehung des Schauspielers. Grundlagen und Methoden*, Wilhelmshaven [2]1983

Baum, Günther: *Abriß der Stimmphysiologie mit Vorschlägen für die Stimmbildung*, Mainz 1972

Bergen, Heinrich von: *Unsere Stimme, ihre Funktion und Pflege*, Bern o. J.

Böhme, Gerhard: *Therapie der Sprach-, Sprech- und Stimmstörungen*, Stuttgart [2]1980

Bruns, Paul: *Minimalluft und Stütze*, Berlin [2]1929

Coblenzer, H./Muhar, F.: *Atem und Stimme*, Wien 1976

Eschenburg, Hartwig: *Singen mit Kindern. Eine Handreichung für das Singen in Kindergarten, Christenlehre und Kinderchor*, Berlin 1973

Fischer, Peter-Michael: *Die Stimme des Sängers. Analyse ihrer Funktion und Leistung – Geschichte und Methodik der Stimmbildung*, Stuttgart/Weimar 1993

Fuchs, Viktor: *Die Kunst des Singens. Musizieren mit der eigenen Stimme*, Kassel 1967

Fucito, Salvatore/Beyer, Barnet J.: *Caruso. Gesangskunst und -methode*, Berlin [3]1959

Göpfert, Bernd: *Handbuch der Gesangskunst*, Wilhelmshaven 1988

Habermann, Günter: *Stimme und Sprache*, Stuttgart [2]1986

Hofbauer, Kurt: *Praxis der chorischen Stimmbildung*, Mainz 1978

Husler, Frederick/Rodd-Marling, Yvonne: *Singen. Die physische Natur des Stimmorgans. Anleitung zum Aufschließen der Singstimme*, Mainz 1965

Iro, Otto: *Diagnostik und Pädagogik der Stimmbildung*, Wiesbaden 1961

Lohmann, Paul: *Die sängerische Einstellung. Vier Stimmbildungsvorträge*, Lindau 1929

Ders.: *Stimmfehler – Stimmberatung. Erkennen und Behandlung der Sängerfehler in Frage und Antwort*, Mainz 1938/1966

Nitsche, Paul: *Die Pflege der Kinder- und Jugendstimme*, Bd. I: *Theoretischer Teil*, Bd. II: *Stimmbildung am Lied*, erweiterte Ausgabe, Mainz 1969/1970

Reid, Cornelius L.: *Funktionale Stimmentwicklung. Zweck und Bewegungsablauf von Stimmübungen*, dt. Übersetzung von L. Blume u. M. Peckham, Mainz 1994

Rüdiger, Adolf: *Stimmbildung im Lied*, Frankfurt a. M. [3]1968

Schlaffhorst, Clara/Andersen, Hedwig: *Atmung und Stimme*, neu hrsg. von W. Menzel, Wolfenbüttel 1928

Schmidt-Gaden, Gerhard: *Wege der Stimmbildung für Kinder und Erwachsene*, München 1992

Schwarz-Walter, Christa: *Chorische Stimmbildung*, Tübingen 1972

Seidner, Wolfram/Wendler, Jürgen: *Die Sängerstimme. Phoniatrische Grundlagen für die Gesangsausbildung*, Wilhelmshaven 1982

Witte, Gerd: *Grundriß einer chorischen Stimmbildung*, Kassel 1963

Wolf, Edith/Aderhold, Egon: *Sprecherzieherisches Übungsbuch*, Wilhelmshaven [7]1983

## 2. Liederbücher

*111 Kinderlieder zur Bibel, Neue Lieder für Schule, Kirche und Haus*, hrsg. von Gerd Watkinson, Lahr/Freiburg i. Br. 1968

*All mein Gedanken. Deutsche Volkslieder*, hrsg. von Bernd Pachnicke, Leipzig 1989

*Allerleirauh. Viele deutsche Kinderreime versammelt von Hans Magnus Enzensberger*, Frankfurt a. M. 1969

*Bamberger Kinderchorbüchlein*, hrsg. vom Amt für Kirchenmusik im Erzbistum Bamberg, Bamberg 1992

*Das Liedmobil. 77 Spiel-, Spaß-, Wach- und Traumlieder*, hrsg. von Dorothée Kreusch-Jakob, München 1981

*Das Musizierliederbuch für alle und besondere Tage*, hrsg. von Thomas Holland-Moritz u. Rudolf Nykrin, Mainz 1995

*Der Kanon. Ein Singbuch für alle*, hrsg. von Fritz Jöde, Wolfenbüttel 1959

*Der neue Zupfgeigenhansl*, hrsg. von Bertold Marohl, Mainz 1983

*Der Zündschlüssel*, hrsg. von Johannes Holzmeister, Boppard 1958

*Die Kanonrunde*, hrsg. von Werner Schneider, Wolfenbüttel/Zürich o. J.

*Es tönen die Lieder*, hrsg. von Kurt Pahlen, Mainz 1983

*Europäische Lieder in den Ursprachen*, im Auftrage der Deutschen UNESCO-Kommission hrsg. von Josef Gregor/Friedrich Klausmeier/Egon Kraus, Bd. 1: *Die romanischen und germanischen Sprachen*, Bd. 2: *Die Lieder in den slavischen, finnisch-ugrischen und restlichen Sprachen*, Berlin 1969

*Großes Deutsches Liederbuch*, hrsg. von Monika Koster, Köln 1984

*Jesus erzählt von mir und dir. Spiellieder und Singspiele zur Bibel*, hrsg. von Ulrich Gohl mit Gestaltungsideen für Kindergruppen von Gottfried Mohr, Stuttgart 1994

*Kanonsammlung*, hrsg. vom Amt für Kirchenmusik der Diözese Rottenburg-Stuttgart, Rottenburg o. J.

*Kein schöner Land. Das große Buch unserer beliebtesten Volkslieder*, hrsg. von Norbert Linke, Niedernhausen/TS. 1983

*Kinderland. Die schönsten deutschen Kinderreime und Kinderlieder*, gesammelt, bearbeitet und hrsg. von Monika Koster u. Jürgen Naumann, Köln 1980

*Kinderlieder der Welt*, hrsg. von Paul Frischauer, Zürich o. J.

*Lied & Song*, hrsg. vom Verband Bayerischer Schulmusikerzieher, München 1976

*Liederheft für die Kinderstimmbildung*, hrsg. von Andreas Mohr, Rottenburg 1995

*Neue Kinderlieder*, hrsg. von Gisela Walter, Ravensburg 1992

*Pro Musica Liederbuch. Sonnenberg Liederbuch. Lieder für internationale Begegnungen*, hrsg. von Fritz Jöde u. Willi Gundlach, Wolfenbüttel/Zürich o. J.

*Ringel Rangel Rosen. Spiellieder*, Wolfenbüttel o. J.

*Seht das große Sonnenlicht. Geistliche Kinderlieder mit Begleitsätzen zum Singen und Spielen von Rolf Schweizer*, hrsg. von Rolf Schweizer u. Ulrich Zimmer, Kassel 1981

*Sing Sang Song*, Reinbek 1976

*Unser fröhlicher Gesell. Ein Liederbuch für alle Tage*, hrsg. von Heiner Wolf, erweiterte Aufl., Wolfenbüttel/Zürich 1964

*Unser Liederbuch*, Bd. II für das 5.–7. Schuljahr, hrsg. von Bernhard Binkowski, Ausgabe C, Stuttgart 1976

*Willkommen, lieber Tag. Alte und neue Kinderlieder für die Grundschule von Richard Rudolf Klein*, Frankfurt a. M. [6]1969

# Verzeichnis der Lieder

Alphabetisches Verzeichnis der Lieder, die in diesem Buch besprochen werden – geordnet nach Liedanfängen und Liedtiteln. Lieder, die im Text nicht mit Notenbeispielen versehen sind, werden durch Kursivschrift gekennzeichnet.

# Sachregister